ELEMENTI

DI

GEOMETRIA

AD USO DEI GINNASI E LICEI

DI

GIUSEPPE VERONESE

Professore nella R. Università di Padova

TRATTATI CON LA COLLABORAZIONE

DI

PAOLO GAZZANIGA

Professore nel R. Liceo di Padova

PARTE I.

VERONA — FRATELLI DRUCKER — PADOVA

LIBRAI - EDITORI

1900

Padova, Tipografia all' « Università » dei Fratelli Gallina

PREFAZIONE

Questi Elementi sono sostanzialmente una nuova edizione di quelli trattati nella parte didattica con la collaborazione dell'egregio prof. Paolo Gazzaniga, ridotti e semplificati per i Ginnasi superiori e per i Licei, mentre la prima edizione è destinata ai Licei e agli Istituti tecnici (1. biennio) *). Questa edizione però potrà essere adottata anche nel 1. biennio degli Istituti tecnici, quando l'insegnante la completi con quelle proposizioni, che si trovano già nella precedente edizione e sono prescritte dai programmi governativi.

La prefazione è fatta principalmente per gli insegnanti; non intendo quindi ripetere qui tutte le considerazioni svolte nella prima edizione e nell' Appendice, per giustificare

*) Siccome anche insegnanti esteri si occuparono benevolmente di questi Elementi (il che dimostra, come è di fatto, che la questione dell'insegnamento della matematica elementare, è internazionale) così per essi ritengo utile avvertire che la nostra scuola classica si divide in Ginnasio (cinque classi) e Liceo (tre classi); che il Ginnasio si suddivide in inferiore (tre classi) e superiore (due classi). L'Istituto tecnico (quattro classi sezione fisico-matematica), che dà adito alla Facoltà matematica o all' Istituto tecnico superiore, è preceduto dalla Scuola tecnica (tre classi).

il mio metodo. Siccome però, nonos iudizi benevoli dati e le prove fatte in varie scuole con to favorevole, predomina in alcuni insegnanti il *sentimento* che i miei Elementi siano troppo astratti o difficili per una scolaresca di media intelligenza, così credo opportuno spiegare i mutamenti fatti e come, per questa edizione specialmente, quel sentimento non sia giustificato.

I programmi attuali per le nostre scuole classiche prescrivono per la Geometria razionale nel Ginnasio superiore e nel Liceo il metodo di Euclide, che consiste specialmente nello stretto rigore scientifico e nell' esclusione di ogni sussidio dell'Aritmetica e dell'Algebra fino alla teoria della misura; ma non prescrivono il testo Euclideo. Tale prescrizione fu resa necessaria dall' invasione nelle nostre scuole classiche di certi testi stranieri che non si informano a questi principî e pervertono il gusto geometrico. E perciò va data lode ai compianti ed illustri nostri matematici Betti e Brioschi di avere rimesso in onore in Italia il metodo Euclideo colla loro traduzione degli Elementi del sommo geometra greco. Ma oggidì si può dire che il testo di Euclide è abbandonato nel Liceo, mentre nel Ginnasio superiore è usato il 1.° libro più o meno trasvestito. Dopo gli studî fatti intorno ai principî della Geometria sia dal lato scientifico che dal lato pedagogico, ritengo anch' io necessario di sostituire il trattato Euclideo con altro più moderno; ma ritengo ancora che se lo si abbandona nel Liceo lo si debba abbandonare anche nel Ginnasio. Ora avviene che nel Liceo si riprende completamente l' insegnamento della Geometria invece che seguitare col testo Euclideo, senza trarre così un adeguato profitto da quello dato nel Ginnasio. Imperocchè se è utile che nel Ginnasio inferiore l' insegnamento razionale della Geometria sia preceduto da un breve insegnamento intuitivo per abituare i giovanetti a rendersi famigliari le forme geometriche più comuni, delle quali devono poi studiare le proprietà per via di ragionamento, non si comprende che l'insegnamento razionale sia dato in due stadî, che invece di completarsi, spesso si distruggono a vicenda. Ciò non accade per l'Aritmetica razionale, che pure è per gli alunni dapprincipio più difficile della Geometria. Una conseguenza di questo doppio indirizzo nell'insegnamento geometrico nel Ginnasio e nel Liceo è ad es. questa: che nel Ginnasio si comincia la teoria dell'equivalenza delle figure piane, che ora non va data ove la pone Euclide, per riprenderla tutta più tardi per le figure piane con metodo diverso, e più tardi ancora per le figure solide. Cosicchè le nozioni sull'equivalenza date nel Ginnasio superiore sono più dannose che utili ai giovani che proseguono i loro studî nel Liceo, e non sono utili, perchè incomplete e non accompagnate dalla teoria della misura, neppure a quelli che terminano i loro studî nel Ginnasio; mentre d'altronde vi sono altre nozioni, come quelle sulla circonferenza, che sono più facili e praticamente più utili. Ed invero lo stesso Euclide fa uso tacitamente di alcune di queste proposizioni fin da principio, il che non contribuisce di certo al pregio del suo libro I.

Egli è perciò che nella prima parte (lib. I e II) di questo trattato, la quale è destinata agli alunni del Ginnasio superiore e va ripetuta nella 1. classe liceale, sono svolte le proposizioni relative alla retta e alla circonferenza che servono alla risoluzione dei problemi elementari colla riga e col compasso. Tuttavia sono aggiunte in appendice alla prima parte le prime nozioni sull'equivalenza delle figure piane corrispondenti a quelle del libro I di Euclide (che si trovano poi svolte allo stesso modo nel mio libro IV) per quegli insegnanti che preferiscono dare queste nozioni invece di quelle dei paragrafi 8-10 sulla circonferenza. Ed è appunto per rendere più facile la adozione del mio metodo anche nel Ginnasio superiore che ho notevolmente semplificato il I libro e nel libro II ho date come postulati alcune proposizioni intuitivamente evidenti del piano, che nell'edizione completa sono invece dimostrate. I postulati necessari per la trattazione teorica sono otto, enumerati con numeri romani; gli altri stampati in corsivo, o sono proposizioni che si possono dimostrare, cioè i post. dei nn. 10, 31, 63 e 67, o che si possono evitare per la trattazione teorica, come il post. del n. 36, ma che sono necessari praticamente; o finalmente che possono essere evitate anche praticamente, come quello del n. 58, estendendo però il concetto del punto, come è dimostrato nell'Appendice alla prima edizione. Si è tralasciata la teoria delle figure congruenti e simmetriche e l'applicazione di esse al movimento senza deformazione. Di tale movimento si fa uso soltanto nelle osservazioni empiriche o pratiche. E torno a ripetere qui senza che io abbia bisogno di confutare qualche osservazione in contrario, che se di tale movimento si ha bisogno come *mezzo pratico* per la costruzione delle figure ad es. sul foglio del disegno, non solo esso non è necessario alla Geometria razionale, ma non può essere trattato geometricamente con rigore senza i concetti di figure eguali. Ho semplificato il principio anche del libro III, e perciò è venuta meno l'opportunità di introdurre i concetti di punto e di retta all'infinito per definire le rette e i piani paralleli, aggiungendo però una nota per quegli insegnanti che credessero di adottarli in luogo delle solite definizioni, ed anche per dimostrare quali vantaggi presentano tali concetti in una trattazione più estesa della Geometria.

Questo anzitutto non è uno dei tanti libri del genere, fatti prendendo in esame i migliori trattati, mutando qua e là l'ordine della materia, o le dimostrazioni, o la forma dell'esposizione, aggiungendo o togliendo qualche postulato; ma è il prodotto, dirò così, pratico dei miei studî intorno ai principî della Geometria e pubblicati nei miei *Fondamenti* *). Le disquisizioni critiche intorno ai principî della scienza devono essere bandite dalla scuola, perchè la critica si fa quando già si conosce la scienza; ma chi vuole scrivere un libro per la scuola o trattare con esattezza e con novità di risultati qualche problema importante, non può esonerarsi da una larga preparazione scientifica nelle questioni relative ai principî della scienza, come non può esonerarsi dalla conoscenza di tali questioni chi vuole fare una buona scelta dei libri di testo.

Il principio a cui soddisfano questi Elementi, e senza del quale è vano parlare di stretto rigore scientifico, è questo: che astraendo dall' intuizione, dal sistema di proposizioni geometriche deve rimanere un sistema di proposizioni astratte, logicamente bene determinate, indipendenti cioè dal loro significato geometrico, come nell' aritmetica. Egli è perciò che si devono escludere da principio dal ragionamento le idee di linea, di superficie, di movimento senza deformazione ecc., perchè non si sa geometricamente che cosa sia la linea, la superficie ecc., e quindi questi vocaboli portano nel ragionamento dei concetti logicamente indeterminati. Ma se escludo queste idee dalle proposizioni e dalle dimostrazioni, ciò non significa che io voglia bandire l'intuizione dall' insegnamento geometrico. Non è certo a me, che ho fatto largo uso dell' intuizione spaziale anche laddove sembrava ad essa chiusa ogni via che si può fare una simile obiezione. Desidero anzi che ogni proposizione ed

*) Tip. del Seminario, Padova 1891. Trad. ted. di A. Schepp. Ed. Teubner, 1894.

ogni ragionamento siano preceduti e continuamente verificati dall' intuizione spaziale mediante l' osservazione di figure tracciate sulla lavagna o di modelli che aiutino lo svolgimento dell'imaginativa geometrica e il ragionamento. A questo scopo si sono anzi premesse ai postulati e ad alcune definizioni delle osservazioni empiriche, nelle quali si fa uso di concetti acquistati già dagli alunni empiricamente, che servono a chiarirli e a giustificarli, ma senza che di quei concetti si faccia uso nel ragionamento, quando essi non siano stati logicamente stabiliti nelle proposizioni che servono di base al ragionamento stesso. Così ad es. nell'oss. emp. II del n. 5 si fa uso dell'intuizione di corpo, di superficie e di linea e delle loro parti per richiamare l'intuizione del *punto,* ma nel post. I: Esistono punti distinti, questi concetti non c' entrano affatto: logicamente, facendo astrazione dall'intuizione rimane questa proposizione: Esistono elementi distinti. Le osservazioni empiriche non costituiscono dunque una parte integrante dello svolgimento *logico* della geometria, sebbene l'intuizione spaziale sia necessaria per stabilire il significato geometrico degli enti che si considerano, e sia necessaria per enunciare i postulati stessi, in modo che la geometria elementare descriva le proprietà di forma e di grandezza degli oggetti esteriori. Chi volesse dunque trovare nelle osservazioni empiriche dei concetti logicamente bene determinati, come è accaduto, non comprenderebbe il significato di esse.

I postulati necessari in confronto di quelli usati negli altri trattati hanno appunto questo vantaggio che sono valevoli anche nel solo campo della nostra osservazione esterna, e che ammessi, per questo solo, possono essere dimostrati per tutto lo spazio *). Egli è per ciò che si è ad es. evitata la solita defi-

*) Vedi l'Appendice dell' Ed. completa.

nizione di rette parallele, come due rette del piano che prolungate indefinitamente non si incontrano mai, perchè due tali rette nessuno le ha mai vedute; e il postulato che si dà comunemente fondandosi su tale definizione non è affatto evidente, come ad es. quello che nel campo della nostra osservazione per due punti passa una sola retta. Le osservazioni empiriche possono essere aumentate o modificate o tralasciate dall'insegnante. Ho già detto altrove che a tener sempre viva l'imaginativa geometrica, come l'attenzione degli alunni, spetta più che al libro all'insegnante, il quale deve regolarsi secondo la scolaresca che ha sotto gli occhi, insistendo ora più ed ora meno sui concetti principali con esempî anche pratici e coll'aiuto delle figure anche quando mancano nel testo.

Non si è mai mutato per amore di novità, ma anzi quando non era necessario od utile si è fatto uso dei vecchi metodi e delle vecchie dimostrazioni e definizioni. Ad es. per le proposizioni del § 5 del libro II si potrebbero dare le dimostrazioni usate comunemente; ma di tali dimostrazioni non si potrebbe valersi per trasportare senz'altro ai triedri quelle proposizioni dei triangoli, che sono indipendenti dalla retta infinita o dalle rette parallele, quando sia stabilita la corrispondenza fra il piano e la stella del n. 47. Così nel libro I si potrebbe unire il post. III al post. II, ma se con ciò si avrebbe il vantaggio di dare subito la proprietà caratteristica della retta (post. III) che la distingue dalle altre figure, si perderebbe quello di rendere più facile il trasporto delle proposizioni della retta, che si ricavano dal post. II, al fascio di raggi, alla circonferenza e al fascio di piani, che godono le stesse proprietà enunciate nel post. II, salvo lo scambio di alcune parole. E non è che così l'alunno perda di vista l'intuizione della retta, perchè quando si parla della retta, l'alunno deve avere sempre dinanzi a sè la sua *imagine*, anche se i postulati che, di mano in mano si enunciano di essa, non la definiscono completamente.

Ed è bene qui ripetere come sia assai utile far uso anche nella Geometria elementare di tutte le analogie che presentano enti o teorie diverse: ad es. la retta, il fascio di raggi, la circonferenza e il fascio di piani e il cono; il piano, la stella e la sfera; la teoria delle figure eguali e quella delle figure simili; di guisa che da teoremi di quelle si ottengono con molta facilità teoremi di queste. In tal modo non solo vi è risparmio di tempo, ma ciò che più importa, gli alunni comprendono meglio i legami che esistono fra enti e teorie diverse. E ciò dimostra che non è sempre inutile anche didatticamente di evitare qualche postulato, anche per proprietà evidenti, come ad es. quella che il lato del triangolo è minore della somma degli altri due, non solo perchè la dimostrazione ci assicura della validità di questa proposizione in tutto lo spazio, ma sovratutto perchè bisognerebbe dimostrarla per gli enti analoghi al piano, per i quali essa non è più così evidente.

Come le nuove ricerche scientifiche sui principî della Geometria furono combattute e derise, tanto che il sommo Gauss dichiarava che non aveva pubblicato nulla sulla nuova teoria delle parallele temendo « *das Geschrei der Beoten* » così non è da meravigliarsi se le nuove ricerche, naturale conseguenza di quelle, intese a portare anche nell'insegnamento geometrico elementare un soffio di modernità e a porlo sovra basi più rigorose (come già si è fatto e si fa per l'Aritmetica razionale) trovano accaniti oppositori. Ciò nondimeno è però confortante constatare che tale tendenza anche nei nostri insegnanti volonterosi va sempre più accentuandosi. Vi sono, è vero, dei critici, che si dicono amanti della natura, che tale tendenza non combattono apertamente, ma ritengono non potersi riformare l'insegnamento geometrico con un indirizzo più semplice e più rigoroso. È un sistema aprioristico molto comodo per chi non ha voglia o tempo di occuparsi delle questioni relative all'insegnamento elementare. Siffatti critici sono schiavi delle loro abitudini, perchè mentre sostengono che la Geometria elementare deve appoggiarsi sulla osservazione esteriore o sull'intuizione (e noi non diciamo diversamente) per essi è chiaro ad es. il solito postulato delle parallele, che nessuno ha mai osservato in natura. Noi osserviamo, essi dicono, questa o quella proprietà: che bisogno c'è di un ragionamento per dimostrarla; che bisogno c'è ad es. di disturbarci a cercare od anche ad adottare una definizione rigorosa dell'angolo, anche se è semplice, se dell'angolo abbiamo l'intuizione netta? Quindi per noi basta una delle solite definizioni. Un falegname, che volesse apprendere di Geometria quanto gli basta pel suo mestiere, non ragionerebbe in modo diverso, e giustamente. Cosa importa a me, direbbe egli a questi critici, che mi dimostriate tante proposizioni, mentre io me ne posso convincere per ciò che mi è necessario in modo più spiccio e più intuitivo? Una tale critica è, come si vede, senza fondamento, perchè lo scopo principale dell'insegnamento della matematica nella scuola classica (e tanto più dovrebbe essere nella sezione fisico-matematica dell'Istituto tecnico) è quello di concorrere con altri insegnamenti alla formazione della mente dello scolaro e a prepararlo agli studî superiori, specialmente oggidì che tutte le scienze positive per essere esatte vanno sempre più informandosi ai metodi della matematica, come divinò il nostro Leonardo da Vinci.

La critica alta, serena e imparziale può esercitare anche in questi studî una benefica influenza. La critica deve determinare fin dove sia possibile conciliare le esigenze della scienza con quelle della scuola. Questo è il punto vero della questione. Qui le opinioni possono essere diverse, ma ciò richiede buona volontà e preparazione scientifica, chè altrimenti si confonde questa possibilità con la difficoltà che alcuni incontrano da principio nel veder trattate con metodo e idee nuove cose apprese o insegnate da molto tempo in modo diverso. Bisogna anche badare che gli scolari, che non sono preoccupati da pregiudizi, hanno la mente più accessibile ai nuovi metodi e alle nuove verità. E sovra tutto per giudicare un libro nuovo di questo genere bisogna leggerlo bene e provarlo nella scuola, tanto più quando è già stato provato con risultati soddisfacenti. Allora solo la critica potrà riuscire veramente efficace. Non è quindi permesso, come ha fatto taluno, di giudicare il mio libro da una frase di una osservazione empirica, senza avere nè la coltura nè la esperienza necessaria.

Vi sono altri critici i quali si danno dell'importanza occupandosi delle minuzie e degli errori di stampa dei libri altrui. Essi inorridiscono per esempio se dite due punti, invece di dire due punti distinti, anche quando ciò risulta chiaro dal contesto del discorso. E non dico dell'abuso che fanno alcuni critici a buon mercato dei punti ammirativo e interrogativo; che dimostra più spesso in essi una baldanzosa ignoranza che una soda coltura e conoscenza delle cose. Certo che la perfezione anche nelle piccole cose è assai utile, ed è anche bene che i piccoli difetti siano messi in rilievo, ma non bisogna giudicare un'opera nuova da essi soltanto, perchè a questo modo si può distruggere un'opera qualunque. E nei riguardi di questi Elementi, dirò che tanto nella prima quanto in questa edizione, pur volendo informarli allo stretto rigore scientifico, non ho creduto di scendere a troppi minuti particolari, i quali se sono utili nella critica scientifica, fanno perdere di vista agli alunni le verità principali delle quali « essi devono ricevere e conservare una forte e durevole impressione » *).

A me piace la critica intelligente e imparziale, e da essa traggo profitto; ed ho fatto già tesoro di alcune osservazioni inviatemi da professori di scuole secondarie, come ho accennato nella prefazione della prima edizione e in quella dell'Appendice; come per questa edizione mi sono giovato di alcune osservazioni inviatemi dal prof. Fr. Palatini. Così, come per la prima edizione, il prof. Gazzaniga continuò a prestarmi l'opera sua premurosa e intelligente, e in nome suo aggiungo che i risultati da lui ottenuti anche colla edizione completa nel Liceo di Padova furono ottimi (come furono constatati da ispezione governativa), e che il metodo viene appreso dai giovani a preferenza di altri e più facilmente di quello che si sarebbe aspettato. Se vi è una difficoltà, secondo lui, nell'insegnamento degli Elementi nel Liceo, essa è tutta nel far dimenticare certe nozioni inesatte già apprese, e nell'ottenere che il 1.° Libro di Euclide quale è svolto in qualche Ginnasio superiore non abbia il sopravvento sul nuovo metodo degli Elementi; perchè, tanto durevoli e profonde sono le prime impressioni e i primi enunciati di una materia scientifica per le teneri menti, che il loro riprodursi avviene quasi inconsapevolmente, per quanto il giovanetto si sia fortemente convinto che il nuovo metodo è più logico, più semplice e più esatto di quello già da lui per la prima volta conosciuto.

Io quindi gradirò tutte le osservazioni pubbliche o private che professori volonterosi mi rivolgeranno, e di esse

---

*) Istruzioni ai Programmi 1884.

terrò conto acciocchè il libro raggiunga sempre meglio lo scopo che mi sono proposto: quello cioè di conseguire nell'insegnamento geometrico elementare un effettivo progresso.

Padova, Settembre 1899

G. VERONESE

INDICE

PARTE PRIMA

NOZIONI GENERALI

1. Gruppo.

Una o più cose si dinotano con lettere dell' alfabeto.

Il gruppo delle cose A, B, C,... si indica con: $(ABC...)$, o con: $(BAC...)$,... ecc., oppure con una sola lettera minuscola.

Se ogni elemento di un gruppo (a) è elemento di un altro gruppo (b) si dice che il *gruppo* (a) *appartiene al gruppo* (b).

E se (a) appartiene a (b), ma non tutti gli elementi di (b) sono elementi di (a), (a) dicesi *parte* di (b).

Un gruppo si chiama anche *tutto* rispetto alle sue parti. Ad es. dei gruppi di lettere: (ABC), (ABC), $(ABCD)$; (ABC) appartiene ad (ABC) ed è parte di $(ABCD)$.

E se il gruppo (a) appartiene al gruppo (b) e (b) appartiene al gruppo (a), si dirà che i gruppi (a) e (b) *coincidono*. In caso diverso, si dirà che i gruppi sono *distinti*.

Si conchiude facilmente da ciò che: Se il gruppo (a) appartiene al gruppo (b), e questo appartiene al gruppo (c), il gruppo (a) appartiene a (c). E se (a) è parte di (b) e (b) appartiene a (c), (a) è parte di (c).

2. Serie.

Se, dato un elemento qualsiasi A di un gruppo si possono ripartire gli altri elementi secondo due vocaboli ad es.: *precedenti di A* e *seguenti di A*, in modo che: 1.° un elemento precedente di A non è seguente di A, e un elemento seguente di A non è precedente di A; 2.° se A è precedente di B, e B precedente di C, A è pure precedente di C, allora il gruppo dato dicesi *gruppo ordinato* o *serie*, oppure dicesi che gli elementi del gruppo sono disposti in un *dato ordine*.

Ad es.: ho *prima* l'idea A, *poi* l'idea B, *poi* l'idea C. Il gruppo delle idee ABC è ordinato secondo i vocaboli *prima* e *poi*.

Ne consegue: se A è precedente di B, B è seguente di A; e se C è seguente di B e B seguente di A, è pure C seguente di A.

La serie si dinota generalmente come il gruppo e talvolta con un simbolo, che oltre alle cose che la compongono rappresenta anche il loro ordine. Ad es.: i simboli (ABC), (BAC) dinotano lo stesso gruppo, ma serie differenti.

Se in una serie un elemento A è precedente di altro B, si dice ancora che *A precede B*, ovvero che *B segue A*.

E se A precede B e B precede C, si dice che B è *compreso fra A e C*.

L'elemento di una serie che non è preceduto da alcun altro elemento dicesi *primo*, e l'elemento che non è seguito da alcun altro dicesi *ultimo*.

L'elemento che segue il primo dicesi *secondo;* quello che segue il secondo, *terzo;* quello che segue il terzo, *quarto;* quello dopo il quarto, *quinto;*..... e così via.

Le serie che hanno un primo ed ultimo elemento diconsi *limitate*. Una serie che non ha un primo elemento, si dice *illimitata*.

Una serie β *appartiene ad una serie* α quando gli elementi di β sono elementi di α, e gli elementi che precedono o seguono un dato elemento C in β precedono o seguono lo stesso elemento in α. — In questo caso se tutti gli elementi di α non appartengono a β e fra gli elementi di β non sono compresi elementi di α che non appartengano a β, la serie β si dice *parte di* α.

Si dicono serie *inverse* quelle formate con gli stessi elementi in modo che mentre un certo elemento B della prima precede un altro elemento A, lo stesso elemento B segue nella seconda l' elemento A. Sono in ordine inverso ad es.: le serie $(ABCDE)$ $(EDCBA)$.

3. Corrispondenza fra gruppi.

Se noi consideriamo ad es. i gruppi di oggetti colorati $(GRVA)$ (giallo, rosso, verde, azzurro), $(G'A'R'V')$ (giallo, azzurro, rosso, verde) notiamo che fra G e G' come fra A ed A', R ed R', V e V' vi è la stessa relazione, cioè l' identità di colore; in tal caso diciamo che i gruppi considerati si *corrispondono* e che G' corrisponde a G, R' ad R, V' a V, A' ad A. E più generalmente, quando gli elementi dei gruppi (a) e (b) si possono così coordinare che quelli del primo gruppo cadano sotto lo stesso concetto di quelli del secondo, che nell' es. precedente è l'identità di colore, ciascuno a ciascuno, si dice che i *gruppi* (a) e (b) *sono in corrispondenza* oppure che si *corrispondono secondo quel concetto* o *secondo quella relazione*. E se ad ogni elemento del primo gruppo corrisponde uno ed uno solo elemento del secondo; e se ad ogni elemento del secondo gruppo corrisponde un unico elemento del primo, la corrispondenza si dice *corrispondenza univoca.*

Infine se i gruppi (a) e (b) sono anche ordinati, così che ad un elemento A che precede o segue un elemento B in un gruppo corrisponde un elemento A' che precede o segue l'elemento B' corrispondente a B' si dice che la *corrispondenza è univoca e del medesimo ordine.*

Egli è manifesto che se i gruppi ($A\,B\,C\,D\,E$) ($A'B'C'D'E'$) si corrispondono univocamente e nel medesimo ordine, si corrispondono pure univocamente e nel medesimo ordine i gruppi inversi ($E\,D\,C\,B\,A$) ($E'D'C'B'A'$).

Come pure è ovvio di per sè che i gruppi corrispondenti univocamente e nel medesimo ordine ad uno stesso gruppo, si corrispondono univocamente e nello stesso ordine fra di loro. *)

4. Proposizioni della Matematica.

Le proposizioni delle scienze Matematiche prendono diversi nomi, secondo l' ufficio loro.

Nella *Definizione* di un ente o di un'operazione, si stabilisce il concetto di quell'ente o di quell'operazione mediante altri concetti, ritenuti più semplici e già noti.

Il *Postulato* od *Assioma* è la proposizione il cui contenuto è verificato dall' esperienza, o non contraddice

---

*) Nel testo si ammette d' ora innanzi la conoscenza dei numeri naturali 1 2 3..... n.....; e fino alla teoria della misura non v' è bisogno di altre nozioni di Aritmetica. Vedi Appendice pag. 1.

alle proposizioni premesse (e quindi anche alle loro conseguenze), e non è deducibile da queste. *)

Il *Teorema* è la proposizione il cui contenuto si trae per mezzo di ragionamenti da proposizioni premesse. Il tipo di un teorema è il seguente: *Se è I (ipotesi), è T (tesi).*

La proposizione: *Se è T, è I,* dicesi teorema *reciproco* del precedente.

E le proposizioni: *Se non è I, non è T; se non è T, non è I;* si dicono *teoremi contrari* dei precedenti.

A riguardo di che è da notarsi che se uno dei quattro teoremi ora citati è vero, non tutti i rimanenti sono veri di necessità; ma se però sono veri un teorema ed il suo reciproco, sono necessariamente veri anche i due teoremi contrari.

Il *Corollario*, è la proposizione il cui contenuto si trae come facile ed immediata conseguenza di una proposizione precedente.

Il *Lemma* è la proposizione che si premette alla dimostrazione di qualche teorema.

Il *Problema* è la proposizione nella quale è proposto, date e conosciute alcune cose, di trovarne e dedurne altre, aventi con le prime determinate relazioni.

---

*) Nel testo saranno indicate anche come postulati alcune proposizioni intuitive, la dimostrazione delle quali trovasi nelle precedenti mie pubblicazioni e che ommetto per ragioni didattiche.

LIBRO PRIMO

§ 1.

Prime proprietà della retta

5. Oss. emp. I. — Per *punto materiale* intendesi una particella di un corpo qualsiasi, che si considera come non scomponibile in parti.

Oss. emp. II. — Ad altri oggetti simili a questo si dà il nome di *punto*.

Ciò che limita un corpo da ciò che lo circonda dicesi *superficie* del corpo. — Ad es. ciò che vedesi di un corpo è tutta o una parte della sua superficie. — Per *punto* intendesi anche una particella di superficie, come ad es. il segno tracciato sul foglio da una punta finissima.

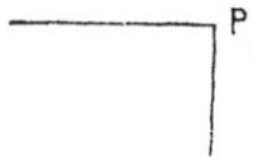

P

Fig. 1

Se si separa da una superficie una sua parte, come ad es. da quella del foglio teso del disegno; il termine di questa parte chiamasi *linea*. E per *punto* intendesi anche un trattino di linea non scomponibile in parti, o ancora l'estremità P di una linea (come ad es. quella dell'orlo superiore dell'oggetto della fig. 1). *)

---

*) Coll'idea del corpo è legata quella del *luogo* da esso occupato; e per *punto* intendesi ancora il luogo occupato dall'estremità d'una linea.

Per *punto* intendesi anche l'imagine prodotta in noi per mezzo della vista o del tatto dall'estremità di una linea. I punti sopra accennati sono segni esteriori di questo punto; ma è logicamente indifferente in questo trattato di considerare come punto uno o l'altro degli oggetti sopra indicati con tal nome.

POST. I. — Esistono punti distinti.

Def. — Dicesi *figura* qualunque gruppo di punti o un insieme di gruppi di punti, considerati come elementi.

Oss. — Il *punto* è pertanto l'elemento fondamentale di ogni figura. I punti si indicheranno con lettere maiuscole.

Dich. — *Geometria* dicesi la scienza che tratta delle figure.

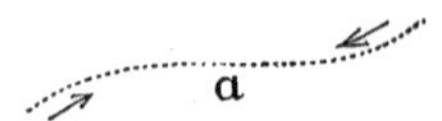

Fig. 2

6. Def. I. — 1) *Sistema lineare di punti* (fig. 2) è un gruppo di punti dotato di due ordini, l'uno inverso dell'altro. Ciascuno degli ordini del gruppo dicesi *verso* del sistema.

Oss. emp. — I due versi nella fig. 2 sono indicati dalle freccie.

2) *Segmento* dicesi ogni parte di un sistema lineare limitata da due punti o il sistema stesso se è limitato da due punti (n. 2). E per *parti* di un segmento intendonsi i segmenti in esso contenuti.

Se A e B sono i punti del segmento, fra i quali si trovano gli altri punti del segmento stesso, i punti A e B si dicono *estremi* del segmento, e gli altri punti compresi fra essi chiamansi *interni* al segmento.

Il segmento considerato nel verso da A a B si indica con (AB) o con AB; il segmento inverso, con (BA) o con BA. Ove però non sia necessario indicare il verso, il segmento potrà essere dinotato con una sola lettera minuscola, ad es. a.

Def. II. — 1) Se il sistema lineare è poi tale che si possa riguardare come un segmento i cui estremi, considerati indipendentemente dal sistema, coincidono, il sistema si dice *chiuso;* in ogni altro caso, *aperto.*

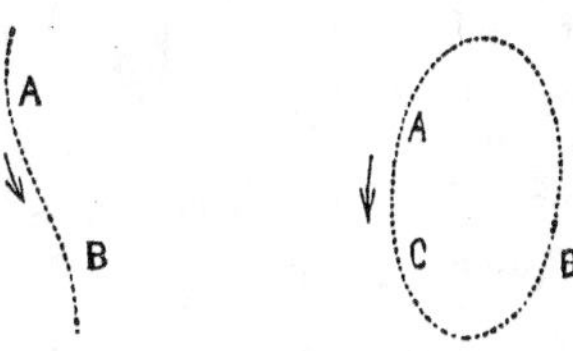

Fig. 3

Le fig. 3 ci danno un' idea di un sistema lineare aperto, o chiuso.

7. Oss. emp. I. — L'oggetto della fig. 4, un filo a piombo un raggio di luce, e simili, ci forniscono l'imagine di ciò che conosciamo sotto il nome di *retta limitata.* L'oggetto stesso che la rappresenta si chiama *oggetto rettilineo.*

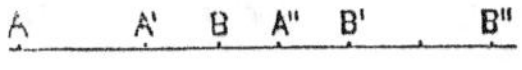

A A' B A'' B' B''

Fig. 4

Vediamo che sull'oggetto rettilineo possiamo segnare quanti punti vogliamo, e che rispetto ad uno qualunque B di essi gli altri si ripartiscono in due gruppi, l' uno formato dai punti che sono a *destra* di B, l'altro formato dai punti che sono a *sinistra* di B, e che queste parole *destra* e *sinistra* soddisfano alle stesse condizioni dei vocaboli *precedente* e *seguente,* da noi usati nella definizione della serie (n. 2); cioè la retta limitata è un sistema *lineare* (d. I.).

La retta limitata chiamasi anche *segmento rettilineo* o semplicemente *segmento.*

Segnati sull' oggetto rettilineo della fig. 5 una parte AB e

Fig. 5

un punto A' abbastanza vicino, possiamo segnare ad occhio un altro punto B' tale che gli oggetti AB, $A'B'$ producano in noi, con grande approssimazione, la stessa imagine, ciò che esprimiamo dicendo che sono *eguali.*

Si vede ancora che dato un punto A_1 di (AB) corrisponde ad esso un punto A_1' in $(A'B')$ tale, che gli oggetti AA_1, $A'A_1'$. A_1B, $A_1'B'$ corrispondenti sono pure eguali; di guisa che fra i punti degli oggetti AB ed $A'B'$ si può stabilire una corrispondenza univoca e del medesimo ordine.

Anche se gli oggetti AB ed $A'B'$ così segnati, con altri mezzi più precisi non si trovassero eguali, intuiamo però che esiste sull'oggetto rettilineo un punto B' tale che AB ed $A'B'$ sono eguali.

Un mezzo più preciso per verificare o per costruire oggetti rettilinei eguali ci è fornito dal *trasporto* di un oggetto rettilineo XY (segnato ad es. sull'orlo superiore di una *riga*) che combacia con AB, fin che X venga a combaciare con A'; allora Y combacierà con B' e un punto Z di XY che combacia con un punto A_1 di AB, verrà a combaciare col punto corrispondente A_1' di $A'B'$; cosicchè i punti corrispondenti dei due oggetti AB, $A'B'$ saranno segnati dai punti dell'oggetto XY stesso.

Si può segnare il punto B' anche con l'uso del *compasso.* Poste le due punte del compasso in A e B, basta far centro poi in A' e coll'altra punta segnare il punto B'.

In questo trasporto noi ammettiamo però che l'oggetto muovendosi rimanga *inalterato,* vale a dire che due posizioni dell'oggetto siano eguali, anche se nel fatto ciò succede soltanto con grande approssimazione.

Def. I. — L'espressione: *Il segmento rettilineo a è eguale al segmento rettilineo b* significa che si può stabilire fra i punti di a e b una corrispondenza univoca e del medesimo ordine; e che ogni proposizione che si può enunciare di a o di una sua parte, considerati l'uno e l'altra separatamente, si può ripetere per b o per la parte corrispondente; e inversamente.

Per indicare che il segmento a è eguale al segmento b si scrive:

$$a \equiv b$$

Oss. I. — Dalla def. I deducesi tosto:

$$a \equiv a \qquad (1)$$

Se $\quad a \equiv b, \quad b \equiv a \qquad (2)$

Se $\quad a \equiv b$ e $b \equiv c, \quad a \equiv c. \qquad (3)$

Def. II. — L'espressione: I *segmenti* a e b *sono diseguali* significa che a non è eguale a b.

In tal caso si scrive:

$$a \equiv\!\!|\!\!\equiv b$$

Oss. II. — Da ciò deducesi che non può essere:

$$a \equiv b \quad \text{e} \quad a \equiv\!\!|\!\!\equiv b\,.$$

Da (2) a (3) si ha pure che:

Se $a \equiv b$, e $b \equiv\!\!|\!\!\equiv c$ è $a \equiv\!\!|\!\!\equiv c$; e se $a \equiv\!\!|\!\!\equiv b$, e $b \equiv\!\!|\!\!\equiv c$ non si deduce necessariamente $a \equiv\!\!|\!\!\equiv c$, nè $a \equiv c$.

Oss. emp. II. — Osservando l'oggetto rettilineo AB della fig. 4 possiamo imaginare in un dato verso una serie di segmenti AB, $A'B'$, $A''B''$,... ciascuno dei quali abbia una parte in comune col seguente; e analogamente nel verso opposto. Abbiamo così l'idea della *retta illimitata* o più semplicemente della *retta*.

Tutte le linee che non sono *rette*, o composte di rette, si chiamano *curve*.

Osservando poi l'oggetto rettilineo della fig. 6 troviamo che dato un segmento XY in un verso, e un punto A, vi sono i soli segmenti AC, BA, eguali ad XY. Dalla fig. 5 si vede che rovesciando la riga in modo che X cada in B, il punto Y cade in A, vale a dire $AB \equiv BA$. Diremo dunque:

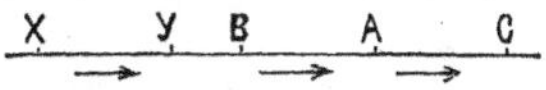

X Y B A C

Fig. 6

POST. II. — **Esiste un sistema lineare di punti, che chiamasi retta, tale che:**

I. Vi sono in esso due segmenti eguali ad ogni segmento dato, dello stesso verso, e aventi l'uno per primo, l'altro per secondo estremo un punto

qualunque dato (o più brevemente: *La retta è eguale intorno ai suoi punti*).

II. Ogni segmento non è eguale ad una sua parte.

III. Ogni segmento AB è eguale al suo inverso BA (o più brevemente: *Ogni segmento è invertibile*).

Oss. emp. III. — Adoperando il linguaggio del movimento senza deformazione la I. si può esprimere così: *la retta può scorrere su sè stessa in ciascuno dei suoi versi*; e la III. così: *Ogni segmento AB può sovrapporsi al segmento BA in modo che A coincida con B e B con A.* *)

Def. III. — Ogni sistema lineare che soddisfa alle condizioni del post. II chiamasi *sistema lineare omogeneo.*

Oss. III. — La retta è un sistema lineare omogeneo; ed ogni proposizione dedotta dal post. II che vale per questo, vale anche per quella, e inversamente.

Oss. IV. — Quando parleremo della retta, avremo sempre dinanzi la sua imagine intuitiva; ma nel ragio-

---

*) Ammettendo, come pure si fa in altri trattati, che la retta, a partire da un suo punto determinato, si può far coincidere con la parte rimanente, si può dimostrare la proposizione: $AB \equiv BA$ come ne' miei F. G.

Secondo il post. II, applicato senza restrizioni, la retta è illimitata nei suoi due versi, perchè dato un punto qualunque A di essa possiamo costruire in uno e nell'altro verso un segmento AB eguale ad un segmento dato XY. Si può intendere che il post. II (e così i seguenti) valga soltanto per la retta corrispondente ad un oggetto rettilineo che possa esser osservato. Con tale restrizione di validità dei postulati si potrà costruire sulla retta il segmento AB eguale al seguente XY soltanto se il punto B cadrà nella retta.

namento faremo uso soltanto delle sue proprietà ammesse nei postulati o già dimostrate.

Def. IV. — Se un segmento AB è eguale ad una parte di CD si dice che CD è *maggiore* di AB, o che AB è *minore* di CD, e si scrive:

$$CD > AB \qquad AB < CD$$

Cor. I. — *Se* $AB > CD$, $CD \geq EF$ *si ha:*

$$AB > EF.$$

Difatti AB è eguale ad una parte di CD e CD eguale ad una parte di EF od è eguale ad EF; dunque AB è eguale ad una parte di EF.

Cor. II. — *Se* $AB < CD$, $CD \leq EF$ *si ha:*

$$AB < EF$$

Oss. V. — Dati due segmenti a e b della retta o a è eguale a b, o a non è eguale a b; e l'un caso esclude l'altro (oss. II). Nel secondo caso, o a è eguale ad una parte di b, cioè $a < b$, oppure b è eguale ad una parte di a, ossia $a > b$; e l'un caso esclude l'altro, perchè se è $a < b$, a è eguale ad una parte di b, e se fosse anche $a > b$, a sarebbe eguale ad una parte di b e quindi di a, contro il post. II.

Def. V. — Due segmenti si dicono *consecutivi* in un dato verso se l'ultimo estremo del primo segmento è primo estremo del secondo, nel detto verso.

Dich. — I versi della retta si chiamano anche *direzioni*.

Def. VI. — Si dice *raggio* la parte della retta limitata da un suo punto.

8. Def. — *Addizionare* o *sommare* sul sistema *ad un segmento* PQ un *altro segmento* RS dello stesso verso, significa considerare in esso due segmenti AB, BC consecutivi, ed eguali rispettivamente ai due dati PQ, RS (fig. 7).

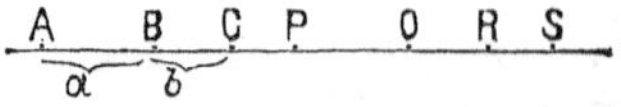

Fig. 7

Questa operazione dicesi *addizione*, il segmento risultante AC *somma* dei due dati; ciò indicasi scrivendo:

$$AC \equiv PQ + RS$$

Teor. I. — *Per l'addizione dei segmenti vale la legge associativa, cioè:* $a + (b + c) \equiv (a + b) + c$.

Sieno (fig. 8)

$$a \equiv LM \qquad b \equiv MN \qquad c \equiv NP$$

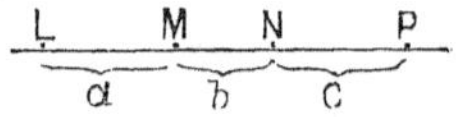

Fig. 8

Si avrà in primo luogo:

$$a + b \equiv LM + MN \equiv LN$$
$$b + c \equiv MN + NP \equiv MP$$

Ora si trova che

$$a + (b + c) \equiv LM + MP \equiv LP$$

e che $\quad (a + b) + c \equiv LN + NP \equiv LP$

pertanto $\quad a + (b + c) \equiv (a + b) + c$

Teor. II. — *Per l'addizione dei segmenti vale la legge commutativa, cioè:*

$$a + b \equiv b + a$$

Sia $AB \equiv a$, $BC \equiv b$ e AC la somma $a + b$. Per essere $AC \equiv CA$ (post. II, 3) esiste in CA un punto B' tale che: $CB' \equiv a$ $B'A \equiv b$ (post. II, 1, e d. I, 7); e per essere $AB' \equiv B'A$ e $BC' \equiv C'B$ sarà, $AB' \equiv b$ $B'C \equiv a$, cioè AC è pure la somma $b + a$.

Oss. — Se sono dati n segmenti, basta osservare che scambiando di posto due segmenti consecutivi la somma rimane la stessa, e che con lo scambio dei segmenti consecutivi un segmento può essere portato al posto di ogni altro.

Teor. III. — *Dati due gruppi di segmenti corrispondenti:* I *se tutti i segmenti del primo gruppo sono eguali ai corrispondenti del secondo, la somma di questi è eguale alla somma di quelli;* II *se fra i segmenti del primo gruppo ve ne sono di maggiori dei corrispondenti del secondo, e nessuno di questo è maggiore del corrispondente del primo, la somma dei segmenti del primo gruppo è maggiore di quella dei segmenti del secondo gruppo;* III *se fra i segmenti del primo gruppo ve ne sono di minori dei corrispondenti del secondo, e nessuno di questo è minore del corrispondente del primo, la somma dei segmenti del primo gruppo è minore di quella dei segmenti del secondo gruppo.*

I Siano ad es. $a_1\ a_2\ a_3$, $b_1\ b_2\ b_3$ i due gruppi di segmenti, e $a_1 \equiv b_1$ $a_2 \equiv b_2$ $a_3 \equiv b_3$. Da un punto A della retta si segnino i segmenti:

$$A A_1 \equiv a_1 \quad A_1 A_2 \equiv a_2 \quad A_2 A_3 \equiv a_3 ,$$

e da un altro punto B (che può coincidere con A) si segni il segmento: $B B_3 \equiv A A_3$. Per la corrispondenza di eguaglianza fra $B B_3$ ed $A A_3$ esisteranno in BB_3 altri punti B_1, B_2 tali che:

$$B B_1 \equiv A A_1 \equiv a_1 \equiv b_1 \quad B_1 B_2 \equiv A_1 A_2 \equiv a_2 \equiv b_2$$
$$B_2 B_3 \equiv A_2 A_3 \equiv a_3 \equiv b_3 ;$$

quindi BB_3 è somma di tre segmenti eguali rispettivamente e nello stesso ordine ad $a_1\, a_2\, a_3$.

Ma pel post. II a cominciare da B in un dato verso della retta esiste una sola somma di tre segmenti dati; dunque resta dimostrato che le somme dei tre segmenti considerati sono eguali.

Se si trattasse di n segmenti, il ragionamento sarebbe lo stesso.

II. Suppongasi ora che sia ad es.:

$$a_1 \equiv b_1 \quad a_2 > b_2 \quad a_3 \equiv b_3 .$$

In tal caso dovrà essere a_2 somma di b_2 con un altro segmento x, ossia $a_2 \equiv b_2 + x$.

Perciò si ha, per la prima parte di questo teorema ora dimostrata (e pel t. II);

$$a_1 + a_2 + a_3 \equiv b_1 + b_3 + b_2 + x$$

Adunque:

$$a_1 + a_2 + a_3 > b_1 + b_2 + b_3 .$$

III. Il terzo caso è evidentemente compreso nel secondo, qualora si consideri come primo gruppo quello costituito dai segmenti b, e il secondo dai segmenti a.

9. Def. — *Sottrarre* da un segmento AC un altro segmento BC minore del primo, intendesi determinare quel terzo segmento AB, che addizionato al secondo dà per somma un segmento eguale al primo.

Questa operazione dicesi *sottrazione*, il risultato *differenza*, e ciò si esprime scrivendo: $AB \equiv AC - BC$.

10. Def. I. — 1) Se il segmento AC è la somma di n segmenti consecutivi eguali al segmento AB, e dello stesso verso di AB, si dice che AC è *multiplo* di *AB secondo il numero n*, oppure si dice che AB è *summultiplo* di AC *secondo il medesimo numero* n, e si scrive:

$$AC \equiv (AB)\, n \qquad \text{oppure} \qquad AB \equiv (AC)\, \frac{1}{n}$$

Un segmento dicesi anche multiplo di se stesso secondo il numero 1.

2) Due segmenti si dicono *equimultipli* od *equisummultipli* di un terzo segmento, quando sono multipli o summultipli del terzo segmento, secondo lo stesso numero.

3) In particolare, i segmenti multipli secondo i numeri 2, 3, 4.... di AB diconsi *doppi, tripli, quadrupli...* di AB; ed i segmenti summultipli di AB secondo gli stessi numeri 2, 3, 4.... diconsi *metà, terza parte, quarta parte....* di AB.

Teor. I. — *Secondo che un segmento è maggiore, eguale o minore di un altro segmento, ogni segmento multiplo del primo è maggiore, eguale, o minore di un segmento equimultiplo del secondo.*

Sia $AB \lesseqgtr A'B'$; dico che $(AB)\, n \lesseqgtr (A'B')\, n$.

Scrivendo n volte di seguito:

$$AB \lesseqgtr A'B'$$

. . . . .

e sommando i primi segmenti fra loro e i secondi segmenti fra loro, si ha appunto:

$$(AB)\, n \lesseqgtr (A'B')\, n \qquad \text{(t. III, 8)}$$

Cor. I. — *Secondoche un segmento è maggiore, eguale o minore di un altro, ogni summultiplo del primo è mag-*

giore, eguale o minore del segmento equisummultiplo del secondo.

Infatti se è $AB > A'B'$, e non fosse $(AB)\frac{1}{n} > (A'B')\frac{1}{n}$, ma si avesse: $AB\frac{1}{n} \leqq (A'B')\frac{1}{n}$, si trarrebbe:

$$AB \leqq A'B', \text{ contro il supposto.}$$

Analogamente negli altri casi.

Cor. II. — *Se a e b sono segmenti equimultipli di due segmenti a' e b', ed è: $a \lesseqgtr b$, si ha $a' \lesseqgtr b'$.*

Questo corollario è una forma diversa del cor. I.

Cor. III. — *Se AA_1, A_1A_2,... $A_{n-1}A_n$, sono n segmenti consecutivi che costituiscono il segmento AA_n; e AA_1 è minore, $A_{n-1}A_n$ maggiore degli altri segmenti, si ha:*

$$(AA_1)\,n < (AA_n) \qquad (A_{n-1}A_n)\,n > (AA_n)$$

Invero $(AA_1)\,2 < (AA_2)$ (t. III, 8), e ammesso il corollario per $n - 1$, lo si dimostra allo stesso modo per n. Analogamente per $(A_{n-1}A_n)\,n$.

Def. II. — La somma di m segmenti eguali al summultiplo $AB\frac{1}{n}$ si indica tanto con $(AB)\frac{m}{n}$, quanto con $(AB)\frac{1}{n}m$, come ancora con $\frac{(AB)}{n}m$.

11. Dich. — 1) La locuzione: *punto variabile o mobile X*, in un verso di un sistema lineare, significa: punti $A_1A_2A_3$... del sistema, considerati in un verso di esso, e dei quali uno qualunque può essere indicato con X.

Il sistema lineare dei punti A_1A_2.... chiamasi *luogo geometrico*, o *luogo* del punto X.

2) La locuzione: *punto che si allontana da A* nel verso di AB significa: punti $A_1A_2A_3$.... i quali sono

estremi di segmenti AA_1, AA_2, AA_3... del sistema (fig. 9), aventi lo stesso estremo A, e lo stesso verso di AB e tali che:

$$AA_1 < AA_2 < AA_3 < \ldots.$$

3) La locuzione: *punto che si avvicina ad* A nel verso di AB significa: punti $B_1 B_2 B_3$..., i quali sono estremi di segmenti AB_1, AB_2, AB_3... (fig. 9) aventi lo stesso estremo e dello stesso verso di AB tali che:

$$AB_1 > AB_2 > AB_3, > \ldots.$$

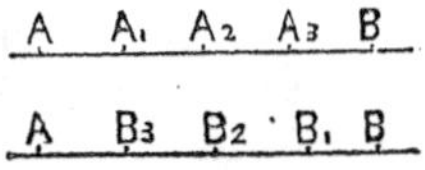

A A₁ A₂ A₃ B

A B₃ B₂ B₁ B

Fig. 9

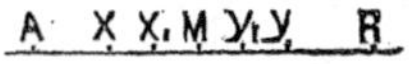

A X X₁ M Y₁ Y B

Fig. 10

Oss. — In seguito a queste locuzioni potremo applicare nelle dimostrazioni il linguaggio del movimento sulla retta.

Oss. emp. I. — Dato un oggetto rettilineo AB (fig. 10), imaginiamo in esso due punti mobili XY che partano rispettivamente da A e B descrivendo segmenti eguali, cioè $AX \equiv BY$ ecc. Noi vediamo che i punti X e Y vengono a coincidere in un punto M, tale dunque che $AM \equiv BM$, e quindi anche $AM \equiv MB$. Per quanto A e B siano vicini, possiamo segnare mentalmente il punto medio. Se A e B si possono ritenere materialmente come coincidenti, il punto medio coincide con essi.

Post. *) — *Ogni segmento rettilineo è divisibile in due parti eguali.*

Teor. — *Ogni segmento rettilineo ha un solo punto medio.*

---

*) Questa proposizione è conseguenza del post. II e dei post. VIII e IX. Vedi la nota V dell'Appendice.

Infatti se un segmento AB potesse avere due punti medî X ed Y, si avrebbe:

$$AX \equiv AY \qquad \text{(c. II t. I, 10)}$$

contro il post. II.

Oss. emp. II. — Vediamo che l'oggetto rettilineo AB è diviso da un suo punto X in due parti AX, XB. Tale proposizione può essere dimostrata anche per tutta la retta illimitata; tuttavia assumiamo senza dimostrazione la seguente proposizione:

Post. *) — *La retta è divisa da ogni suo punto in due parti*, cioè: *la retta è aperta.*

12. Oss. emp. I. — Si vede che fuori dell'oggetto rettilineo AB e della retta da esso determinata (fig. 11) esistono dei punti P e quindi anche delle altre rette. Si vede altresì che quando due oggetti rettilinei combaciano in due dei loro punti, essi combaciano in tutti i loro punti, e quindi combaciano le due rette da essi determinate.

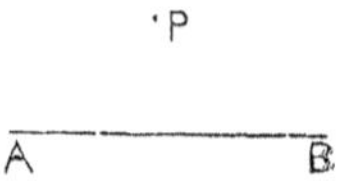

P

A B

Fig. 11

POST. III. — Esistono punti fuori della retta.
Esiste una sola retta che contiene due punti dati.

Oss. — Una retta si rappresenta o con una semplice lettera minuscola a, b, c...., o con due lettere maiuscole indicanti i punti che la determinano. Quando si possa confondere il simbolo della retta, determinata da due punti A e B con quello del segmento rettilineo, si dinoterà il segmento col simbolo (AB).

---

*) V. Elementi di Geometria, ed. completa e l'Appendice.

§ 2.

Figure eguali

13. Def. I. — Per *figura rettilinea* di tre punti A, B, C non situati su d'una retta, intendesi il sistema dei segmenti (AB), (BC), (CB); dei segmenti (ED), (FE), (GD), ecc. che uniscono i punti dei primi tre...., e così via (fig. 12).

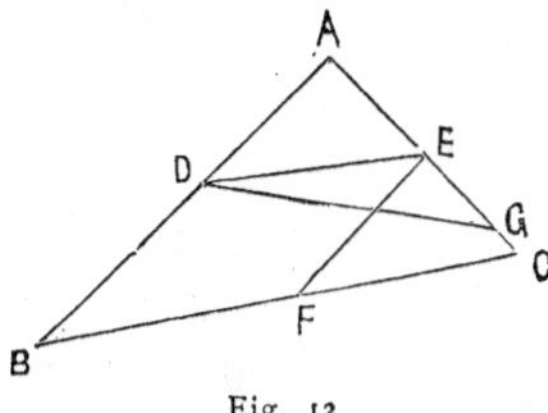

Fig. 12

E in generale: per *figura rettilinea* di un dato gruppo di punti intendesi la figura determinata dai segmenti che hanno per estremi i punti dati, dai segmenti che i punti di questi determinano a due a due, e così via.

Def. II. — 1) La figura costituita dai tre punti A, B, C non situati in una retta e dai tre segmenti AB, BC, AC dicesi *triangolo*. I tre punti ABC diconsi *vertici*, e i tre segmenti (AB) (BC) e (CA) *lati del triangolo*.

Quando non vi sarà luogo ad equivoco diremo *lati* anche le rette determinate dai tre vertici a due a due.

I vertici A, B, C si dicono rispettivamente *opposti* ai lati (BC) (CA) (AB); e reciprocamente.

2) Se due lati ad es.: (AB) e (BC) del triangolo sono eguali, esso dicesi *isoscele*, ed il terzo lato si dice *base* del triangolo isoscele.

3) Se tutti e tre i lati sono eguali, il triangolo si dice *equilatero*.

Oss. — Ogni figura non rettilinea determina una sola figura rettilinea, a cui appartiene, cioè la figura determinata dai segmenti che uniscono i punti della figura data, e da quelli che congiungono i punti di questi segmenti, e così via.

14. Oss. emp. I. — Come di due oggetti rettilinei (n. 7), così di due corpi qualunque noi diciamo che sono *eguali* quando producono in noi la stessa imagine, onde ciò che diciamo dell'uno possiamo ripetere per l'altro, considerati isolatamente, indipendentemente cioè da altri oggetti. E quindi ad un punto A dell'uno vediamo corrispondervi un punto A' dell'altro e ad A' il punto A; ad una serie $A\,B\,C$... di punti dell'uno una serie $A'B'C'$... dell'altro; e ad ogni segmento dell'uno un segmento eguale dell'altro.

Def. — L'espressione: *Le figure rettilinee F ed F' sono eguali* significa che si può stabilire fra i loro punti una corrispondenza univoca e del medesimo ordine tale, che ai segmenti dell'una corrispondono segmenti eguali dell'altra. — E la espressione: *Due figure non rettilinee sono eguali* significa che esse sono figure corrispondenti in figure rettilinee eguali.

Questa corrispondenza fra due figure eguali chiamasi *corrispondenza di eguaglianza.*

Oss. emp. II. — Facendo uso del movimento senza deformazione, due figure che possono sovrapporsi, soddisfano al criterio di eguaglianza, esposto nella Def.

Oss. I. — La parola *eguale*, usata per due figure, non ha per noi nel ragionamento che il significato ad essa attribuito nella Def.

Oss. II. — Se una figura non rettilinea F appartiene ad una figura rettilinea F_1, a questa appartiene pure la figura rettilinea F_2 determinata da F (o. 13), che può essere la stessa F_1. E se due figure non rettilinee

F e F' sono corrispondenti in figure rettilinee eguali F_1 e F_1', le figure rettilinee F_2 e F_2' determinate da F e F' sono pure corrispondenti in F_1 e F_1', ed essendo i segmenti di F_2 e F_2' segmenti di F_1 e F_1', F_2 e F_2' sono eguali (def.).

Teor. I. — *Ogni figura eguale ad una retta è una retta.*

Sia F la figura eguale ad una retta r (fig. 13). Per la def. se una figura contiene un segmento, un' altra figura ad essa eguale contiene un segmento corrispondente, eguale al primo. Se dunque ABC sono tre punti di r, in un dato verso, uno di essi, ad es. B, sarà compreso fra gli altri due, e quindi in F' si avranno tre punti $A'B'C'$ corrispondenti, e tali che B' sarà situato nel segmento $A'C'$. Perciò il punto B' sarà situato sulla retta $A'C'$, come C' è situato sulla retta $A'B'$, ossia nella stessa retta r' (post. III). Dunque la F contiene la retta r'.

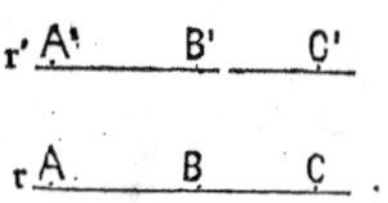

r' A' B' C'

r A B C

Fig. 13

Stabilita così la corrispondenza univoca e nel medesimo ordine fra i punti di r e di r', ad un punto di r non può corrispondere un altro punto fuori di r', per la corrispondenza univoca fra F ed r; dunque F è la retta r'.

Teor. II. — *Figure corrispondenti in figure eguali sono eguali.*

Supponiamo dapprima che le date figure eguali F ed F' siano rettilinee. Se le figure p e p' in esse corrispondenti sono rettilinee, la corrispondenza di eguaglianza fra F ed F' stabilisce pure una corrispondenza di eguaglianza fra p e p' (d. II); se le figure p, p' non sono rettilinee il teorema non è che la seconda parte della def. II. stessa.

Supponiamo ora che F ed F' non sieno rettilinee; le figure rettilinee da esse determinate sono eguali

(d. II). Se p e p' sono due figure corrispondenti di F ed F', le figure rettilinee F_1 e F_1' determinate da p e p' si corrispondono in quelle determinate da F ed F'; ma queste sono eguali, dunque pel caso precedente F_1 e F_1' sono eguali e quindi tali sono anche p e p' (d. II).

Teor. III. — *Due figure eguali ad una terza sono eguali tra loro.*

Siano dapprima F e F' due figure rettilinee eguali ad una F''. Ciò significa che ai punti ABC... di F corrispondono ordinatamente i punti $A''B''C''$.... di F'', e a questi i punti $A'B'C'$.... di F'; di guisa che si possono far corrispondere così i punti di F ordinatamente a quelli di F'. Ma siccome si ha ad esempio $AB \equiv A''B''$ e $A'B' \equiv A''B''$, si conchiude che $AB \equiv A'B'$; vale a dire la corrispondenza così stabilita tra F ed F' è una corrispondenza di eguaglianza; e perciò F e F' sono eguali.

Se F, F' e F'' non sono rettilinee, per essere F e F'', F' e F'' eguali, esse sono figure corrispondenti in figure rettilinee F_1 ed F_1', F_1'' ed F_1'' eguali (def. e o. II); per conseguenza sono eguali le figure rettilinee F_1 ed F_1' e per ciò anche F ed F' (def.).

Oss. III. — Una figura è eguale a sè stessa; basta far corrispondere ogni punto di essa a sè medesimo. E di due figure l'una è eguale o non è eguale all'altra; e l'un caso esclude l'altro.

La definizione d'eguaglianza fra due figure soddisfa dunque ai principî dell'eguaglianza di due segmenti.

15. Oss. emp. — Esaminando gli oggetti rettilinei r e r' e le rette da essi determinate (fig. 14) noi vediamo che, scelto un segmento qualunque AB del primo r, vi è sull'altro un segmento $A'B'$ eguale ad AB.

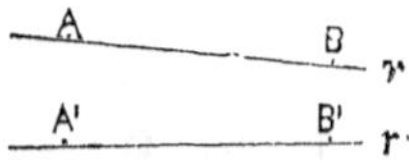

A B r
A' B' r'

Fig. 14

POST. IV. — In ogni retta esiste un segmento eguale ad un segmento qualunque di un' altra retta.

Teor. I. — *Le rette sono eguali.*

Siano r ed r' (fig. 15) due rette qualunque, e AB un segmento di r. In r' vi è un segmento $A'B'$ eguale ad AB. Si stabilisca la corrispondenza di eguaglianza fra i due segmenti AB ed $A'B'$ in modo che ad un punto C di AB corrisponda un punto C' di $A'B'$. Sia poi C_1 un punto di r fuori del segmento AB nel verso da A a B. In r' vi è un segmento eguale ad AC_1 (post. IV). Se questo non è diretto nello stesso verso di $A'B'$ vi è però in questo verso un segmento $A'C_1'$ eguale ad esso (post. II), e quindi anche ad AC_1. Analogamente se C_1 fosse fuori di AB nel verso opposto. Facendo corrispondere così ad ogni punto C di r un punto C' di r' si stabilisce fra le due rette una corrispondenza di eguaglianza; e perciò le due rette sono eguali.

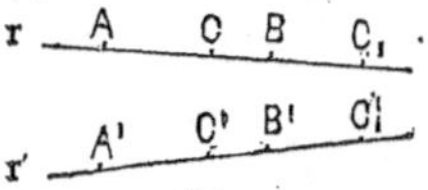

Fig. 15

Cor. — *I raggi sono eguali.*

Difatti dati i due raggi r ed r', limitati dai punti A ed A', (fig 16), ad ogni segmento AB di r si può far corrispondere il segmento $A'B'$ eguale ad AB, e quindi fa-

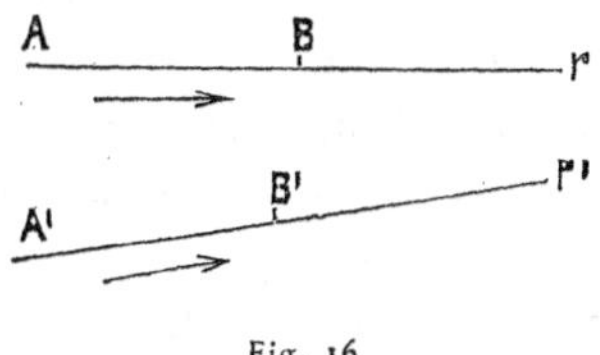

Fig. 16

cendo corrispondere A' ad A e B' a B, si viene così a stabilire una corrispondenza univoca e del medesimo ordine tale, che i segmenti corrispondenti sono eguali; dunque r ed r' sono eguali (def. 14).

16. Def. — 1) *Coppia di rette* dicesi la figura rettilinea determinata da due rette (fig. 17).

Se le due rette date hanno un punto in comune questo punto dicesi *vertice* della coppia.

2) Per *coppia di raggi* s'intende una coppia di raggi, limitati ad un punto comune.

Dich. — La coppia determinata dalle rette o raggi a e b si dinoterà col simbolo $(a\,b)$ o $a\,b$; e se i raggi della coppia sono determinati dai segmenti $(A\,O)$ e $(B\,O)$ a partire dal loro estremo comune O, la coppia si indicherà in tal caso con $\widehat{A\,O\,B}$.

La coppia $(b\,a)$ o $b\,a$ si chiama *inversa* della coppia $(a\,b)$.

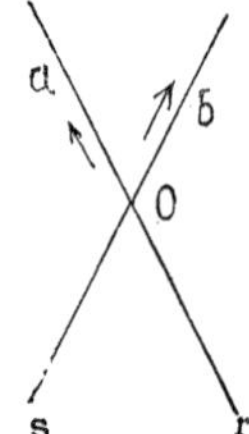

Fig. 17

Oss. emp. — Osservando la coppia (rs) di vertice O (fig. 17) si vede che essa si può far coincidere con la coppia inversa (rs).

POST. V. — La coppia di rette $(r\,s)$ di vertice O, considerate in un determinato verso, è invertibile.

Cor. — *La coppia di raggi $(a\,b)$ di vertice O, è invertibile.*

Infatti se $(a\,b)$ è la coppia di raggi, ed r, s sono le rette di dato verso, in cui a e b si corrispondono (fig. 17), nella corrispondenza di eguaglianza delle coppie $(r\,s)$ ed $(s\,r)$ le due coppie di raggi $(a\,b)$ e $(b\,a)$, come figure corrispondenti in figure eguali, sono eguali.

17. Def. — Le coppie di raggi opposti (di verso contrario sulla medesima retta), aventi lo stesso vertice, si chiamano *opposte al vertice*.

Teor. I. — *Le coppie di raggi opposte al vertice sono eguali.*

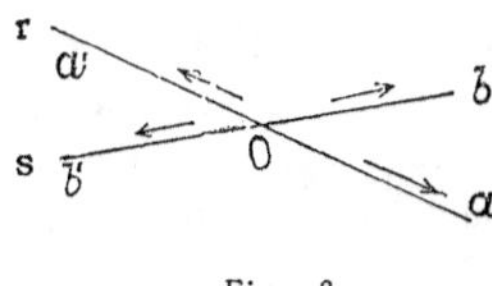

Fig. 18

Siano $(a\, b)$, $(a'\, b')$ le due coppie di raggi opposte al vertice O (fig. 18). Considerando le rette r ed s nel verso determinato su di esse dai raggi a e b', nelle coppie eguali di rette $(r\, s)$, $(s\, r)$ ai raggi $a\, a'$, $b\, b'$ dell' una corrispondono i raggi $b'\, b$, $a'\, a$ dell'altra; dunque le coppie di raggi corrispondenti $(a\, b)$ $(b'\, a')$ sono eguali (t. II,14), cioè : $(a\, b) \equiv (b'\, a')$ e quindi (c. post. V) : $(a\, b) \equiv (a'\, b')$

§ 3.

Rette parallele

18. Def. I. — Una figura $A'\, B'\, C'$... dicesi *opposta* ad un' altra figura $A\, B\, C$ *rispetto ad un punto* O, se i segmenti $O A'$, $O B'$, $O C'$... della prima sono ordinatamente eguali ed opposti ai segmenti $O A$, $O B$, $O C$... della seconda.

Oss. — Secondo questa definizione la figura opposta ad un' altra rispetto ad un punto è unica.

Def. II. — *Trasversale* di due rette $A B$, $A'B'$ dicesi il segmento $(A A')$, i cui estremi A, A' sono sulle rette stesse. Anche la retta $A A'$ si chiama trasversale.

Def. III. — Due rette diconsi *parallele*, se una di esse contiene due punti opposti a due punti dell' altra rispetto ad un punto.

Oss. emp. — Dalla figura 19 risulta che le rette AC, $A'C'$ sono opposte rispetto al punto O, e quindi parallele; si vede inoltre che si può far scorrere la figura delle due rette $r\,r'$ su se stessa, in modo che il punto O si trasporti in O', e le sue trasversali CC', BB' in MM', PP'.

Per costruire graficamente due tali rette basta porre (fig. 20) l'orlo di una riga lungo AA' e far scorrere una squadra sulla riga in modo che con lo spigolo XY venga a passare per A e per A', e tracciando poi le rette AB e $A'B'$.

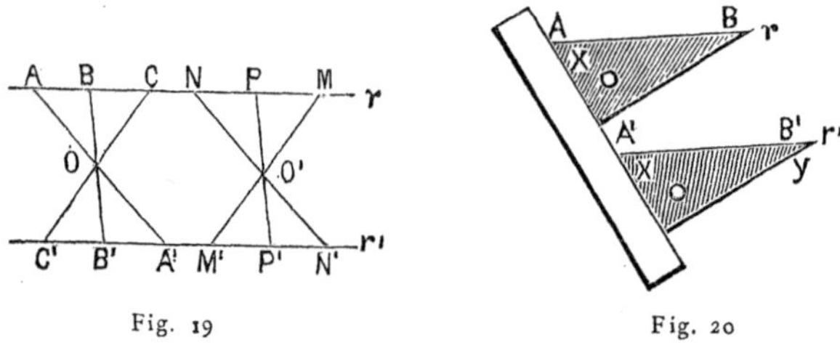

Fig. 19 Fig. 20

POST. VI. — **Due rette parallele sono opposte rispetto al punto di mezzo di ogni loro segmento trasversale.**

Teor. I. — *Per un punto dato fuori di una retta si può condurre una, ed una sola, retta parallela alla retta data.*

Sia r la retta data (fig. 19) A' il punto dato fuori di essa. Preso sul segmento (AA') il punto di mezzo O osserviamo che la retta r' parallela alla r, è opposta rispetto ad O ad r, e passa per A', e che ogni parallela passante per A' alla r come figura opposta alla r rispetto ad O (post. VI), deve coincidere con r'; dunque la parallela r' alla r è unica.

Teor. II. — *Due rette parallele e distinte non hanno alcun punto comune.*

Sia A, se possibile, il punto comune alle due parallele r ed r', e sia B un punto di r' (fig. 21). Poichè A appartiene alla r e B' alla r', il segmento $A\,B'$ sarà trasversale delle due parallele $r\,r'$ e queste rette saranno opposte rispetto al punto O di mezzo del segmento $A\,B'$.

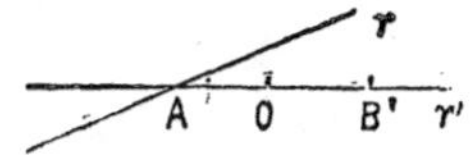

Fig. 21

Ora al punto A, considerato come appartenente alla r', dovrebbe corrispondere sulla r il punto B', non essendovi altro che il punto B', tale che siano AO, $O\,B'$ eguali e di verso opposto. Questo punto B' dunque apparterrebbe alla retta r; e così le rette r, r' avrebbero due punti in comune, contro il supposto che sieno distinte *).

Teor. III. — *Due figure opposte rispetto ad un punto sono eguali.*

Infatti se $A'\,B'$ sono i punti corrispondenti di $A\,B$ delle figure opposte, le coppie $A\widehat{O}B$ $A'\widehat{O}B'$ sono eguali e quindi: $A\,B \equiv A'\,B'$. Se una figura è rettilinea, la figura opposta è pure rettilinea, perchè ad una retta AB dell'una è opposta la retta parallela $A'B'$ dell'altra (post. VI). Si può dunque stabilire fra esse una corrispondenza di eguaglianza; epperò esse sono eguali.

---

*) Si potrebbe dimostrare questo teorema facendo uso del post. del n. 11; ma la dimostrazione di questo postulato data nella edizione completa e nell'Appendice si basa sul teorema stesso.

Se le figure opposte non sono rettilinee, le figure rettilinee da esse determinate sono opposte rispetto al punto O, perchè ad ogni segmento che congiunge due punti della prima figura è opposto un segmento eguale, congiungente i punti corrispondenti della seconda figura. Dunque le figure opposte essendo corrispondenti in figure rettilinee eguali sono eguali (d 14).

Cor. — *La figura formata da un numero qualunque di raggi passanti per un punto* O, *e quella formata dai raggi opposti sono eguali.*

Perchè sono figure opposte rispetto al punto O.

Teor. IV. — *Segmenti paralleli, compresi fra rette parallele sono eguali.*

Siano (fig. 22) AA', BB' due segmenti paralleli compresi fra le rette parallele AB, $A'B'$, e sia O il punto medio di $A'B$. Le rette r, r' ; AA', BB' sono opposte rispetto al punto O, essendo $A'B$ trasversale comune di queste rette; ma al punto d'incontro di AA' ed r deve corrispondere il punto d'incontro di BB' con r', cioè B', perciò i segmenti AA', BB' sono opposti rispetto al punto O, e quindi eguali.

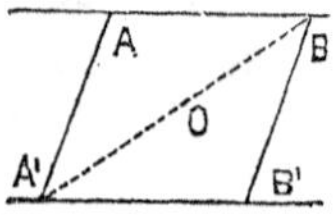

Fig. 22

LIBRO SECONDO

§ 1.

Prime proprietà del piano

19. Oss. emp. I. — La parte superiore del foglio ben teso del disegno, la superficie di uno specchio d'acqua stagnante..... ci danno l'imagine di quella superficie, che è nota col nome di *piano* o *superficie piana.*

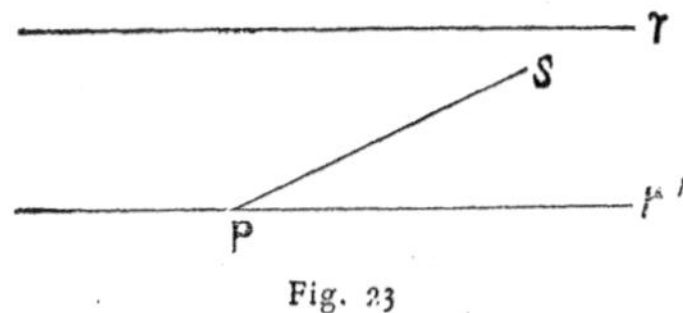

Fig. 23

Se consideriamo sul foglio del disegno (fig. 23) un punto P una retta r, la parallela r' condotta da P alla r e una retta qualsiasi s diversa da r', anche se la s non incontra la r entro il foglio del disegno, siamo indotti a pensare che qualora le rette r ed s fossero sufficientemente prolungate, si incontrerebbero; vale a dire che congiungendo i punti della r sufficientemente prolungata si ottengono tutte le rette del piano passanti per P, tranne la parallela r'. Dunque diremo:

Def. I. — La figura data da tutte le rette che congiungono i punti di una retta r con un punto P fuori di essa, e dalla parallela a questa retta, dicesi *fascio di rette,* o *fascio di raggi,* secondo che si considera come elemento di essa la retta, o il raggio. E il sistema di punti determinato da un fascio di rette dicesi *piano*.

La retta data r dicesi la *direttrice*, il punto P il *centro*, e le rette PA, PB, PC...., che uniscono il centro coi vari punti della direttrice, diconsi le *generatrici* del fascio.

Per *versi del fascio* s'intendono gli ordini delle serie delle sue rette o dei suoi raggi, determinati dai versi della direttrice.

Il fascio di centro P e direttrice r si dinota col simbolo $(P r)$, ed il piano con Pr.

Oss. I. — Anche qui osserviamo, come per la retta, che la imagine intuitiva del piano è indipendente dalle rette e dai punti che in esso possiamo segnare; che però per dedurre le sue proprietà lo consideriamo geometricamente come un sistema di punti.

Def. II. — *Proiettare* un punto (o una retta) da un punto P fuori di essa, significa costruire il raggio (o il piano) determinato dal punto P e dal punto dato (o dalla retta data).

Oss. emp. II. — Entro il campo dell'osservazione è verificata questa proposizione:

Post. *) — *Una retta avente due punti in comune col piano appartiene al piano.*

Teor. I. — *La parallela ad una retta del piano, condotta per un punto di esso piano, appartiene al piano.*

Sia s una retta del piano ed A' un punto qualunque di esso; s' la parallela condotta da A' ad s (fig. 24).

---

*) Questa proposizione può essere dimostrata. V. edizione completa e Appendice.

Unendo A' con un punto A di s, se O è il punto medio di AA', B' il punto opposto, rispetto ad O, di un altro punto B di s, il punto B' giace sulla s'. — Ora la AA' giace nel piano, avendo con esso i due punti A, A' in comune; quindi O giace nel piano e vi giacerà anche la retta OB e perciò B'. Per conseguenza la retta $A'B'$ avendo i due punti A', B' in comune col piano appartiene ad esso piano.

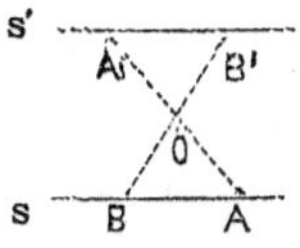

Fig. 24

Teor. II. — *Un piano è individuato da una sua retta e da un punto qualsiasi di esso fuori della retta.*

Siano (Pr) il fascio generatore del piano, P' e r' un altro punto ed un altra retta di esso ; si vuol provare che il piano $P'r'$ coincide col piano Pr.

Ogni retta che congiunge il punto P' con un punto qualunque X di r (fig. 25) è situata nel piano Pr, per avere con esso i due punti P' ed X in comune. Così pure nel piano Pr è situata la parallela condotta da P' ad r (t. I). Dunque ogni punto del piano $P'r$ appartiene al piano Pr, e per la stessa ragione ogni punto del piano Pr appartiene a $P'r$; vale a dire i piani Pr e $P'r$ coincidono.

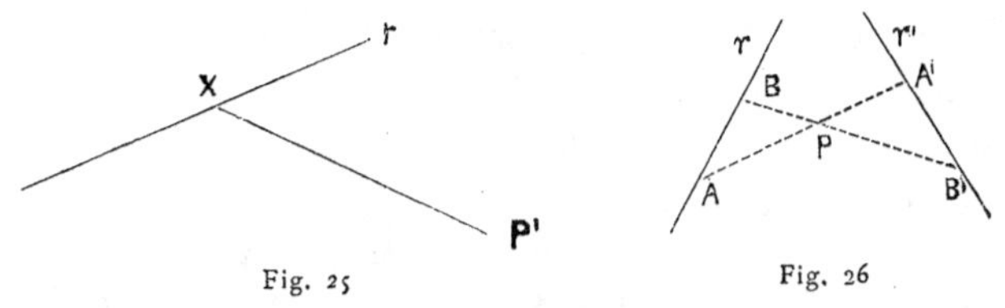

Fig. 25 Fig. 26

Dimostriamo ora che coincidono i piani Pr e Pr'. Siccome (fig. 26) la retta r' giace nel piano Pr, la congiungente un punto qualunque di r' con P, o è parallela ad r, e allora giace nel piano Pr ; oppure incontra

r in un punto, perchè il piano Pr è appunto determinato dal fascio (Pr). La parallela condotta da P ad r' è pure situata nel piano Pr (t. I); dunque ogni punto del piano Pr' appartiene al piano Pr. Scelti ora due punti A' e B' di r' tali, che PA' PB' incontrino r in due punti A e B, si conchiuderà che la r appartiene al piano Pr' avendo con questo i punti A e B in comune. Pertanto ogni punto del piano Pr appartiene al piano Pr'; e per ciò i due piani Pr e Pr' coincidono.

Dai due casi precedenti si ha che il piano Pr coincide col piano $P'r$, questo col piano $P'r'$; dunque Pr coincide col piano $P'r'$.

Cor. I. — *Il piano è individuato da tre punti qualunque, non situati in linea retta.*

Infatti due dei tre punti determinano una retta r, ed il terzo punto genera con essa il piano.

Cor. II. — *Due rette parallele, o che s'incontrano, individuano un piano.*

Basta prendere un punto sopra una delle due rette, ed altri due nell' altra retta.

Cor. III. — *Due rette del piano o sono parallele, o si incontrano in un punto.*

Infatti, scelto un punto P sopra una delle due rette, il piano può esser generato dal punto P e dall' altra retta, e quindi questa o è parallela alla prima, o la incontra in un punto (d. I).

Oss. emp. III. — Nel solo campo dell' osservazione, due rette del piano possono non incontrarsi, senza essere parallele; ma supposto che il campo dell' osservazione sia maggiormente esteso, conservando le proprietà stabilite nei postulati, allora le due rette si incontreranno.

Oss. II. — Il fascio è costituito da tutte le rette del piano passanti pel centro P del fascio, perchè le rette passanti per P nel piano incontrano la direttrice; una sola non la incontra, cioè la parallela (d. I).

Oss. III. — Il cor. III sotto altra forma ci dice: *due rette del piano che non si incontrano sono parallele*, oppure, considerando le rette come segmenti: *due rette del piano che prolungate indefinitamente non si incontrano mai, sono parallele.*

Cor. IV. — *Una retta r che incontra un' altra retta r' incontra ogni retta r'' del piano, parallela ad r'.*

Sia P il punto d' incontro di r ed r'. Se r non incontrasse r'' sarebbe a questa parallela, e per il punto P passerebbero le due rette r ed r' parallele a r'' il che è assurdo (t. I, 18).

§ 2.

Angolo

20. Def. I. — *Angolo* dicesi una parte del fascio, limitata da due raggi, come il segmento è una parte della retta limitata da due punti (fig. 27). I raggi che limitano l' angolo si chiamano *lati;* il punto comune, *vertice* dell' angolo.

Def. II. — Due raggi a, b non opposti di un fascio determinano in esso due angoli, che presi insieme costituiscono l' intero fascio. Quello fra i due angoli che non contiene i raggi opposti a', b' di a e b si chiama *convesso;* l' altro invece chiamasi *concavo.* Per angolo dei due raggi $a\,b$ intendesi ordinariamente l' angolo convesso, e si indica coi simboli $(a\,b)$ o $a\,b$.

Def. III. — Un angolo del fascio, i cui raggi sono opposti, si chiama *angolo piatto.*

Def. IV. — Due angoli del fascio, i cui lati sono raggi opposti, si chiamano *opposti al vertice.*

Def. V. — La parte di piano determinata da un angolo del fascio dicesi anche *angolo piano.*

Oss. emp. I. — L'ispezione della fig. 27 ci induce ad assumere il:

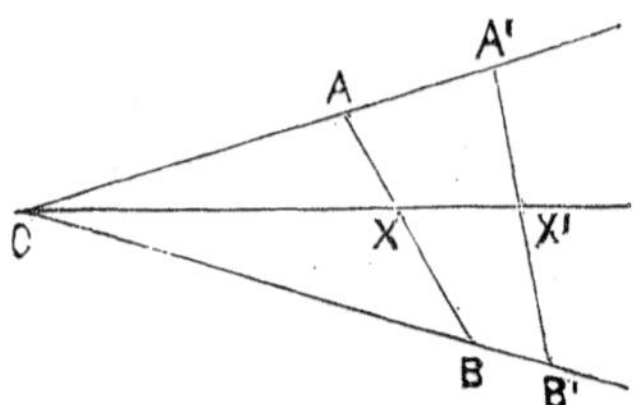

Fig. 27

Post. *) — *Ogni retta congiungente il vertice di un angolo con un punto interno ad un segmento, avente gli estremi sui lati dell' angolo, incontra in un punto interno ogni altro segmento analogo.*

Teor. I. — *Il fascio è un sistema lineare chiuso, i cui versi sono dati da quelli di una retta qualunque del suo piano, che non passa pel centro del fascio.*

Se r è la direttrice primitiva del fascio che determina i suoi versi, il fascio può esser generato pure da P con un' altra retta r' qualunque del piano (fig. 28). Infatti ai punti di un segmento AB di r, che si seguono nel verso da A a B, corrispondono raggi del fascio che si seguono nello stesso verso; e se indichiamo con C e C' i punti di intersezione di un raggio dell' angolo APB coi segmenti AB, $A'B'$, e se il punto C per-

---

*) Questa prop. può essere dimostrata. V. ed. completa e Appendice.

corre il segmento AB da A verso B, il punto C' percorre il segmento $A'B'$ da A' verso B'; epperò i versi del fascio (Pr) sono quelli di (Pr').

Se la retta $A'B'$ non incontra uno dei lati dell'angolo APB, per esempio il lato PB, basta considerare un raggio PC del fascio che la incontra in un punto C', applicando il ragionamento precedente ai segmenti AC e $A'C'$.

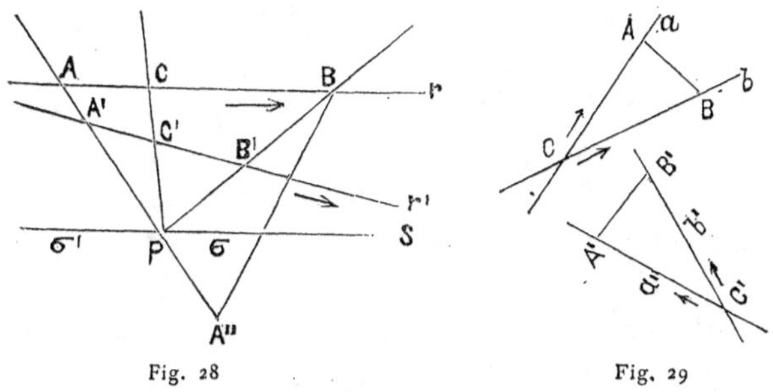

Fig. 28 Fig. 29

Per determinare quale dei due raggi $\sigma\,\sigma'$ della retta s parallela ad r segue (in un dato verso del fascio, ad es. nel verso da PA a PB) i raggi che incontrano r, basta congiungere B con un punto A'' del raggio opposto di PA; il raggio σ che incontra BA'' è il richiesto.

Dopo questo raggio, nel verso dato, seguono i raggi opposti a quelli che incontrano la direttrice r, a questi segue il raggio σ' opposto di σ; il fascio di raggi è dunque un sistema chiuso.

Lemma. — *Se due coppie di raggi con vertice sono eguali, gli angoli determinati dai loro lati sono eguali. E reciprocamente.*

Siano $(a\,b)$, $(a'\,b')$ (fig. 29) le due coppie di raggi eguali di vertici C e C; gli angoli $a\,b$, $a'\,b'$ sono eguali, essendo in esse figure corrispondenti.

Reciprocamente, se gli angoli $A\,C\,B$, $A'\,C'\,B'$ sono eguali, essi sono figure corrispondenti in figure rettilinee eguali (d. 14), nelle quali si corrispondono i punti C e C', e ai raggi a e b corrispondono i raggi a' e b'; dunque la coppia ab è eguale alla coppia $a'b'$

Teor. II. — *Angoli opposti al vertice sono eguali.*

Se gli angoli non sono piatti, il teorema deriva dall'esser le coppie di raggi opposte rispetto al vertice, da essi determinate, eguali fra loro (t. I, 17) (fig. 18). Se gli angoli sono piatti, essi sono figure opposte rispetto al vertice, e quindi sono eguali (t. III, 17).

Teor. III. — *Due fasci qualunque di centri P e P' del piano sono eguali.*

Sia M il punto medio del segmento $P\,P'$. Ad ogni retta a del fascio P è opposta una retta a' passante per P' che appartiene al piano, e quindi al fascio di centro P' (fig. 30). I due fasci sono dunque figure opposte rispetto al punto M; epperò sono eguali (t. III, 17).

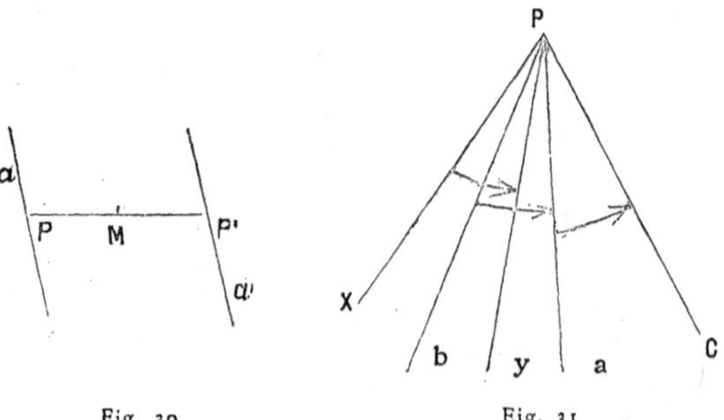

Fig. 30 Fig. 31

Cor. — *Il piano è eguale intorno ad ogni suo punto.*

Infatti, data una figura i cui punti appartengano ai raggi di un fascio P del piano, nel fascio P', per la corrispondenza di eguaglianza, vi corrisponderà una figura eguale alla prima.

Oss. emp. II. — Dato un angolo xy nel fascio di raggi, e un raggio a, vediamo che vi sono due angoli ba, ac dello stesso verso ed eguali ad xy (fig. 31). Nella figura stessa vediamo pure che ogni angolo xy non è eguale ad una sua parte. Diremo dunque:

Post. *) — I. *Vi sono nel fascio due angoli eguali ad ogni angolo dato, dello stesso verso, e aventi l'uno il primo raggio estremo, l'altro il secondo in un raggio qualunque del fascio.*

II *Ogni angolo non è eguale ad una sua parte.*

Teor. IV. — *Ogni angolo è invertibile.*

Siccome la coppia di raggi (ab) è eguale alla coppia (ba), così gli angoli ab e ba sono eguali (lem.). Se ab è piatto, esiste un angolo eguale ad ab (fig. 32) a partire da b in uno e nell'altro verso del fascio, il cui secondo lato coincide con a, perchè in figure eguali a raggi opposti dell'una corrispondono raggi opposti dell'altra.

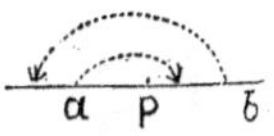

a P b

Fig. 32

Teor. V. — *Gli angoli piatti sono direttamente e inversamente eguali.*

Siano aa', bb' due angoli piatti; se appartengono al medesimo fascio, dal post. quando l'angolo dato è piatto risulta che i due angoli sono eguali direttamente cioè nel medesimo verso. Se appartengono a fasci diversi di centri P e P', i due fasci sono eguali, e quindi all'angolo piatto bb' corrisponde un angolo piatto cc' eguale del primo fascio, che è a sua volta eguale ad aa'. Dunque anche in tal caso $aa' \equiv bb'$

Dal teor. IV risulta che $aa' \equiv a'a$ e quindi essendo $aa' \equiv bb'$ si ha pure: $a'a \equiv bb'$.

---

*) Per la dimostrazione vedi Edizione completa.

21. Oss. I. — Mercè il post. ed il teor. IV il fascio di raggi è un sistema lineare omogeneo, nel quale l'elemento è il raggio, anzichè il punto (d. II 7).

Essendo il fascio un sistema lineare omogeneo, valgono per esso tutte le proposizioni dedotte dal post. II per la retta, ad es. quelle relative alla somma ed alla differenza dei segmenti; basta sostituire al punto il raggio, e al segmento l'angolo. *)

Teor. — *Un angolo qualunque può esser diviso in due parti eguali.*

Sia ab l'angolo dato, O il suo vertice (fig. 33 a). Siano AB due punti tali che $OA \equiv OB$. Nella corrispondenza di eguaglianza fra ab e ba al punto A corrisponde B, ed il punto medio M di AB corrisponde a sè medesimo; dunque OM corrisponde a sè stesso, e divide perciò l'angolo AOB in due parti eguali. Il raggio opposto di OM divide pure per metà l'altro angolo del fascio di centro O, determinato dai raggi ab. — Per ogni altro raggio x di ab si ha: $ax \lesseqgtr \widehat{AOM}$ e quindi $(ax)\,2 \lesseqgtr (\widehat{AOM})\,2$, donde $(ax)\,2 \lesseqgtr (ab)$.

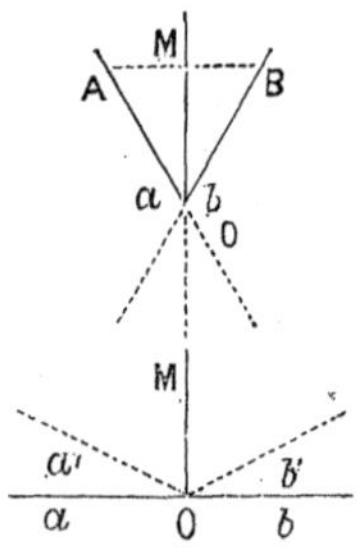

Fig. 33 a, b

Se poi ab è piatto (fig. 33 b), basta considerare due raggi a', b' in esso tali che $aa' \equiv bb'$. In tal caso a e b sono raggi corrispondenti nella corrispondenza di egua-

---

*) Sarà utile che l'insegnante dia per esercizio ai giovani di enunciare queste proposizioni per gli angoli e di ripetere le relative dimostrazioni sostituendo il raggio al punto, l'angolo al segmento.

glianza determinata nel fascio di centro O dagli angoli $a'b'$ e $b'a'$; e quindi il raggio che divide per metà $a'b'$, ossia il raggio OM, corrisponde a sè stesso, e divide per metà anche l'angolo piatto ab.

Oss. II. — Così pel fascio vale la proposizione corrispondente anche al post. del n. 11 della retta quando si sostituisca il raggio al punto, l'angolo al segmento.

Def. I. — La retta che divide per metà un angolo chiamasi *bissettrice* dell' angolo.

Angolo *retto* dicesi la metà di un angolo piatto.

Cor. — *Gli angoli retti sono eguali.*

Infatti gli angoli piatti sono eguali, e quindi tali sono anche le loro metà, perchè nella corrispondenza di eguaglianza di essi le bissettrici sono rette corrispondenti.

Def. II. — Ogni angolo minore di un retto dicesi *acuto*; ogni angolo maggiore di un angolo retto, e minore di un angolo piatto, *ottuso*.

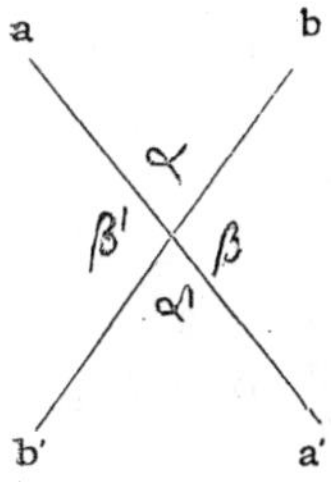

a b α β' β α' b' a'

Fig. 34

Def. III. — Angoli *supplementari* diconsi quelli la cui somma è eguale alla somma di due retti; angoli *complementari* quelli, la cui somma è eguale ad un angolo retto. Angoli *adiacenti* sono due angoli $a\,b$, $a'\,b$, convessi e coi lati $a\,a'$ opposti (fig. 34).

Def. IV. — Due rette che si incontrano formano quattro angoli due a due opposti α, α'; $\beta\,\beta'$ (fig. 34). Se α e β sono diseguali, *per angolo delle due rette* intendesi ordinariamente il minore di essi.

Def. V. — Due rette che formano un angolo retto si chiamano *rette perpendicolari*.

§ 2.

Parti del piano determinate da una retta e da un triangolo

22. Oss. I. — Due raggi opposti di un fascio di centro P situati in una retta s (fig. 35) determinano due angoli piatti del fascio. Uno di essi può essere generato congiungendo i punti A, B, C.... di una retta r parallela ad s, mentre l'altro è determinato dai raggi opposti ai raggi PA, PB, PB... (t. I, 20). Le due parti del fascio rispetto alla retta s, come si sa, sono opposte.

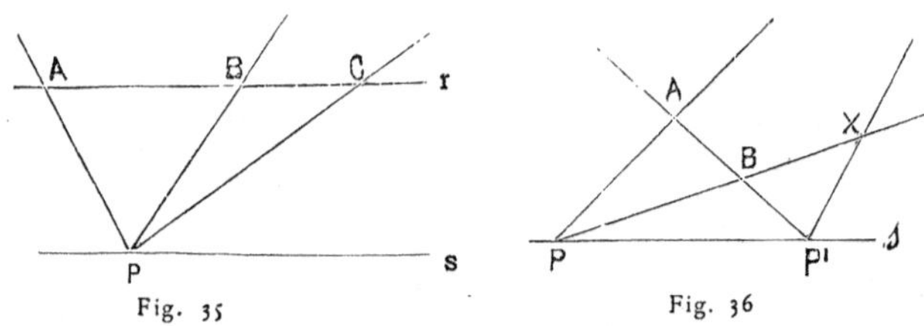

Fig. 35 Fig. 36

Def. 1. — *Parti di piano rispetto ad una retta* si intendono le parti determinate da due angoli piatti opposti coi lati sulla retta.

Oss. II. — Siano P e P' i centri di due fasci sopra una retta s nel piano. Scelta una parallela r alla s, le due parti di piano, determinate dai due angoli piatti individuati da P e P' con la retta r (oss. I), coincidono. Infatti siano PA, $P'A$ due raggi dei due angoli suddetti ; ogni punto B di $P'A$ congiunto con P dà un raggio dell' angolo piatto di vertice P, anche se B è esterno a PA, perchè l' angolo BPP' è sempre compreso nel detto angolo piatto.

Ora se X è un punto della parte di piano determinata dall' angolo piatto di vertice P', il raggio $P'X$, se non è sulla retta s, incontra la retta r in un punto che congiunto con P dà un raggio dell'angolo piatto di vertice P, e quindi X appartiene alla parte di piano determinata da questo angolo. Dunque ogni punto della parte di piano determinata dall'angolo piatto di vertice P' appartiene a quella determinata dall' angolo piatto di vertice P, e reciprocamente. Pertanto le due parti coincidono.

Oss. III. — Date due rette parallele r ed s di un piano (fig. 35), risulta subito dall' osservazione precedente che i punti di r sono tutti in una delle due parti secondo le quali il piano è diviso dalla s; basta assumere r come direttrice ed un punto P di s come centro.

Teor. I. — *Le parti del piano, rispetto ad una o a due rette, sono direttamente ed inversamente eguali.*

a) Infatti sono eguali direttamente e inversamente le due parti di un fascio qualunque che abbia il centro sopra una retta qualsiasi del piano (t. V, 20), e la corrispondenza di eguaglianza delle parti del fascio dà quella delle due parti di piano rispetto alla stessa retta.

b) Le parti di piano rispetto a due rette sono direttamente e inversamente eguali, perchè lo sono quelle dei due fasci aventi i loro centri rispettivamente sulle due rette.

Teor. II. — *Il segmento che unisce due punti situati da parti opposte del piano, rispetto ad una retta, la incontra in un punto interno ad esso; e viceversa.*

Infatti la retta dei due punti X e Y dati non è parallela alla retta data s, perchè ogni parallela alla s deve giacere tutta dalla stessa banda di s (oss. III), e siccome X e Y giacciono da bande opposte di s, così la r incontra s in un punto S (fig. 37). Ma questo punto divide la r in due raggi situati da parti opposte rispetto alla retta s; dunque il punto S è interno al segmento XY.

La proposizione inversa risulta dall' essere SX ed SY due raggi opposti e quindi situati da parti opposte rispetto alla retta s.

Oss. IV. — Due segmenti che uniscono due vertici A, C di un triangolo ABC con due punti interni F, D dei lati opposti BC, AB si incontrano in un punto interno ad essi (fig. 38), perchè l'angolo ACB può essere generato da C tanto col segmento AB, come col segmento AF (post. n. 20).

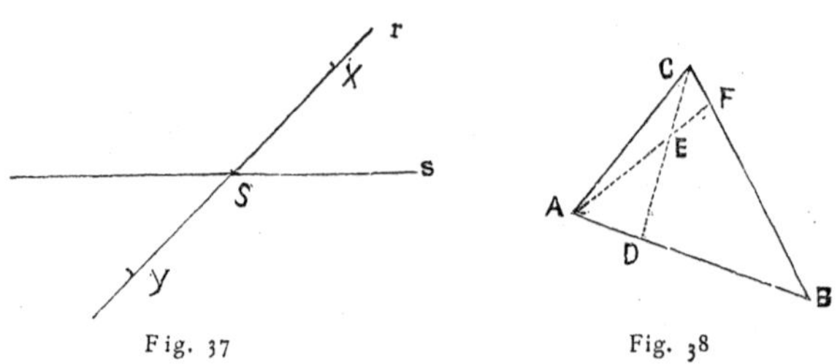

Fig. 37

Fig. 38

Def. II. — La figura costituita dai soli lati (AB), (AC), (CB) del triangolo ABC si dice *perimetro* o *contorno* del triangolo.

La parte di piano determinata dagli angoli di un triangolo limitata ai lati opposti, escluso il perimetro, si chiama *parte interna del triangolo*; la parte rimanente del piano, escluso il perimetro, si chiama *parte esterna.*

2) Se una figura ha dei punti interni (od esterni) al triangolo, senza avere dei punti esterni (interni) la figura si chiama *interna* (od *esterna*) al triangolo.

Oss. V. — In ogni triangolo vi sono tre rette, e tre vertici; e siccome due rette di un piano che s'incontrano determinano in esso quattro angoli consecutivi, a due a due opposti, così i tre lati del triangolo determinano a due a due dodici angoli piani.

Def. III. — I tre angoli $\widehat{ABC}$, $\widehat{BCA}$, $\widehat{CAB}$ del triangolo ABC si chiamano *angoli interni* del triangolo; e lasciando da parte gli angoli opposti ai primi tre, i rimanenti sei angoli determinati nel piano dai tre lati si chiamano *esterni* al triangolo.

§ 4.

Trasversali di rette parallele

23. Def. I. — 1) *Angoli interni dalla stessa parte* della trasversale AB con le rette date AO, BO diconsi quelli interni del triangolo AOB, e di vertici A e B (d. II, 22), ed i loro adiacenti formati da AB coi prolungamenti dei lati del triangolo. Se le rette date r ed s sono parallele, *angoli interni dalla stessa parte* della trasversale AB diconsi gli angoli OAB, ABO_1, essendo $O\,O_1$ punti di r e di s dalla stessa parte di AB (fig. 39).

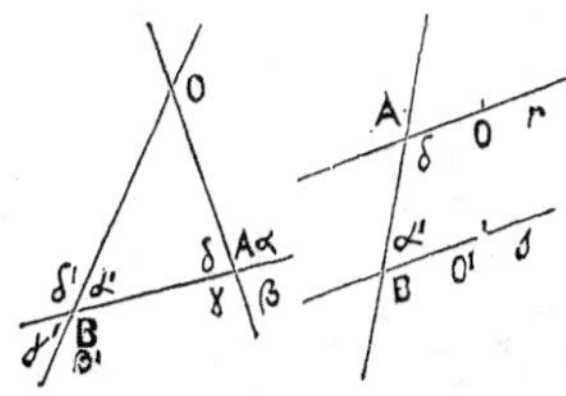

Fig. 39

2) *Angoli esterni dalla stessa parte* diconsi gli altri, cioè: $\alpha\delta'$; $\beta\gamma'$.

3) *Angoli alterni interni* diconsi quelli che sono interni e situati da bande opposte della trasversale AB; cioè $\delta\beta'$; $\alpha'\gamma$ e *angoli alterni esterni* sono gli altri, cioè $\alpha\gamma'$; $\beta\delta'$.

4) *Angoli corrispondenti* sono gli angoli dalla stessa parte della trasversale, l'uno interno e l'altro esterno, cioè $\alpha\alpha'$; $\beta\beta'$; $\gamma\gamma'$; $\delta\delta'$.

Teor. I. — *Se due rette sono parallele, degli angoli che una trasversale qualsivoglia forma con esse, gli alterni interni sono eguali; i corrispondenti sono eguali; gli interni dalla stessa parte sono supplementari.*

E reciprocamente: Se due rette sono tagliate da una trasversale, e gli angoli alterni interni sono eguali, oppure gli angoli corrispondenti sono eguali, oppure gli interni dalla stessa parte sono supplementari; le due rette sono parallele.

a) Siano r ed s le due parallele, e AB la trasversale (fig. 40). Poichè due parallele sono rette opposte rispetto al punto di mezzo O di ogni segmento trasversale AB, gli angoli alterni γ e α'; δ e β' sono eguali come figure opposte rispetto al punto O. — Per essere poi $\alpha \equiv \gamma$ come opposti al vertice, si trae da $\gamma \equiv \alpha'$, $\alpha \equiv \gamma$ che $\alpha \equiv \alpha'$. Similmente provasi che $\beta \equiv \beta'$, $\gamma \equiv \gamma'$, $\delta \equiv \delta'$, ossia che gli angoli corrispondenti sono eguali.

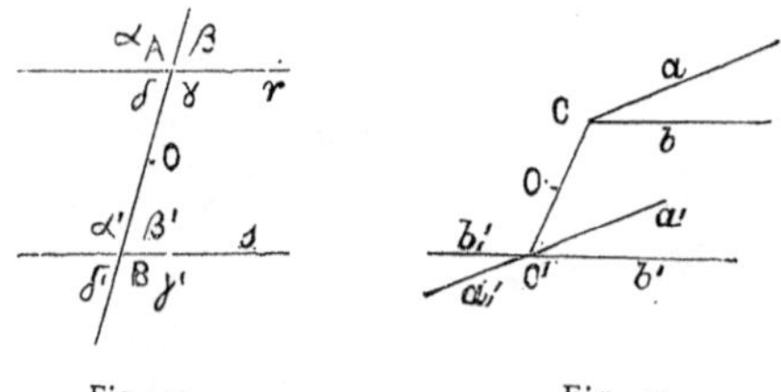

Fig. 40 Fig. 41

E infine per essere γ e β adiacenti, e $\beta \equiv \beta'$, si conchiude tosto che β' e γ sono supplementari; lo stesso dicasi di δ, α'; ecc.

b) Reciprocamente, se le due rette r ed s sono incontrate dalla trasversale AB in modo che gli angoli alterni interni siano eguali, le due rette sono parallele. Perocchè essendo $\delta \equiv \beta'$ ed essendo O il punto di mezzo della trasversale AB vi è una sola retta passante per B che forma nel verso da AB a s l'angolo β'; e la parallela ha appunto questa proprietà. Analogamente per gli altri casi.

Def. II. — I raggi di due rette parallele situati dalla medesima parte rispetto ad una loro trasversale diconsi avere la *stessa direzione*, o essere del *medesimo verso;* in caso contrario si dice che sono di *verso opposto.*

Teor. II. — *Due angoli coi lati paralleli, e dello stesso verso, sono eguali.*

Siano ab, $a'b'$ i due angoli coi lati paralleli, dello stesso verso, e di vertici C e C'; dico che essi sono eguali (fig. 41).

Sia O il punto medio di CC'. La figura opposta dell' angolo ab rispetto al punto O è un angolo $a'_1b'_1$ eguale ad ab (t. III, 18) coi lati paralleli ed opposti. L'angolo $a'b'$ ha i lati paralleli e dello stesso verso di quelli di ab, esso è dunque l'opposto al vertice dell'angolo $a'_1b'_1$, e perciò $a'b' \equiv a'_1 b'_1$ e quindi $ab \equiv a'b'$.

Oss. — Questo teorema, con la dimostrazione stessa, ha luogo anche se i due angoli non sono situati nello stesso piano.

Teor. III. — *La perpendicolare ad una retta è perpendicolare a tutte le parallele alla retta data.*

Siano r ed r' due rette parallele, s la perpendicolare ad r; dico che s è pure perpendicolare ad r'.

Detti A e A' i punti d'incontro di s con r ed r' (fig. 42), gli angoli α α' che s fa con r ed r'', essendo rispettivamente eguali (t. I), sarà α' angolo retto come α, e quindi la s sarà perpendicolare alla r'.

Cor. I. — *Per un punto si può condurre una sola perpendicolare ad una retta data nel piano.*

Invero se pel punto A' si conduce la parallela r' alla retta data r, vi è una sola perpendicolare s condotta per A' alla retta r' (t. 21) che è pure perpendicolare ad r. Ogni altra perpendicolare alla retta r passante per A' lo sarebbe pure alla r, il che non può essere.

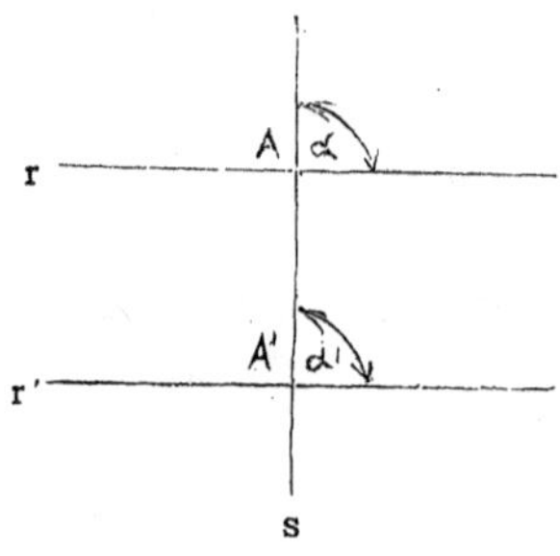

Fig. 42

Cor. II. — *Le perpendicolari ad una retta sono parallele.*

Se nella figura precedente r' non fosse parallela ad r, la parallela ad r passante per A' sarebbe pure perpendicolare alla retta AA', ciò che è assurdo.

Cor. III. — *Due rette parallele ad una medesima retta sono parallele fra loro.*

Se r è parallela a r', e se r'' è pure parallela a r', la perpendicolare s alla r' passante per A' sarà perpendicolare alla r ed alla r''. E pel corollario precedente la r ed r'', perpendicolari ad una medesima retta, saranno parallele (fig. 43).

Cor. IV. — *Per un punto del piano passano quante si vogliano coppie di rette perpendicolari.*

Infatti ad ogni retta passante per un punto si può condurre una sola perpendicolare, la quale non può essere perpendicolare ad altre rette passanti per lo stesso punto.

Def. III. — Il sistema di rette del piano, che sono parallele ad una data retta, si chiama *fascio di parallele.* Una parte di questo fascio, determinata da due rette del fascio si chiama *striscia.*

24. Def. I. — La retta che unisce un vertice di un triangolo col punto di mezzo del lato opposto si chiama *mediana.*

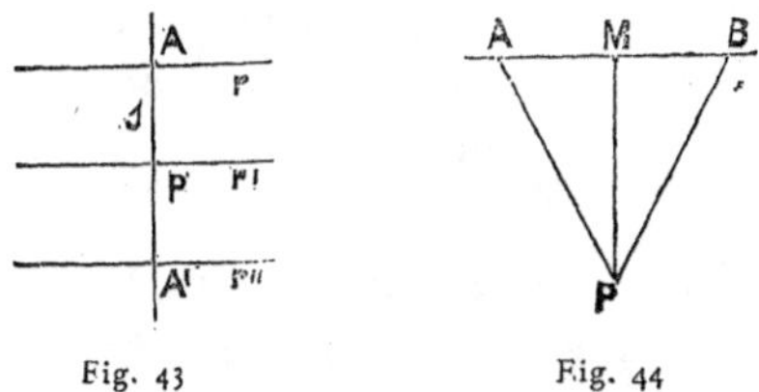

Fig. 43 Fig. 44

Teor. — *La mediana di un triangolo isoscele, che passa pel vertice opposto alla base, è perpendicolare alla base, ed è la bissettrice dell'angolo al vertice.*

Infatti (fig. 44) se nel triangolo isoscele ABP è AB la base, ed M il punto medio di AB, per l'eguaglianza dei due angoli APB, BPA si ha che ai punti A, M, P corrispondono rispettivamente i punti B, M, P e quindi $\widehat{AMP} \equiv \widehat{BMP}$ e $\widehat{APM} \equiv \widehat{BPM}$. Resta dunque dimostrato che ecc.

Def. II. — La perpendicolare ad un lato di un triangolo passante pel vertice, e limitata dal vertice stesso e dal lato opposto, dicesi *altezza.*

Cor. — *L'altezza del triangolo isoscele, che passa pel vertice opposto alla base è mediana.*

Se la detta altezza non fosse mediana, la mediana e l'altezza sarebbero due perpendicolari alla retta AB passanti per P, il che è assurdo (c. I, 23).

§ 5.

Distanze

25. Dich. — La locuzione: i punti A e B, e i punti A' e B' hanno la stessa *distanza* o *distanze eguali*, significa: i segmenti AB, $A'B'$ sono eguali. *)

Def. I. — 1) Per *segmento normale* condotto da un punto P ad una retta r intendesi quello determinato dalla perpendicolare passante per P alla retta r, considerato da P al suo punto d'incontro, detto *piede*, con la stessa retta.

2) Per *segmento obliquo* (fig. 44) condotto per P alla r intendesi il segmento determinato da ogni altro punto B di r con P. Il segmento BM compreso fra il piede M del segmento normale PM ed il punto B sulla retta r del segmento obliquo PB, si chiama *proiezione ortogonale*, o semplicemente *proiezione del segmento PB sulla retta r.*

*) Qui la distanza è introdotta per via di locuzione; nella parte II (libro VI) ne daremo la definizione. Qui l'usiamo adunque per comodità di linguaggio.

Teor. I. — *Il segmento normale condotto da un punto ad una retta è minore di ogni segmento obliquo.*

Siano P ed r il punto e la retta data, PM il segmento normale, PA un segmento obliquo (fig. 45): dico che è $PM < PA$.

Anzitutto non può essere $PA \equiv PM$ perocchè in tal caso nel triangolo isoscele PAM e nel punto di mezzo di AM cadrebbe il piede di un' altra perpendicolare alla r passante per P, mentre che la perpendicolare da P alla r è unica (c. I, t. III, 23).

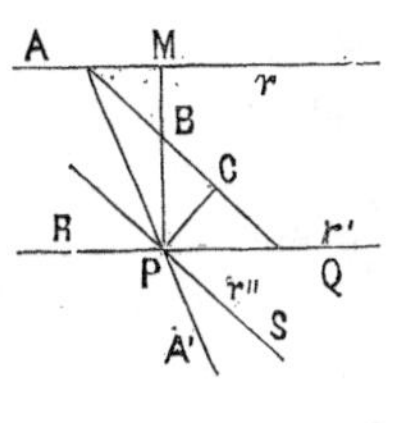

Fig. 45

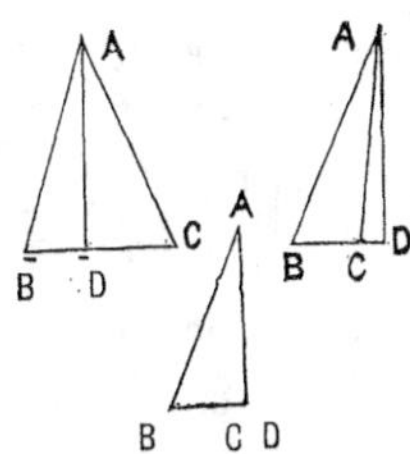

Fig. 46 *a b c*

Dimostreremo adunque che non può nemmeno essere $PA < PM$. A tal uopo, condotta per P la retta r' parallela alla r, osserviamo che per essere l'angolo APQ ottuso, l'angolo APQ contiene il raggio PM. Ora se AB è un raggio interno all' angolo MAP ed è r'' la parallela alla retta AC passante per P, questa parallela r'' è contenuta nell' angolo QPA', essendo eguali gli angoli MAP, QPA'; CAP, SPA' (t. I, 23); e quindi, come AC è interna all'angolo MAP così r'' è interna all'angolo QPA'. Condotta poi per P la perpendicolare PC alla AB, essendo PC anche perpendicolare alla parallela r'' il segmento PC sarà contenuto nell' angolo ottuso $\widehat{MPS}$, sicchè il punto C giace fuori del segmento AB. Se pertanto fosse $PA < PM$ in PM vi sarebbe un punto B tale che $PA \equiv PB$ e dal punto P del triangolo isoscele PAB si potrebbe condurre una seconda perpendicolare alla AB, diversa da PC, il che non è. Sarà dunque $PA > PM$.

Teor. II. — *Ogni lato di un triangolo è minore della somma degli altri due, e maggiore della loro differenza.*

a) Nel triangolo ABC dico che è ad esempio $BC < CA + AB$. Infatti si conduca da A la AD perpendicolare alla BC. Se il punto D è compreso fra B e C (fig. 46 *a*) si ha (t. I) $BD < BA$, $DC < CA$ quindi, sommando, $BC < CA + AB$.

Se D coincide con C (o con B), per esempio con C (fig. 46 *b*), si ha $BC < AB$ e, a maggior ragione, $BC < AC + AB$. Se D cade nel prolungamento di BC (fig. 46 *c*), si ha $BD < BA$, e $BC < BD$ quindi $BC < BA$, e perciò anche: $BC < AB + CA$.

b) Quanto alla seconda parte del teorema, si consideri il lato AC. Se fosse $AC \leqq AB - BC$ sarebbe pure $AC + BC \leqq AB$, il che non è, come si è visto; dunque è:

$$AC > AB - BC$$

Cor. — *La somma delle distanze di un punto interno al triangolo dai due estremi di un suo lato è minore della somma degli altri due lati.*

Sia O (fig. 47) il punto dato. Si prolunghi la retta OB fino ad incontrare la retta AC in D, che è interno ad AC. Si ha:

$$OC < OD + DC$$

e quindi, aggiungendo OB

$$OC + OB < BD + DC$$

Ma si ha pure: $BD < AD + BA$
e quindi aggiungendo DC:

$$BD + DC < AC + AB$$

dunque a maggior ragione

$$BO + OC < AB + AC$$

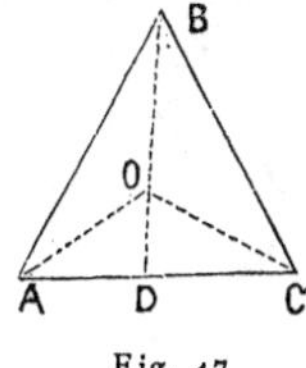

Fig. 47

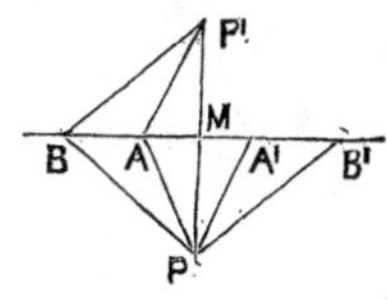

Fig. 48

Teor. III. — *I segmenti obliqui di un piano ad una retta, che hanno eguali proiezioni sono eguali; e inversamente. E di due segmenti obliqui è maggiore quello che ha maggiore proiezione; e inversamente.*

Se A e A' sono due punti equidistanti dal piede M della perpendicolare condotta da P alla retta r, dico che $PA \equiv PA'$.

Infatti i due angoli retti AMP, $A'MP$ sono eguali, ed essendo A, A' punti corrispondenti di essi, si ha

$$PA \equiv PA' \qquad \text{(fig. 48)}.$$

Sia ora $MB \gtrless MA$; dico che è $PB \gtrless PA$.

Si considerino i due segmenti $P'A$, $P'B$ essendo P' il punto opposto di P rispetto ad M; per la eguaglianza degli angoli retti AMP AMP', essendo P, P' punti corrispondenti, e A corrispondente di se stesso, si ha $P'A \equiv PA$, $P'B \equiv PB$, e dal triangolo $PP'B$ si ha pel corollario precedente: $2\,(PA) \lessgtr 2\,(PB)$
e quindi $PA \lessgtr PB$, $PB \gtrless PA$.

Inversamente se $PA \equiv PA'$ si ha $MA \equiv MA'$, altrimenti da $MA \gtrless MA'$ si trarrebbe $PA \gtrless PA'$. Analogamente si procede nel caso di $PA \lessgtr PA'$

Teor. IV. — *I punti di una retta sono equidistanti dalla parallela a questa retta.*

Sieno AM e $A'M$ le distanze dei due punti A ed A' della retta r parallela ad s (fig. 49). Anzitutto le perpendicolari AM, $A'M'$ alla s sono perpendicolari anche alla r e son parallele fra loro; dunque AM e $A'M'$ sono eguali (t. IV, 18).

Def. II. — *Distanza di due parallele* s' intende la distanza di un punto qualunque dell'una dall'altra.

Teor. V. — *Due striscie aventi la stessa distanza sono eguali.*

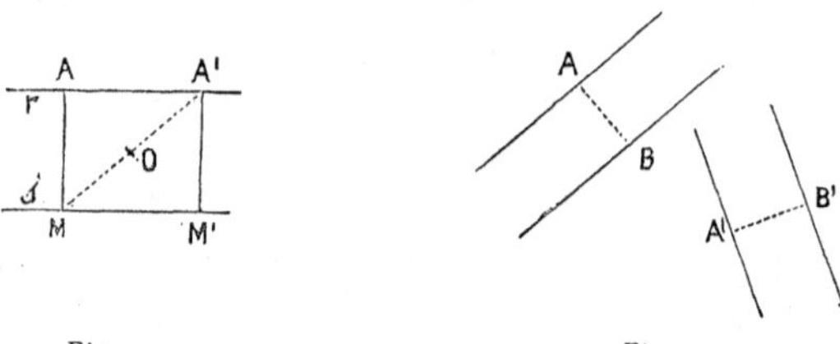

Fig. 49 Fig. 50

Siano ab, $a'b'$ le due striscie, AB, $A'B'$ due loro segmenti normali eguali (fig. 50). Le parti di piano determinate dalle rette a e a' ove si trovano lè rette b e b' sono eguali; quindi si può stabilire una corrispondenza di eguaglianza fra loro, in modo che ad a corrisponda a' e al punto A corrisponda A'. Allora al segmento AB, normale in A ad a corrisponde il segmento $A'B'$ normale in A' ad a'; al punto B il punto B', e quindi alla retta b la retta b'. Dunque ab e $a'b'$

sono figure corrispondenti in figure eguali, e per ciò sono eguali.

Cor. — *Il piano può essere diviso in striscie eguali.*

Basta condurre per gli estremi dei segmenti consecutivi ed eguali sopra una stessa retta le perpendicolari alla retta stessa.

Teor. VI. — *Fasci di rette parallele sono eguali.*

Infatti tagliando due fasci con due perpendicolari alle loro rette, e stabilendo fra le due rette una corrispondenza di eguaglianza, le striscie corrispondenti dei due fasci sono eguali, e quindi a due punti $X\,Y$ dell'uno corrispondono due punti $X'\,Y'$ dell'altro, tali che $X\,Y \equiv X'\,Y'$.

§ 6.

Altre proprietà dei triangoli

26. Teor. I. — *Non possono esistere nel piano due triangoli $A\,B\,C$, $A\,B\,C'$ eguali, con un lato comune $A\,B$, dalla stessa banda di questo lato, e nei quali ad A, B, C' corrispondano A, B, C'.*

Infatti (fig. 51) dovendo essere $\widehat{C\,A\,B} \equiv \widehat{C'A\,B}$ il lato $C'A$ di $\widehat{C'A\,B}$ dovrà coincidere col lato $C\,A$ dell'angolo $C\,A\,B$, poichè nel fascio di centro A, a partire da $A\,B$ e da una parte di $A\,B$, vi è un solo angolo eguale ad un angolo dato (post. 20). Analogamente il lato $C'B$ di $\widehat{C'BA}$ dovrà coincidere col lato $C\,B$ dell'angolo $C\,B\,A$; dunque C' coinciderà con C.

Teor. II. — *La corrispondenza di eguaglianza di due figure piane eguali è determinata da due angoli corrispondenti.*

Siano $a\,b$ e $a'\,b'$ due angoli eguali di vertici V e V' corrispondenti in due figure piane eguali (fig. 52); dico che dato un punto qualunque C della prima figura si può costruire il punto corrispondente C'.

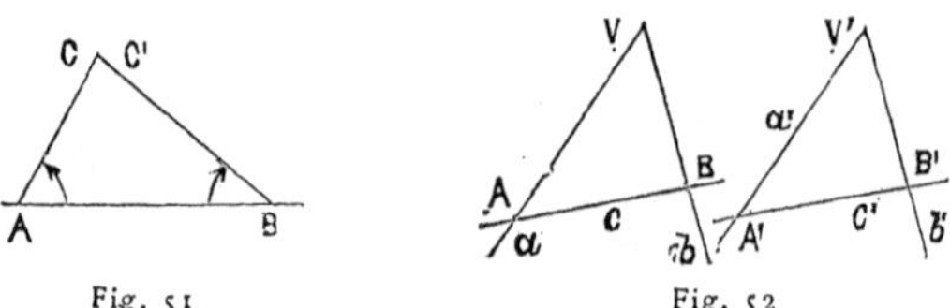

Fig. 51 Fig. 52

Infatti si conduca da C una retta che tagli i due lati a e b dell' angolo $a\,b$ nei punti A e B (basta che la retta non sia parallela ad alcuno dei lati), sui lati a' e b' si prenda $V'A' \equiv VA$, $V'B' \equiv VB$; la retta $A'B'$ corrisponderà alla retta $A\,B$, e per l' eguaglianza dei due angoli si avrà $A\,B \equiv A'B'$. In $A'\,B'$ si costruisca il punto C' tale che $A'\,C' \equiv A\,C$, $B'\,C' \equiv B\,C$, che è unico, e il punto C' corrisponderà al punto C nella corrispondenza di eguaglianza dei due angoli ab, $a'b'$ e quindi anche delle figure date.

Cor. — *La corrispondenza di eguaglianza fra due figure piane eguali è determinata da due triangoli corrispondenti.*

Infatti l'ipotesi di due triangoli eguali $A\,B\,C$, $A'B'\,C'$ come corrispondenti trae seco l'eguaglianza di due angoli eguali, determinati da lati corrispondenti.

27. Teor. I. — *Due triangoli aventi due lati e l'angolo compreso rispettivamente eguali sono eguali.*

Siano $A\,B\,C$, $A'B'\,C'$ i due triangoli dati e sia: $A\,B \equiv A'B'$ $A\,C \equiv A'\,C'$ $\widehat{B\,A\,C} \equiv \widehat{B'A'C'}$ (fig. 53). Nella corrispondenza di eguaglianza determinata nel piano dagli angoli $B\,A\,C$ $B'A'\,C'$, i punti B', C' corrispondono ai punti B, C e per ciò il triangolo $A'B'C'$ corrisponde al triangolo ABC, e per il teor. II, 14 i due triangoli stessi sono eguali. Segue da ciò che: $BC \equiv B'C'$ e inoltre che: $\widehat{ACB} \equiv \widehat{A'C'B'}$ $\widehat{ABC} \equiv \widehat{A'B'C'}$ perchè figure corrispondenti in figure eguali.

Cor. — *Gli angoli alla base del triangolo isoscele sono eguali.*

Se ABC è un triangolo isoscele di base AB i triangoli CAB, CBA sono eguali per avere due lati e l' angolo compreso rispettivamente eguali; quindi gli angoli opposti ai lati eguali sono eguali, cioè:

$$\widehat{CAB} \equiv \widehat{CBA}$$

Teor. II. — *Due triangoli aventi un lato eguale e gli angoli adiacenti a questo lato eguali, sono eguali.*

Siano ABC, $A'B'C'$ i due triangoli e siano: $AB \equiv A'B'$ $\widehat{CAB} \equiv \widehat{C'A'B'}$ $\widehat{CBA} \equiv \widehat{C'B'A'}$ (fig. 54).

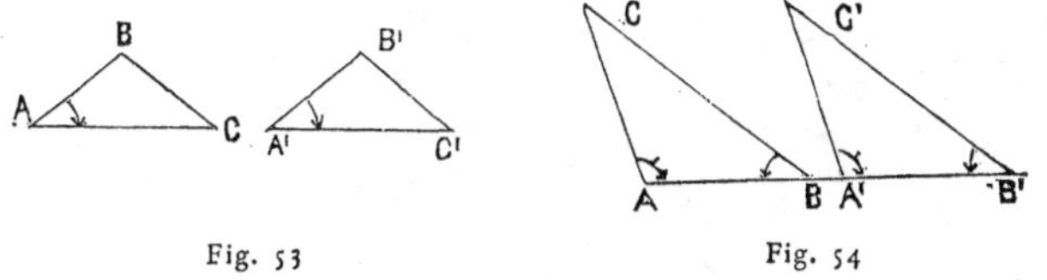

Fig. 53 Fig. 54

Poichè le metà del piano rispetto alle due rette AB, $A'B'$ ove giacciono i due triangoli sono eguali (t. I, 22), si potrà stabilire fra i punti di queste due figure una corrispondenza di eguaglianza nella quale ad A corrisponde A', ed a B, B' essendo per dato: $AB \equiv A'B'$. Inoltre, all' angolo BAC corrisponde l' angolo eguale $B'A'C'$ essendovi un solo raggio $A'C'$

che forma con $A'B'$ in un dato verso un angolo dato (oss. 1, 21); dunque alla retta AC corrisponde la retta $A'C'$. Per la stessa ragione alla retta BC corrisponde la retta $B'C'$, e quindi al punto C il punto C'. I triangoli ABC, $A'B'C'$ essendo figure corrispondenti in figure eguali, sono eguali.

Cor. — *Se un triangolo ha due angoli eguali, i lati ad essi opposti sono eguali.*

Infatti se nel triangolo ABC gli angoli di vertici A e B sono eguali, sono eguali i due triangoli CAB CBA, per avere un lato in comune e gli angoli adiacenti a questo lato eguali; epperò: $CA \equiv CB$, ossia il triangolo ABC è isoscele.

Teor. III. — *In ogni triangolo all'angolo maggiore sta opposto il lato maggiore; e inversamente.*

Sia ABC il triangolo dato e sia $\widehat{CAB} > \widehat{ABC}$. Dico che si ha $BC > AC$ (fig. 55).

Si conduca la AD che faccia con AB un angolo eguale ad $\widehat{ABC}$ e sia compreso nell'angolo $\widehat{CAB}$. Essendo D il punto d'incontro di AD con BC, D è interno al segmento BC. Il triangolo ABD è isoscele (c. t. II), e perciò $BD \equiv AD$: ma nel triangolo ACD è

$$AC < AD + DC$$

quindi

$$AC < BD + DC$$

ossia

$$AC < BC$$

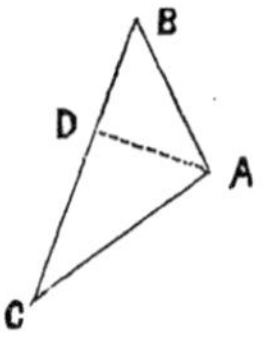

Fig. 55

La proposizione reciproca è facile conseguenza della prima.

Teor. IV. — *In due triangoli aventi due lati eguali, il terzo lato è maggiore in quello, nel quale sta opposto l'angolo maggiore; e reciprocamente.*

Siano ABC, $A'B'C'$ i due triangoli e siano:

$$AB \equiv A'B'. \quad AC \equiv A'C' \quad BAC > B'A'C';$$

dico che

$$BC > B'C'.$$

Infatti consideriamo un raggio AB_1, che faccia con AC l'angolo B_1AC eguale a $B'A'C'$ e sia dalla parte opposta di AB rispetto ad AC; e su questo raggio prendiamo il segmento AB_1 eguale ad $A'B'$ e quindi anche ad AB (fig. 56). Il punto B_1 può cadere, o non, sulla retta BC; in ogni caso i triangoli $A'B'C'$ e AB_1C sono eguali, per avere due lati e l'angolo compreso eguale, epperò $CB_1 \equiv B'C'$.

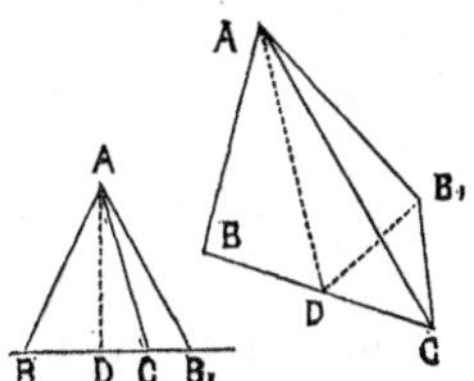

Fig. 56

Si conduca la bissettrice AD dell'angolo BAB_1, la quale, per essere $\widehat{BAC}$ maggiore di $\widehat{B'A'C'}$ per ipotesi, e questo eguale a $\widehat{B_1AC}$ per costruzione, è interna di $\widehat{BAC}$. Il punto D è quindi interno del lato BC. Se B_1 non cade sulla retta BC, i triangoli ABD, AB_1D sono eguali, essendo AD comune

$$AB \equiv AB_1 \text{ e } \widehat{BAD} \equiv \widehat{B_1AD}$$

dunque
$$BD \equiv B_1D$$

Supponiamo ora che B_1 cada sulla retta BC. Essendo C compreso fra D e B_1, $BD \equiv DB_1$, si ha $BC > CB_1$ ossia: $BC > B'C'$. Se invece B_1 non cade in BC, nel triangolo B_1CD è $DB_1 + DC > B_1C$. (t. II, 25), dunque

$$DB + DC > B_1C \text{ ossia: } BC > B_1C, \quad BC > B'C'.$$

Teor. V. — *Due triangoli aventi i lati rispettivamente eguali sono eguali.*

Siano ABC, $A'B'C'$ i due triangoli e siano:

$$AB \equiv A'B' \quad AC \equiv A'C' \quad BC \equiv B'C';$$

dico che i triangoli sono eguali.

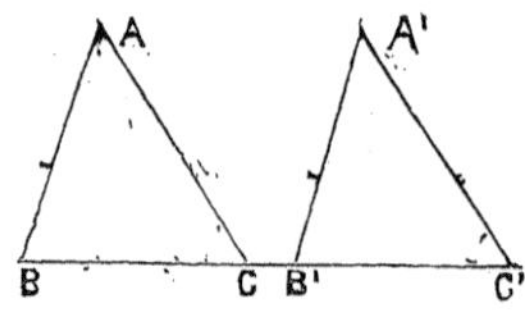

Fig 57

Basterà dimostrare che gli angoli opposti a lati eguali sono rispettivamente eguali (fig. 57). Infatti se l'angolo di vertice A fosse maggiore (o minore) dell'angolo in A', il lato BC opposto al vertice A sarebbe maggiore (o minore) di $B'C'$, contro il supposto. Gli angoli BAC, $B'A'C'$ sono dunque eguali e perciò anche i due triangoli dati (t. I) sono eguali.

Teor. VI. — *Se due segmenti di una trasversale di un fascio di rette parallele sono eguali, i segmenti corrispondenti di ogni altra trasversale sono pure eguali fra loro.*

Siano ab, cd due striscie del medesimo fascio tagliate da due trasversali r e r' nei segmenti AB, CD, $A'B'$, $C'D'$ (fig. 58). Dico che se $AB \equiv CD$, anche $A'B' \equiv C'D'$.

Infatti si conducano per B e D i segmenti BA'', DC'' paralleli e quindi eguali ad $A'B'$ $C'D'$. I triangoli ABA'', CDC'' sono eguali per avere i lati AB, CD e gli angoli adiacenti eguali, dunque $DC'' \equiv BA''$ e per ciò $A'B' \equiv C'D'$.

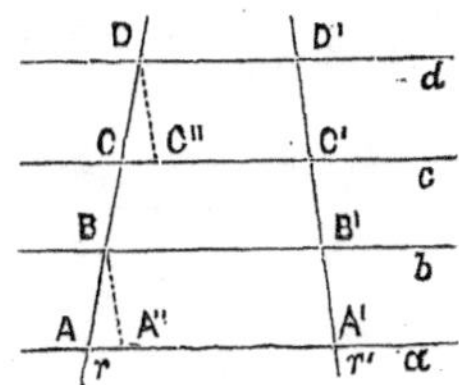

Fig. 58

Cor. I. — *Se per il punto di mezzo di un lato di un triangolo si conduce la parallela ad un altro lato, questa dimezza il terzo lato.*

Basta supporre nella figura precedente che D e D' coincidano, nel qual caso si ottiene un triangolo DAA', e che coincidano inoltre B e C, e quindi anche B' e C'; allora B e B' sono i punti di mezzo dei lati AD e $A'D'$ del triangolo stesso.

Cor. II. — *Il segmento dei punti medî di due lati di un triangolo è parallelo al terzo lato, ed è metà di questo lato.*

Sia ABC il triangolo (fig. 59) e siano B',C' i punti medî dei lati AC e AB di esso. La retta parallela condotta per B' al lato BC passa per C', punto medio di AB.

Conduciamo per B' la parallela ad AB che passa pel punto A' medio di BC. Poichè $B'C' \equiv A'B$ (t. IV, 18), così $(B'C')\,2 \equiv BC$.

Teor. VII. — *La somma degli angoli di un triangolo è eguale alla somma di due angoli retti.*

Sia $A\,B\,C$ il triangolo (fig. 60) e $A\,D$ la parallela condotta da A al lato $B\,C$. La retta $A\,B$ non può esser

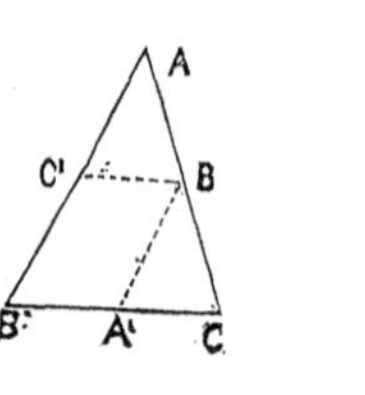

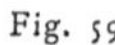
Fig. 59

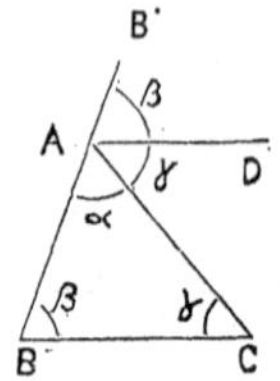

Fig. 60

situata nell'angolo $B\,A\,C$, altrimenti incontrerebbe $B\,C$ in un punto interno; prolungato $B\,A$ dalla parte di A rispetto a B in $A\,B'$ si ha:

$$\widehat{B'AD} \equiv \widehat{ABC} \quad \widehat{DAC} \equiv \widehat{ACB}$$

e inoltre

$$B'AD + DAC + CAB \equiv \pi,$$

indicando con π un angolo piatto; dunque

$$\alpha + \beta + \gamma \equiv \pi$$

Cor. I. — *Un angolo esterno di un triangolo è eguale alla somma degli interni opposti.*

Infatti dalla dimostrazione precedente si ha ad es.

$$\widehat{B'AC} \equiv \widehat{ABC} + \widehat{BCA}$$

Cor. II. — *Se due triangoli hanno due angoli rispettivamente eguali anche il terzo angolo dell'uno è eguale al terzo angolo dell'altro.*

Def. — Un triangolo $A\,B\,C$ che ha un angolo B retto dicesi *rettangolo;* il lato opposto $A\,C$ dicesi *ipotenusa;* gli altri due $A\,B$, $B\,C$, diconsi *cateti.*

Cor. III. — *Gli angoli acuti di un triangolo rettangolo sono complementari.*

Teor. VIII. — *Due triangoli rettangoli sono eguali se hanno due cateti, oppure un cateto e l'ipotenusa, oppure un cateto ed un angolo acuto, oppure l'ipotenusa ed un angolo acuto, rispettivamente eguali.*

a) Infatti nel primo caso i due triangoli hanno due lati e l'angolo compreso eguali.

b) Consideriamo il secondo caso. Se nei due triangoli ABC, $A'B'C'$ (fig. 61) rettangoli in B B' sono eguali i cateti AB, $A'B'$ e le ipotenuse AC, $A'C'$, dico che, anche i lati BC, $B'C'$ devono esser eguali.

Sappiamo infatti che nella corrispondenza di eguaglianza delle metà del piano ove trovansi i due triangoli, e nella quale al segmento AB corrisponde il segmento $A'B'$, all'angolo retto ABC corrisponde l'angolo retto $A'B'C'$, ed a C un punto X tale che $AC \equiv A'X$. Ma per ogni altro punto Y del raggio $B'C'$ si ha: $A'Y \gtrless A'X$ (t. III, 25); dunque X deve coincidere con C' e perciò $BC \equiv B'C'$; ma ABC, $A'B'X$ sono eguali, e tali sono quindi anche ABC, $A'B'C'$, c. s. d.

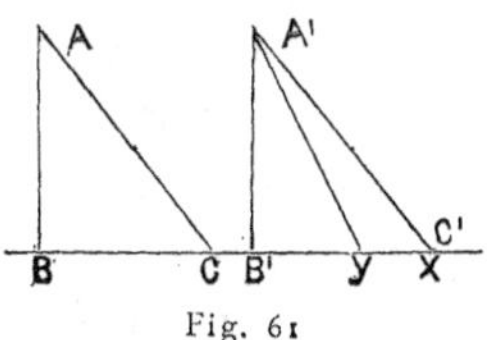

Fig. 61

c) Nel terzo caso i due triangoli avendo rispettivamente eguali due angoli hanno eguale anche il terzo angolo e sono eguali pel teor. II, 27.

d) Lo stesso dicasi del quarto caso.

§ 7.

Poligoni

28. Def. I. — 1) *Poligono piano semplice* dicesi la figura determinata da *n* punti (*vertici*) e dai segmenti (*lati*) che uniscono questi punti in un determinato ordine, purchè tre vertici consecutivi non siano situati in linea retta.

Per *vertici* consecutivi s'intendono ancora l'ultimo ed il primo.

2) *Perimetro* del poligono dicesi l'insieme dei lati.

3) *Poligono convesso*, o semplicemente *poligono*, dicesi il poligono semplice tale, che ogni suo lato lascia dalla stessa banda i vertici che ad esso non appartengono. Ad es. il triangolo è un poligono convesso.

4) Se il poligono è di quattro, cinque, sei..... lati, il poligono dicesi, *quadrangolo, pentagono, esagono....*

Def. II. — Se vi sono lati del poligono che abbiano comune un punto che non sia un vertice, il poligono si dice *intrecciato*. E se non è nè convesso, nè intrecciato dicesi *concavo*.

Def. III. — *Parte interna* del poligono convesso dicesi quella data dalla parte interna dei triangoli che hanno un vertice comune in un vertice del poligono, e per lati i segmenti che uniscono il vertice comune cogli altri vertici del poligono, compresi questi stessi segmenti ed escluso il perimetro del poligono. Per *parte esterna* s' intende la parte rimanente del piano, escluso il perimetro.

Def. IV. — Per *figura interna*, o *esterna*, al poligono convesso intendesi ogni figura che ha punti interni, o esterni, al poligono, senza avere punti esterni, od interni.

Oss. I. — Un poligono convesso (fig. 62) non può essere intrecciato, perchè se ad es. i lati (1 2) (3 4) si incontrassero in un punto, che non sia un vertice, rispetto al lato (1 2) il poligono avrebbe i due punti 3, 4 da bande opposte.

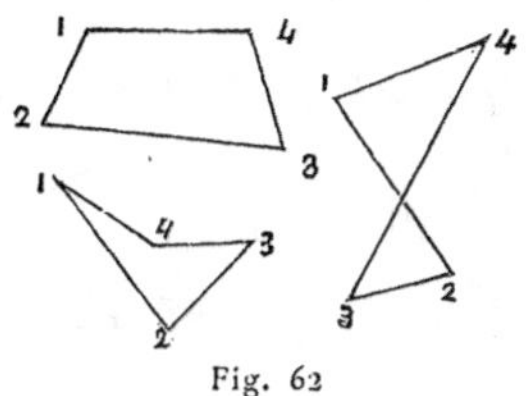

Fig. 62

Ogni poligono non convesso si compone di poligoni convessi.

Ogni poligono convesso può esser scomposto in triangoli con un vertice comune in un punto del perimetro, o interno ad esso. Infatti se la parte interna del poligono ad es. $V_1 V_2 V_3 V_4 V_5$ è determinata dai triangoli $V_1 V_2 V_3$, $V_1 V_3 V_4$, $V_1 V_4 V_5$ (fig. 63 *a*), la diagonale $V_2 V_5$, lasciando da bande opposte i vertici V_1 e $V_3 V_4$, incontra le diagonali $V_1 V_3$, $V_1 V_4$ in punti interni 1 e 2.

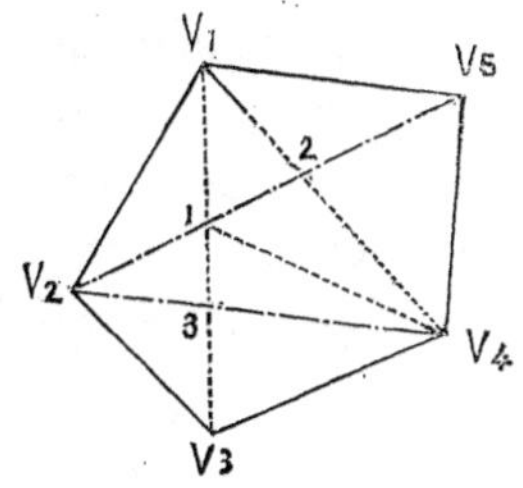

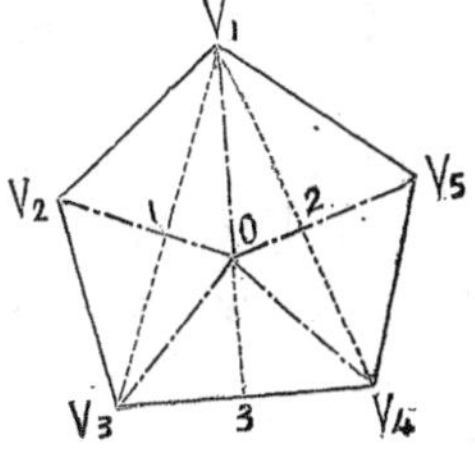

Fig. 63 *a*, *b*

Così la diagonale $V_2 V_4$ incontra $V_1 V_3$ in un punto interno 3. I triangoli $V_1 V_2 V_3$, $V_1 V_3 V_4$, $V_1 V_4 V_5$ vengono così divisi in triangoli, che appartengono ai triangoli $V_2 V_1 V_5$, $V_2 V_4 V_5$, $V_2 V_3 V_4$, e viceversa. Dunque la parte interna del poligono può essere determinata anche dai triangoli di vertice V_2.

Con un procedimento analogo si vede che se O è interno al poligono, esso viene scomposto nei triangoli $V_1 O V_2$, $V_2 O V_3$, $V_3 O V_4$, $V_4 O V_5$, $V_5 O V_1$ (fig. 63 *b*).

Teor. I. — *In ogni poligono ciascun lato è minore della somma degli altri.*

Infatti si ha ad es. (fig. 64)

$$AB < AC + CB \qquad AC < AD + DC$$
$$AD < AE + ED$$

donde sommando, e sottraendo poscia AD e AC tanto da una somma quanto dall'altra, si ha:

$$AB < AE + ED + DC + CB.$$

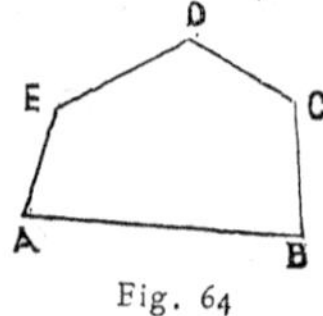

Fig. 64

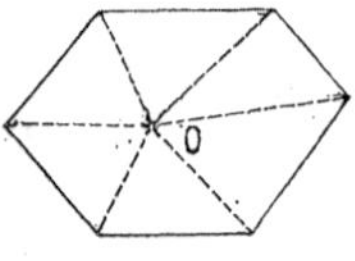

Fig. 65

Oss. II. — Se si chiama *spezzata* una serie limitata di segmenti di cui il primo ha il secondo estremo in comune col secondo segmento, questo ha il secondo estremo in comune col terzo, e così via... si può enunciare anche il teorema seguente: *Il segmento rettilineo è minore di ogni spezzata avente gli stessi estremi.*

Teor. II. — *In ogni poligono convesso di n lati, la somma degli angoli interni è eguale alla somma di* 2 (n—2) *retti.*

Sia O un punto interno al poligono e lo si unisca coi vertici del poligono; si ottengono così tanti triangoli, quanti sono i lati del poligono (fig. 65). La somma quindi degli angoli del poligono è eguale a quella degli angoli degli n triangoli suddetti, diminuita della somma degli angoli in O ossia di quattro retti.

Def. V. — *Diagonale* del quadrangolo dicesi il segmento che unisce due vertici non consecutivi del quadrangolo. Ad es. nel quadrangolo $ABCD$, AC e BD sono diagonali (fig. 66).

Def. VI. — Fra i quadrangoli si distinguono:

Il *trapezio*, che ha due lati paralleli; il *parallelogramma*, che ha due coppie di lati paralleli.

E tra i parallelogrammi si distinguono:

Il *rombo* che ha tutti i lati eguali fra loro; il *rettangolo* che ha tutti gli angoli eguali fra loro (retti). Dicesi *quadrato* il parallelogramma equilatero ed equiangolo.

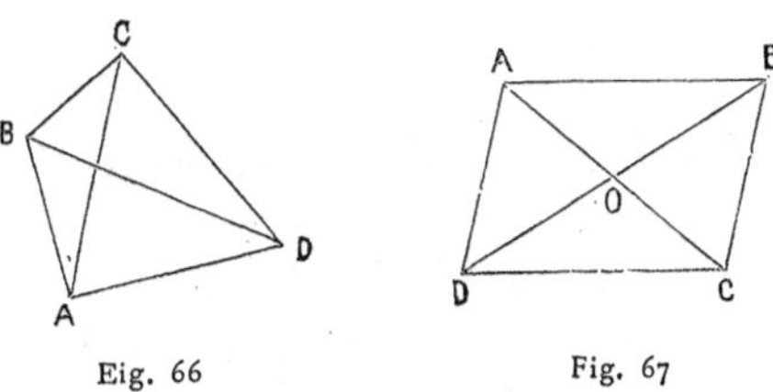

Eig. 66 Fig. 67

Teor. III. — *In ogni parallelogramma le diagonali si dimezzano scambievolmente; gli angoli opposti sono eguali; i lati opposti sono eguali.*

Sia $ABCD$ il parallelogramma (fig. 67); dico che le diagonali AC e BD si dimezzano scambievolmente. Infatti le rette AB e DC, AD e BC sono opposte rispetto al punto medio O di AC, e quindi al punto D d' incontro di AD e CD è opposto il punto B d'incontro di AB con BC. Dunque la diagonale BD viene dimezzata dal punto O.

I lati e gli angoli sono rispettivamente eguali perchè sono opposti rispetto al punto O (t. III, 18).

Teor. IV. — *Un quadrangolo convesso è un parallelogramma se le diagonali si dimezzano scambievolmente, oppure se due lati opposti sono eguali e paralleli, oppure se i lati opposti sono eguali, o infine se gli angoli opposti sono eguali.*

Sia $ABCD$ il quadrangolo convesso (fig. 67).

a) Se le diagonali AC, BD si dimezzano nel punto O, i lati opposti AB, CD; BC, AD sono paralleli, (d. 18) e il quadrangolo è un parallelogramma.

b) Se i lati opposti BC, AD sono eguali e paralleli, essendo il quadrangolo convesso, C e D sono dalla stessa parte di AB. Indicando con O il punto medio di AC, il punto opposto B' di B rispetto ad O è situato sulla retta AD dalla stessa parte di AB ed è tale che $BC \equiv AB' \equiv AD$; dunque B' coincide con D.

c) Sieno ora:

$$AB \equiv CD \quad BC \equiv AD;$$

la diagonale AC determina i due triangoli ABC, ACD fra loro eguali, perchè hanno i tre lati rispettivamente eguali; dunque gli angoli BAC e ACD saranno eguali. Ma questi angoli sono alterni interni rispetto ad AB e CD; epperò AB e CD sono parallele. Similmente essendo $\widehat{BCA}$ e $\widehat{CAD}$ eguali, le rette BC e AD sono parallele.

d) Pel quarto caso si ha $\widehat{A} \equiv \widehat{C}$, $\widehat{D} \equiv \widehat{B}$

$$\widehat{A} + \widehat{D} \equiv \widehat{B} + \widehat{C}, \quad \widehat{A} + \widehat{B} + \widehat{C} + \widehat{D} \equiv 2\pi$$

da cui $\widehat{B} + \widehat{C} \equiv \pi,$

e quindi le due rette AB, CD sono parallele. Analogamente per le due rette AD, BC.

Teor. V. — *Nel rettangolo le diagonali sono eguali; nel rombo sono perpendicolari; e nel quadrato sono eguali e perpendicolari.*

a) Infatti nel rettangolo $ABCD$ i due triangoli ADC, BCD sono eguali, per essere $AD \equiv BC$, DC comune, $A\widehat{D}C \equiv D\widehat{C}B$; epperò $AC \equiv DB$ (fig. 68).

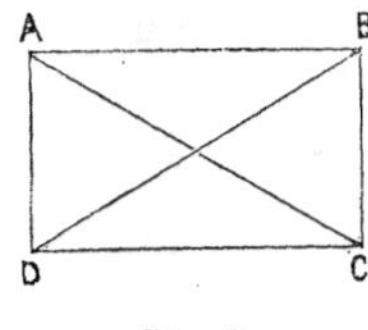

Fig. 68

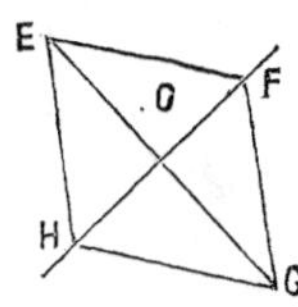

Eig. 69

b) E nel rombo $EFGH$ (fig. 69) i due triangoli EOF, FOG sono eguali perchè hanno i tre lati rispettivamente eguali, quindi:

$$E\widehat{O}F \equiv F\widehat{O}G$$

c) Il quadrato è rettangolo ed anche rombo.

Teor. VI. — *In ogni trapezio la retta che unisce i punti medî dei lati non paralleli è parallela agli altri due lati ed eguale alla loro semisomma.*

Siano E, F i punti medî dei lati non paralleli AB CD (fig. 70); dico che EF è parallela ai lati BD, AC, ed è la metà di $BD + AC$.

Infatti se H è il punto d'incontro di BF con AC si ha: $CH \equiv BD$, essendo questi due segmenti opposti rispetto ad F. Nel triangolo ABH il segmento EF è parallelo al lato AH e quindi anche a BD, ed è la metà di AH (c. II, t. VI, 27). Ma $BD \equiv CH$, dunque EF è metà di AH, che è somma di AC e BD.

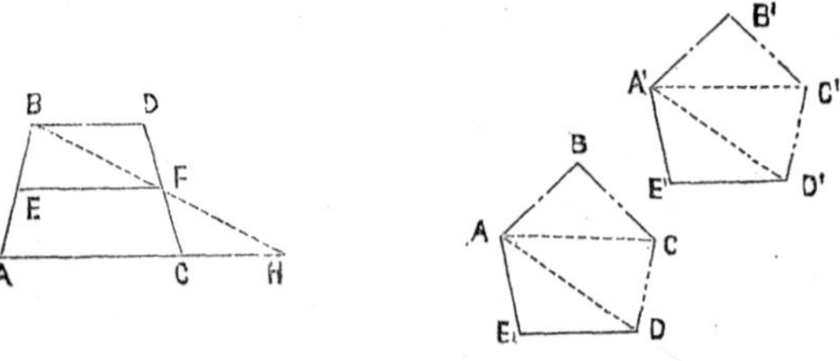

Fig. 70 Fig. 71

Teor. VII. — *Due poligoni convessi sono eguali se hanno tutti i lati e gli angoli rispettivamente eguali, eccetto:*

1) *due lati consecutivi e l'angolo da essi compreso;*

2) *due angoli consecutivi e il lato ad essi comune;*

3) *tre angoli consecutivi (sui quali non si fa alcuna ipotesi).*

Siano ad es. $ABCDE$ $A'B'C'D'E'$ i due poligoni convessi dati, i quali abbiano: $AB \equiv A'B'$, $BC \equiv B'C'$ $CD \equiv C'D'$ ed inoltre:

$$\widehat{ABC} \equiv \widehat{A'B'C'} \quad \widehat{BCD} \equiv \widehat{B'C'D'}$$
$$\widehat{CDE} \equiv \widehat{C'D'E'} \quad \widehat{BAE} \equiv \widehat{B'A'E'}$$

(fig. 71).

I triangoli ABC $A'B'C'$ sono eguali per aver due lati e l'angolo compreso eguali. La corrispondenza di eguaglianza delle due figure è ora pienamente determinata; nella quale all' angolo BCD deve corrispondere l' angolo eguale $B'C'D'$, perchè come A e D sono situati dalla stessa parte di BC, così i punti corrispondenti A' e D' devono esser situati dalla stessa parte di $B'C'$.

Al segmento CD corrisponde il suo eguale $C'D'$: agli angoli CDE, BAE gli angoli $C'D'E'$, $B'A'E'$, di guisa che ad E corrisponde E'. Essendo così pienamente stabilita la corrispondenza di eguaglianza fra i poligoni, i due poligoni sono eguali.

In modo analogo si dimostra il teorema per gli altri casi.

Teor. VIII. — *Vi è un solo poligono eguale a un poligono dato, che abbia due vertici in due punti assegnati, corrispondenti a due vertici del poligono dato.*

Siano $A\,B\,C\,D\,E\,F$ il poligono dato, A', B' i vertici del poligono da costruirsi e corrispondenti ad A, B; dovrà essere $A'B' \equiv A\,B$. Si costruisca da una parte di $A'B'$ il triangolo $A'B'C'$ eguale ad $A\,B\,C$, il quale è unico. Stabilita allora la corrispondenza di eguaglianza nel piano dai due triangoli $A\,B\,C$, $A'B'C'$, nel modo più volte indicato, i punti D', E', F' corrispondenti ai punti D, E, F saranno gli altri vertici del poligono cercato.

§ 8.

Circonferenza e cerchio

29. Def. I. — *Circonferenza* dicesi il sistema lineare dei punti dei raggi d'un fascio, equidistanti dal centro del fascio. Il centro del fascio dicesi *centro* della circonferenza; la distanza data, *raggio*.

Oss. — La circonferenza è dunque un sistema lineare chiuso, come lo è il suo fascio generatore.

Def. II. — *Cerchio* dicesi la parte del piano determinata da tutti i raggi della circonferenza e limitata alla circonferenza. Il cerchio, esclusa la circonferenza, dicesi anche *parte interna*, e la parte di piano rimanente, esclusa la circonferenza, dicesi *esterna*. Quando non vi è equivoco si chiama tanto la circonferenza quanto il cerchio con la parola *circolo*.

Ogni figura i cui punti sono interni od esterni al cerchio si chiama *interna* od *esterna* al cerchio.

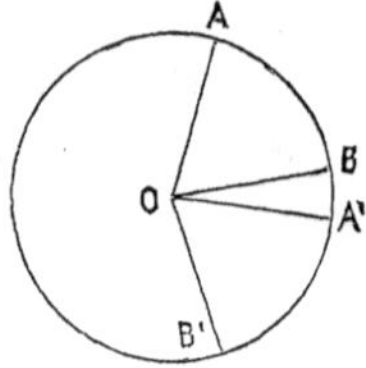

Fig. 72

Def. III. — Un angolo del fascio avente il suo vertice nel centro della circonferenza si chiama *angolo al centro*. Un segmento di circonferenza (d. I, 29 e 6) si chiama *arco* di circonferenza.

Def. IV. — Diremo che un arco è *compreso* fra i lati di un angolo, se gli estremi dell'arco sono situati sui lati, e ogni altro suo punto è interno all'angolo stesso.

Teor. — *In uno stesso cerchio, o in cerchi eguali, angoli al centro eguali determinano sulla circonferenza archi eguali; e reciprocamente.*

Siano AOB, e, $A'O'B'$ gli angoli al centro eguali (fig. 72). I due archi AB e $A'B'$ sono figure corrispondenti nelle due figure rettilinee determinate dai due angoli eguali AOB, $A'O'B'$, e quindi sono eguali. Dati invece i due archi, AB e $A'B'$ eguali, dall'eguaglianza di questi archi considerati come figure eguali se ne trarrà la eguaglianza dei due segmenti AB, $A'B'$ (d. 14), quindi quella dei due triangoli AOB, $A'O'B'$, e quindi anche quella degli angoli AOB, $A'O\,B'$.

Cor. I. — *Le circonferenze di egual raggio sono eguali.*

Infatti i fasci di raggi coi centri O e O' nei centri delle due circonferenze sono eguali (t. III, 20).

Cor. II. — *Un arco è divisibile in due parti eguali.*

Perchè tale è la proprietà di un angolo al centro, che comprende l'arco dato.

Cor. III. — *Le semicirconferenze di egual raggio sono eguali.*

Perchè gli angoli al centro corrispondenti sono piatti, e per ciò eguali.

Def. V. — Dicesi *quadrante* ogni arco della circonferenza compreso da un angolo al centro che sia retto.

Cor. IV. — *I quadranti di circonferenze eguali sono eguali.*

Perchè al quadrante della circonferenza corrisponde un angolo retto, e gli angoli retti sono eguali.

30. Def. I. — 1) *Corda* dicesi il segmento determinato dagli estremi di un arco di circonferenza. *Diametro* dicesi ogni corda passante pel centro.

2) Per arco *sotteso* da una corda intendesi di regola l'arco minore, determinato dagli estremi della corda.

Def. II. — Per *punti* ed archi *opposti* della circonferenza intendonsi punti ed archi opposti rispetto al centro.

Teor. I. — *La circonferenza è un sistema lineare omogeneo.*

Infatti ad ogni raggio del fascio corrisponde uno ed un sol punto, e ad angoli α e β eguali dello stesso verso o di verso opposto del fascio corrispondono archi α' e β' eguali della circonferenza dello stesso verso o di verso opposto; segue da ciò che sulla circonferenza esistono due archi eguali ad un arco dato, l'uno col primo e l'altro col secondo estremo in ogni punto dato. Inoltre un arco non è eguale ad una sua parte, e ogni arco è eguale al suo inverso, perchè tali proprietà sussistono anche per il fascio (oss. I, 21). Dunque la circonferenza è un sistema lineare omogeneo (d. III, 7).

Oss. — Per la circonferenza valgono le conseguenze dedotte dal post. II della retta: basta sostituire ai segmenti della retta o agli angoli del fascio, gli archi della circonferenza. All'angolo somma o differenza di due angoli al centro corrisponde l'arco somma o differenza dei due archi di circonferenza.

Cor. — *Ad un angolo al centro α maggiore o minore di un altro β corrisponde un arco a maggiore o minore dell'arco b corrispondente a β.* *)

Teor. II. — *Archi eguali della circonferenza (o di circonferenze eguali) sono sottesi da corde eguali; archi minori di una semicirconferenza, dei quali l'uno è maggiore dell'altro, sono sottesi da corde, di cui l'una è maggiore dell'altra. E reciprocamente.*

a) Diffatti siano (fig. 73) AB, $A'B'$ le due corde di due circonferenze eguali di centri O ed O', oppure di una stessa circonferenza di centro O, e siano α e α' gli archi corrispondenti.

Se $\alpha > \alpha'$ si ha (c. t. I) $\widehat{AOB} > \widehat{A'O'B'}$ e siccome i due triangoli AOB $A'O'B'$ hanno $AO \equiv A'O'$, $BO \equiv B'O'$ $\widehat{AOB} > \widehat{A'O'B'}$, così si conchiude: $AB > A'B'$. E similmente, se $\alpha \equiv \alpha'$ si conchiude $AB \equiv A'B'$.

*) Sarà bene che l'insegnante faccia ripetere per la circonferenza, come pel fascio, le proposizioni dedotte dal post. II della retta.

b) Reciprocamente, se $AB \geqq A'B$ si ricava per riduzione ad assurdo $\alpha \geqq \alpha'$.

Teor. III. — *Corde eguali di un cerchio sono equidistanti dal centro; e di due corde diseguali la minore ha maggiore distanza dal centro.*

a) Se le corde AB, $A'B'$ sono eguali (fig. 74); dico che esse sono equidistanti dal centro.

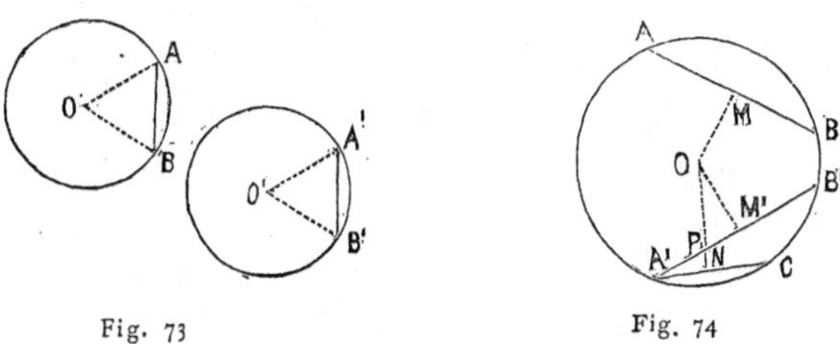

Fig. 73 Fig. 74

Infatti i triangoli OAB, $O'A'B'$ sono eguali per aver i tre lati eguali, e quindi nella loro corrispondenza d'eguaglianza le altezze OM e OM' sono segmenti corrispondenti (c. I, t. III, 23) e quindi sono eguali fra loro. Ma OM e OM' sono le distanze delle due corde dal centro; dunque la prima parte del teorema è dimostrata.

b) Sia $A'C$ una corda minore di AB; dico che $A'C$ ha dal centro distanza maggiore della distanza di AB.

Invero pel punto A' possiamo condurre una corda $A'B'$ eguale ad AB. Esiste infatti una retta $A'B'$ che fa con OA' un angolo eguale all'angolo BAO, e quindi i due triangoli AOB, $A'O'B'$ sono eguali per avere due lati e l'angolo compreso eguali. Alla corda $A'C$ minore di $A'B'$ corrisponde un arco $A'C$ minore dell'arco $A'B'$; dunque la corda $A'C$, e per ciò anche il piede N della perpendicolare condotta da O ad $A'C$, è situata dalla parte opposta di O rispetto alla retta $A'B'$. Ma $OM' \equiv OM$ è la minima delle distanze di O dai punti di $A'B'$ e per ciò è $OM' < OP$; dunque ON che è maggiore di OP, a più forte ragione è maggiore di OM.

Cor. — *Il diametro è la corda massima.*

Teor. IV. — *La perpendicolare condotta dal centro del cerchio ad una corda la divide per metà.*

Difatti se A e B sono estremi della corda, O il centro, il triangolo ABO è isoscele, e la perpendicolare condotta da O alla retta AB è unica e passa pel punto di mezzo di essa (fig. 75).

Teor. V. — *La perpendicolare condotta dal punto di mezzo della corda alla corda stessa passa pel centro.*

Sia AB la corda, O il centro. La perpendicolare condotta per O alla corda AB la dimezza; e siccome per il punto medio M di AB passa una sola perpendicolare ad AB, così questa perpendicolare passa per O (fig. 75).

Teor. VI. — *Tre punti non situati in linea retta determinano una circonferenza.*

Se A, B e C sono i tre punti dati (fig. 75), le perpendicolari nei punti medî di AB e BC si incontrano sempre in un punto O, perchè se fossero parallele, tali sarebbero le corde AB, BC, ciò che non è. I due triangoli AOB, BOC sono isosceli, perciò O è equidistante dai tre punti dati; è quindi O centro di un cerchio che passa pei tre punti.

Oltre a ciò la perpendicolare condotta nel punto di mezzo della corda AC passa per lo stesso centro O (t. V), e d'altra parte immaginando un altro cerchio passante per i tre punti dati, le perpendicolari innalzate nei punti di mezzo delle corde AB, BC, CA si devono incontrare nel nuovo centro, che è quindi O.

Evidentemente, scelti altri tre punti $A'B'C'$ della circonferenza, le perpendicolari nei punti di mezzo delle corde $A'B'$, $A'C'$ passano per O.

31. Teor. I. — *La distanza di un punto P dai punti di una circonferenza ha per minimo il segmento il cui prolungamento passa per P e pel centro, e per massimo il segmento che contiene il centro; e non possono esservi più di due punti della circonferenza che abbiano la stessa distanza dal punto P.*

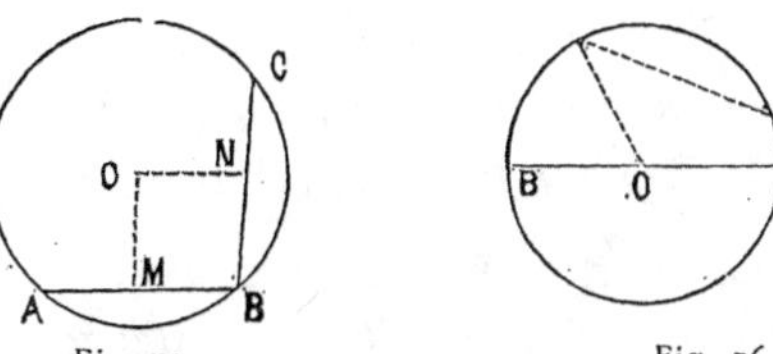

Fig. 75 Fig. 76

Sia P il punto dato, O il centro del circolo dato (fig. 76). Siccome la circonferenza viene tagliata da un diametro in due parti eguali, basta considerare una semicirconferenza determinata dal diametro OP, ad es. AMB. Qualunque sia M, dal triangolo POM si ha:

$$PM < PO + OM, \quad PM > PO - OM$$

e quindi

$$PM < PB \qquad PM > PA$$

Sulla stessa semicirconferenza non vi possono esser due punti M_1 ed M_2 equidistanti da P, altrimenti la perpendicolare condotta da P alla corda $M_1 M_2$ passando pel suo punto medio (t. V; 30) passerebbe per O, il che non è. Analogamente, se P non è esterno alla circonferenza.

Oss. emp. — Se un tratto rettilineo AB (od un arco $A_1 B_1$ di circonferenza) ha un estremo interno e l'altro esterno ad una circonferenza (fig. 77) di centro O, esso incontra questa circonferenza in un punto C (od in un punto C_1) e si ha:

$$OA > OC \qquad OB < OC$$

Ciò è come dire che se le distanze di un punto O dagli estremi A e B di un segmento o di un arco sono diseguali, vi è nel segmento (o nell'arco) un punto C almeno tale che OC è eguale ad un segmento dato qualunque (il raggio) compreso fra OA ed OB.

Post. *) — *Se un segmento rettilineo, o un arco di circonferenza, ha un punto interno ed uno esterno ad una circonferenza esso incontra la circonferenza in un punto;* oppure: *Se le distanze a e b di un punto O dagli estremi A e B di un segmento rettilineo, o di un arco di circonferenza AB, sono diseguali, vi è in AB almeno un punto C tale che OC è eguale, ad un segmento dato, compreso tra a e b.*

Teor. II. — *Una retta incontra la circonferenza in due, uno, o nessun punto, secondochè la sua distanza dal centro è minore, eguale o maggiore del raggio; e reciprocamente.*

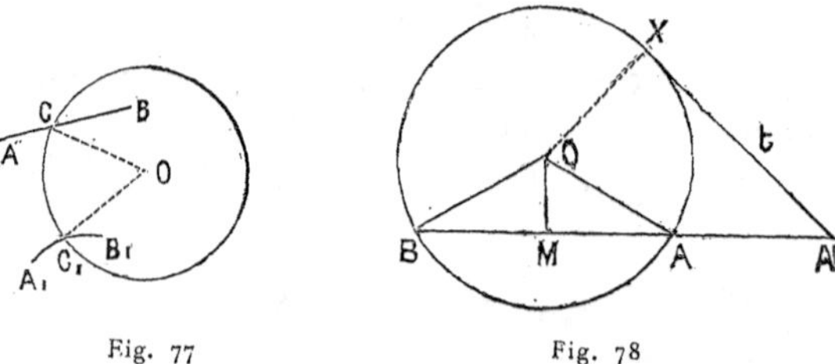

Fig. 77 Fig. 78

Si osservi anzitutto che la circonferenza non può aver tre punti A, B e C in comune colla retta, perchè

*) Premettendo i post. VIII e IX della retta; questa proposizione può essere dimostrata. Vedi l'Appendice.

i tre triangoli isosceli OAB, OAC, OBC determinerebbero tre perpendicolari diverse ad una stessa retta, dal centro O (fig. 78).

Se il segmento normale OM alla retta data è minore del raggio, si può scegliere un segmento obliquo OA' maggiore del raggio. Infatti si conduca la perpendicolare t in X ad un raggio OX non perpendicolare alla retta AB; essa incontra questa retta in un punto A' tale, che OA' è maggiore del raggio (t. I, 25). Ora fra OA' e OM vi è un segmento eguale al raggio (post.) e un altro segmento obliquo eguale esisterà dall'altra parte di OM.

Se invece OM è eguale al raggio, non vi è alcun segmento obliquo ad esso eguale.

E finalmente se OM è maggiore del raggio, a maggior ragione non vi è nessun segmento obliquo eguale al raggio.

Reciprocamente, se la retta data non ha alcun punto in comune col cerchio O, non può essere il segmento normale minore del raggio, perchè in tal caso, per la prima parte del teorema, la retta stessa avrebbe in comune col circolo due punti ; nè può essere eguale al raggio, perchè allora ne avrebbe uno in comune, contro l' ipotesi. Analogamente negli altri due casi.

Def. .I — Se la retta incontra la circonferenza in due punti, essa si chiama *secante.*

La retta che ha un sol punto comune colla circonferenza dicesi *tangente*, e il punto comune, *punto di contatto* della tangente.

Cor. — *In ogni punto della circonferenza la retta perpendicolare al raggio e tangente in esso alla circonferenza.*

Ciò risulta dal caso del teor. II in cui OM è eguale al raggio.

Teor. III. — *Da un punto esterno ad un cerchio si possono condurre ad esso due tangenti.*

Sia P il punto dato, O il centro, OA il raggio del cerchio dato.

Si unisca O con P e dal punto Q d' incontro di OP con la circonferenza data si tiri la perpendicolare $A'A''$ ad OP (fig. 79).

Con centro O e raggio OP si descriva il circolo, e sieno A', A'' i due punti d' incontro di esso con la retta $A'A''$.

Si uniscano A' e A'' con O, e sieno C',C'' i punti d' incontro di $A'O$, $A''O$ con la circonferenza data. Le rette PC', PC'' saranno le tangenti richieste.

Infatti i due triangoli $A'OQ$, POC' sono eguali per avere i lati $A'O$, OQ del primo eguali ai lati OP, OC' del secondo, come raggi dello stesso circolo, e l'angolo da essi compreso comune; saranno perciò eguali gli angoli $PC'O$, $A'QO$; ma siccome $A'QO$ è retto per costruzione, così $PC'O$ sarà pure retto, e la retta PC' sarà tangente al circolo dato. Similmente PC'' sarà pure tangente ad esso circolo.

Def. II. — Il segmento della tangente compreso tra un punto e il punto di contatto dicesi *segmento tangente* od anche *tangente*, quando non havvi luogo ad equivoco.

Cor. — *I segmenti delle due tangenti ad una stessa circonferenza passanti per un medesimo punto sono eguali.*

Infatti i due triangoli rettangoli $PC'O$, $PC''O$ sono eguali e quindi eguali saranno i due cateti PC', PC'' che sono tangenti in C' e C''.

§ 9.

Punti comuni a due circonferenze

32. Teor. I. — *Se due circonferenze hanno un punto comune, non situato sulla retta dei centri (asse centrale), ne hanno un altro situato sopra la perpendicolare passante per esso all' asse centrale.*

Siano O ed O' i centri delle due circonferenze, A un punto comune ad entrambe (fig. 80). Dalla parte di piano opposta a quella in cui giace il triangolo OAO' si consideri il triangolo $OA'O'$ eguale al triangolo $OA'O$.

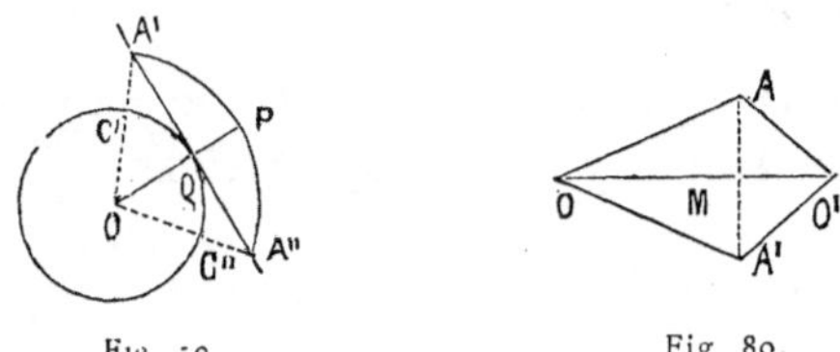

Fig. 79 Fig. 80

Per essere $OA' \equiv OA$, $O'A' \equiv O'A$, il punto A' appartiene tanto alla circonferenza di centro O e raggio OA, quanto alla circonferenza di centro O' e raggio $O'A$; epperò A' è punto comune alle due circonferenze date.

Dall' eguaglianza poi dei triangoli OAO', $OA'O'$ ne consegue $\widehat{AOO'} \equiv \widehat{A'OO'}$; e dall'eguaglianza dei due triangoli AOM, $A'OM$, essendo M il punto d'incontro di AA' con OO', ne consegue: $\widehat{OMA} \equiv \widehat{OMA'}$ cioè AA' è perpendicolare ad OO'.

Il punto A' coinciderà con A quando A si troverà sull'asse centrale OO', e le due circonferenze avranno la stessa tangente nel punto comune.

Def. — Due circonferenze che hanno un punto comune sull'asse centrale diconsi *tangenti;* e il punto comune si dice *punto di contatto.* Se le due circonferenze sono dalla stessa parte della tangente comune, si dice che si toccano *internamente;* nel caso opposto, *esternamente.*

Teor. II. — *Se due circonferenze si toccano esternamente, la distanza dei centri è eguale alla somma dei due raggi; e se si toccano internamente la distanza dei centri è eguale alla differenza dei raggi.*

Siano $O O'$ i centri dei due circoli; $O O' \equiv d$, e siano r, r' i rispettivi raggi. Il punto comune A è sulla retta $O O'$; esso è interno al segmento $O O'$ se i circoli (fig. 81) si toccano esternamente, e allora si ha:

$$O A + A O' \equiv d, \qquad \text{ossia:} \qquad r + r' \equiv d;$$

esso è esterno al segmento stesso $O O'$ se i circoli si toccano internamente (fig. 82), e allora si ha:

$$O'A - O A \equiv d \qquad \text{ossia} \qquad r' - r \equiv d.$$

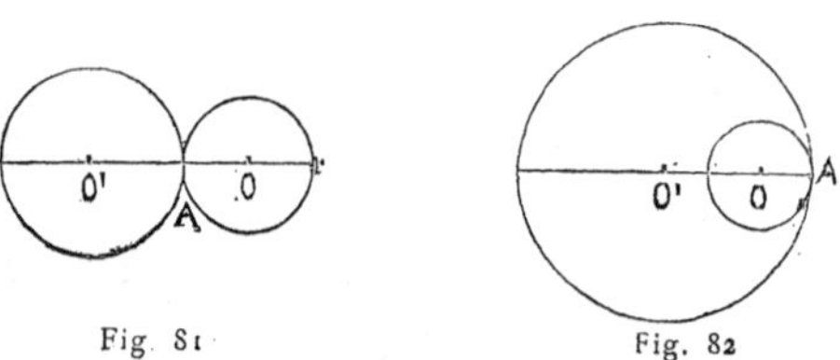

Fig. 81 Fig. 82

Teor. III. — *Se due circonferenze hanno due punti distinti in comune, la distanza dei centri è minore della somma, e maggiore della differenza dei rispettivi raggi.*

Siano $O O'$ i centri dei due circoli, $r r'$ i rispettivi raggi, e siano M ed N due punti distinti, comuni alle circonferenze. Dico che:

$$r' - r < O O' < r + r'$$

se $r' \geqq r$, ovvero che:

$$r - r' < O\,O' < r + r'$$

se $r > r'$.

Osserviamo anzitutto che i due punti M ed N, comuni alle due circonferenze, non possono essere situati sulla retta $O\,O'$, perchè il segmento MN sarebbe diviso per metà tanto in O che in O', il che non può essere, finchè i circoli non sono concentrici, e anche se sono concentrici, non coincidono. D'altra parte per il teor. I se M è fuori della retta $O\,O'$, N deve essere situato sulla perpendicolare passante per M alla $O\,O'$. Adunque se due circoli si incontrano in due soli punti distinti (fig. 83), questi sono fuori della retta $O\,O'$ che ne congiunge i centri. Ma dal triangolo OMO' ricaviamo: $O'M - OM < O\,O' < OM + O'M$, se $r' \geqq r$, da cui: $r' - r < O\,O' < r + r'$;
e la stessa relazione ricaviamo pure dal triangolo ONO'.

Che se $r > r'$ si ricaverà invece:

$$r - r' < O\,O' < r + r'.$$

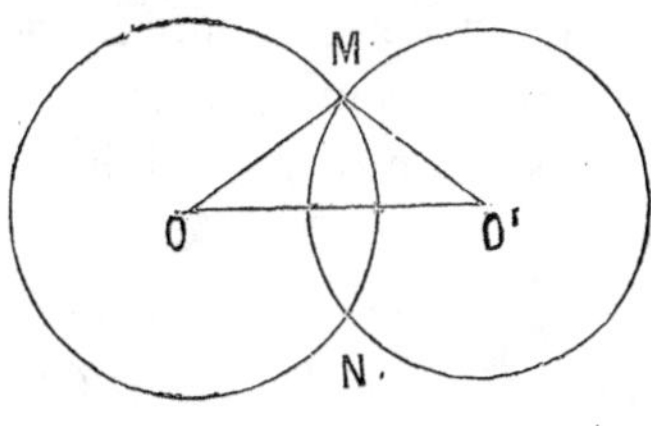

Fig. 83

Teor. IV. — *Se due circonferenze non hanno alcun punto in comune, la distanza dei centri o è maggiore della somma dei due raggi, o è minore della loro differenza.*

Sia M' un punto qualunque del secondo circolo, e sia $OM' \equiv x$ $OO' \equiv d$ $O'M' \equiv r'$. Il segmento x non potrà essere eguale ad r, perchè i due circoli non hanno per ipotesi alcun punto in comune. Sarà dunque x diverso da r; ma è facile riconoscere che se per il punto M' è $x > r$, ciò vale per tutti i punti del circolo di centro O'; perchè se fosse ad es. $ON' < r$ vi sarebbe, pel post. del n. 31, nell'arco $M'N'$ un punto P' tale che $OP' \equiv r$, lo che non può essere, per l'ipotesi fatta. Per tutti i punti M' del secondo circolo abbiamo dunque: $x > r$, il che vuol dire che il secondo circolo è esterno al circolo di centro O.

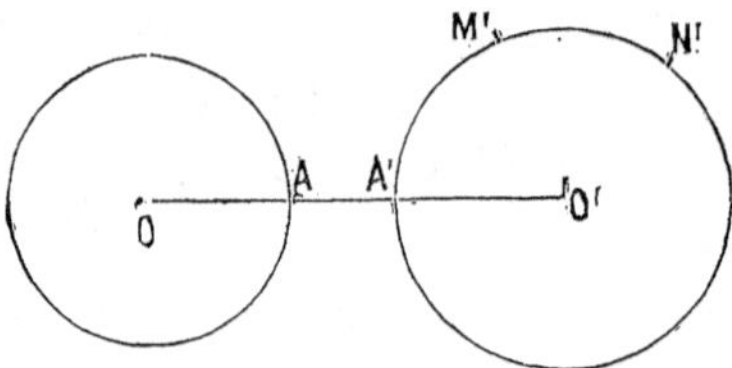

Fig. 84

Analogamente si prova che se $x < r$ per un punto M', è $x < r$ per tutti i punti del circolo di centro O', e quindi che tutti i punti del secondo circolo sono interni al primo. Si conchiude intanto da ciò che se due circoli non hanno alcun punto in comune, uno di essi è esterno all'altro. Se dunque tutti e due sono esterni l'uno all'altro, come nel caso della fig. 84 avremo:

$$OA + AA' + A'O' \equiv OO'$$

quindi:

$$r + AA' + r' \equiv d$$

$$d > r + r'.$$

Ma se uno è interno all'altro, come nel caso della fig. 85 avremo:

$$A'A + AO + OO' \equiv A'O'$$

quindi : $$A'A + r + d \equiv r'$$
$$d < r' - r.$$

Cor. — *Secondo che:* $d > r + r'$, $d \equiv r + r'$, $r' - r < d < r + r'$, $d \equiv r' - r$, $d < r' - r$ *i due circoli sono rispettivamente l' uno esterno all' altro, tangenti esternamente, segantisi in due punti distinti, tangenti internamente, l' uno interno all' altro.*

Sia ad es. $r' - r < d < r + r'$.

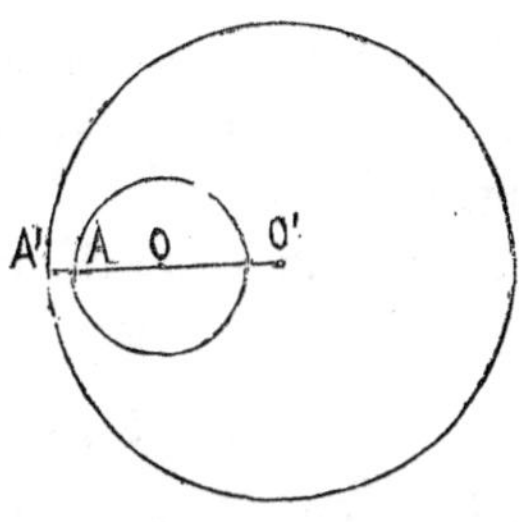

Fig. 85

Non possono i due circoli avere nessun punto in comune, perchè in tal caso dovrebbe essere o: $d > r + r'$ oppure $d < r' - r$ (t. IV), contro il supposto; nè possono avere in comune un solo punto situato sull' asse centrale, perchè allora sarebbe o: $d \equiv r + r'$ oppure $d \equiv r' - r$ (t. II), contro il supposto.

I due circoli dovranno dunque avere in comune un punto, e quindi due, fuori dell' asse centrale.

Così procedesi anche per gli altri casi.

§ 10.

Angoli e poligoni nel cerchio

33. Def. I. — Angolo *inscritto* nella circonferenza dicesi ogni angolo che ha il vertice sulla circonferenza e i lati secanti, od uno secante e l'altro tangente.

Teor. — *Un angolo inscritto nella circonferenza è eguale alla metà dell' angolo al centro, che comprende lo stesso arco.*

Sia BAC (fig. 86 *a*) l'angolo inscritto in una circonferenza di centro O; si deve dimostrare che BAC è la metà dell'angolo BOC.

Il punto O cada in uno dei lati dell' angolo ad es. in AC. Il triangolo ABO è isoscele, dunque:

$$\widehat{ABO} \equiv \widehat{BAO}$$

Ma BOC è esterno al detto triangolo ed è perciò:

$$\widehat{BOC} \equiv \widehat{ABO} + \widehat{BAO} \equiv (\widehat{BAC})\,2$$

(c. I, t. VII, 27).

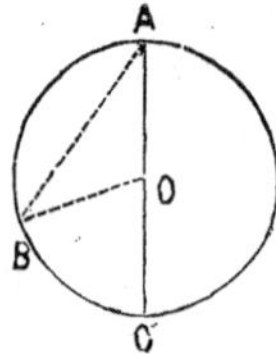

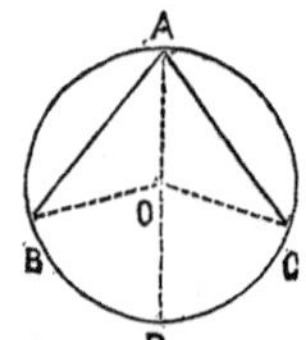

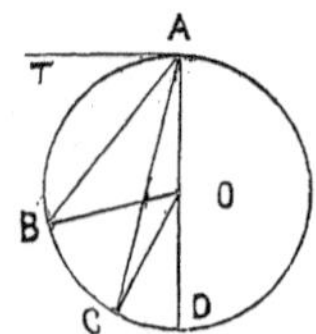

Fig. 86 *a b c*

Sia il punto O interno od esterno all'angolo BAC e sia D il secondo estremo del diametro OA (fig. 86 *b*,*c*). Si ha:

$$(\widehat{BAD})\,2 \equiv \widehat{BOD}, \quad (\widehat{DAC})\,2 \equiv \widehat{DOC}$$

ma nel primo caso:

$$\widehat{BAD} + \widehat{DAC} \equiv \widehat{BAC}$$

e nel secondo caso:

$$\widehat{BAD} - \widehat{CAD} \equiv \widehat{BAC}$$

Pertanto

$$(\widehat{BAC})\,2 \equiv \widehat{BOC}$$

Un lato AT dell'angolo sia tangente in A alla circonferenza (fig. 86 *c*). L'angolo DAT è retto e quindi metà dell'angolo piatto AOD. E se infine O è esterno all'angolo alla circonferenza TAB si prova similmente che

$$(\widehat{TAB})\,2 \equiv \widehat{AOB}$$

Cor. I. — *Gli angoli inscritti nella circonferenza, che comprendono il medesimo arco sono eguali.*

Infatti essi sono tutti eguali alla metà dell'angolo al centro che insiste sullo stesso arco.

Cor. II. — *Gli angoli alla circonferenza che insistono su una semicirconferenza sono retti.*

Infatti essi sono metà dell'angolo al centro che insiste sullo stesso arco, che è piatto.

Cor. III. — *Ogni triangolo rettangolo ha i vertici su di una circonferenza che ha per diametro l'ipotenusa.*

34. Def. I. — Un poligono che ha i suoi vertici sulla circonferenza dicesi *inscritto* nel circolo; dicesi *circoscritto* al circolo, se i suoi lati sono tangenti alla circonferenza.

Teor. I. — *Se un quadrangolo convesso è inscritto in una circonferenza, gli angoli opposti sono supplementari. E reciprocamente.*

Infatti l'angolo ABC (fig. 87) è metà dell'angolo al centro che insiste sull'arco ADC, e l'angolo CDA

è metà dell'angolo al centro che comprende l'arco CBA. Ma la somma di questi due archi è l'intera circonferenza, dunque la somma degli angoli al centro è eguale a due retti.

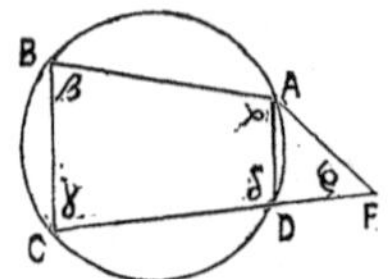

Fig. 87

Pertanto la somma degli angoli opposti ABC, ADC del quadrangolo è eguale a due retti. Similmente per gli altri due angoli opposti.

Reciprocamente, sia: $\alpha + \gamma = \beta + \delta$, o ciascuna di queste somme sia eguale a due retti.

Se il circolo determinato dai tre punti ABC non passasse per D ma per un punto F di CD, si avrebbe $\beta + \varphi$ eguale a due retti, da cui si trarrebbe $\varphi = \delta$; vale a dire l'angolo esterno δ del triangolo AFD sarebbe eguale all'interno opposto φ, il che è assurdo.

Def. II. — *Poligono regolare* dicesi il poligono convesso, che ha i lati eguali e gli angoli eguali.

Teor. II. — *Qualunque poligono regolare è inscritto in un cerchio ed è circoscritto ad un altro cerchio concentrico al primo.*

Sieno (fig. 88) AQ la bissettrice dell'angolo BAF e BP quella dell'angolo ABC; poichè la somma degli angoli BAQ ed ABP è minore di due retti, le rette AQ, BP s'incontrano in un punto O (t. I, 23). Ora il triangolo OAB è isoscele, perchè gli angoli OAB, OBA sono eguali; quindi $AO = OB$. — Ciò posto uniscasi il vertice C con O e si osservi che i triangoli ABO, CBO hanno un angolo eguale compreso fra due lati eguali; dunque essi sono eguali e il lato OC è eguale al lato AO. In modo analogo si dimostrerebbe che DO, EO... sono eguali ad AO; donde si ricava che la circonferenza di centro, O e di raggio AO passa per tutti i vertici del poligono dato.

Oltre a ciò i lati AB, BC, CD... essendo corde eguali del cerchio circoscritto, le perpendicolari OG, OH, sono tutte eguali, epperò la circonferenza di centro O e di raggio OG è tangente a tutti i lati del poligono

Def. III. — Il centro del circolo inscritto, in un poligono, o del circolo ad esso circoscritto, dicesi *centro* del poligono.

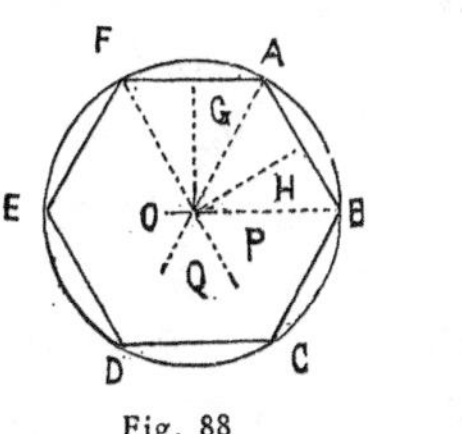

Fig. 88

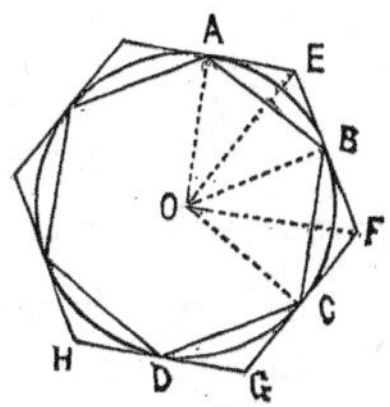

Fig. 89

Teor. III. — *Se una circonferenza è divisa in parti eguali* (AB), (BC), (CD)..... *il poligono inscritto determinato dalle corde AB BC, CD... è regolare, e il poligono circoscritto $EFGH$.., determinato dalle tangenti condotte nei punti di divisione è pure regolare.*

In primo luogo poichè gli archi (AB), (BC), (CD)... sono eguali fra loro, le corde sono pure eguali, e sono pure eguali i triangoli isosceli OAB, OBC, OCD....; ne consegue che gli angoli del poligono $ABCD$.... sono tutti eguali fra loro (fig. 89).

In secondo luogo i triangoli isosceli ABE, BCF, CDG,.... hanno le basi eguali e gli angoli adiacenti rispettivamente eguali; dunque sono eguali.

Segue da ciò che gli angoli di vertici E, F, G...., sono eguali, e che

$$AE \equiv BE \equiv BF \equiv CF....;$$

epperò i lati EF, FG... sono eguali, e il poligono circoscritto è regolare.

§ 11.

Problemi elementari

35. Oss. I. — I problemi fondamentali della geometria elementare piana si riducono ai seguenti:

Segnare un punto nel piano.

Tirare la retta determinata da due punti.

Descrivere il circolo di dato centro e di dato raggio.

Trovare l'intersezione di due rette, o di una retta con un circolo, o di due circoli.

Questi problemi ordinariamente si risolvono graficamente, vale a dire nel disegno, con l'immediato uso della riga e del compasso. In pratica si fa spesso uso anche della squadra per condurre rette fra loro perpendicolari o parallele (v. fig. 20); ma siccome il compasso è istrumento più preciso, così per l'esattezza del disegno è preferibile l'uso del compasso a quello della squadra. *)

---

*) I problemi di cui non è data qui la soluzione potranno essere dati come esercizî agli scolari. L'insegnante dirà del modo di usare gli istrumenti, la matita e il tiralinee, e come si verifica l'esattezza della riga e della squadra.

Probl. I. — *Costruire un angolo eguale ad un angolo dato, che abbia il vertice nell'estremo di un raggio dato, e rispetto a questo sia di verso dato.*

Siano DEF l'angolo dato, AX il raggio dato (fig. 90). Con centro E e raggio un segmento arbitrario si descriva una circonferenza e siano G, H i punti d'incontro di essa coi lati ED, EF. Con centro in A, e raggio eguale ad EG si descriva un'altra circonferenza, la quale incontrerà in un punto C il raggio AX; e con centro C e raggio GH si descriva un' altra circonferenza. Per essere nel triangolo GFH il lato EH minore della somma e maggiore della differenza degli altri due lati, sarà la distanza centrale AC minore della somma e maggiore della differenza dei due raggi; perciò le due circonferenze si incontreranno in due punti B e B'

Se il verso dato nell' enunciato del problema è quello ove si trova B, l' angolo BAC è il richiesto.

Oss. II. — Questo problema si risolve facilmente anche coll'uso della riga, della squadra e del compasso senza far uso dell' intersezione di due circoli

Probl. II. — *Dividere per metà un dato segmento.*

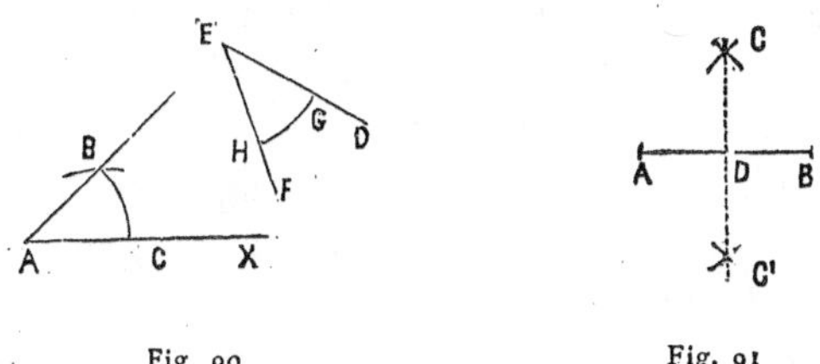

Fig. 90 Fig. 91

Sia AB il segmento dato (fig. 91); si costruiscano con lo stesso raggio AX eguale ad AB (o maggiore della metà di AB) due circoli, l' uno di centro A, l'altro di centro B. Questi due circoli avendo la distanza dei centri minore della somma e maggiore della differenza dei raggi si incontreranno in due punti C, C' situati da bande opposte della retta AB.

Se D è il punto d' incontro della retta CC' con AB, D è il punto medio richiesto.

Oss. III. — Questo problema si risolve pure col solo uso della riga e della squadra.

Probl. III. — *Costruire il triangolo che abbia :*

a) *due angoli eguali a due angoli dati, la cui somma sia minore di due retti, e per lato compreso fra questi angoli un lato eguale a segmento dato;*

b) *due angoli eguali a due angoli dati, la cui somma sia minore di due retti, e per lato opposto ad uno di essi un lato eguale a dato segmento;*

c) *un angolo eguale ad angolo dato, e i due lati che lo comprendono eguali a due segmenti dati;*

d) *due lati eguali a due segmenti dati e l'angolo opposto al minore di essi eguale ad angolo dato (se possibile) ;*

e) *tre lati eguali a tre segmenti dati, dei quali ciascuno sia minore della somma degli altri due.*

Risoluzione del probl. a) (fig. 92). Siano α e β gli angoli e AB il segmento dati. Dalla stessa parte di AB si costruiscano i due angoli BAX, ABY eguali ad α e β. Siccome la somma di α e β è minore di due retti, i raggi AX e BY non sono paralleli, e per ciò si incontrano in uno stesso punto C. Il triangolo ABC è dunque il triangolo richiesto.

Risoluzione del probl. d) (fig. 93). Indichiamo con a e b i due lati dati ($a < b$) e con α l'angolo opposto ad a. Costruito un angolo BAC, eguale ad α si faccia $AC \equiv b$ quindi centrando in C e con raggio a si descriva la circonferenza; questa incontrerà il lato AB in due punti, o in uno, o in nessuno, secondo che la distanza del centro C dal lato AB è minore, eguale o maggiore di a. Nel primo caso se BB' sono i punti di incontro della circonferenza di centro C col lato AB', i due triangoli BAC $B'AC$ sono i richiesti. Nel secondo caso si ha un triangolo rettangolo nel punto di incontro della circonferenza col lato AB che è ad esso tangente. Nel terzo caso il problema non ammette soluzione.

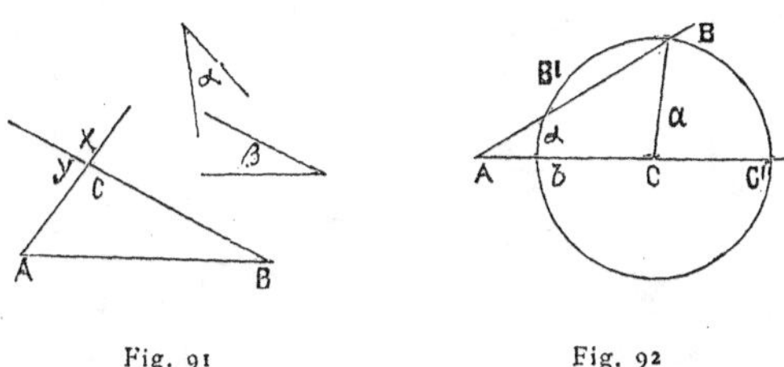

Fig. 91 Fig. 92

Oss. IV. — A questi problemi si riducono i seguenti:

Descrivere il triangolo isoscele, dati: la base ed un angolo alla base che sia acuto; la base ed un altro lato, tale che la base sia minore del doppio del lato.

Descrivere il triangolo equilatero, dato il lato.

Probl. IV. — *Per un punto dato sopra di una retta condurre la perpendicolare a questa retta, sia nel caso che questa si possa prolungare, sia nel caso contrario.*

Siano AP la retta data P il punto dato, e suppongasi da prima che la retta si possa prolungare nel verso di AP (fig. 94 *a*). Presi sulla retta a partire da P due segmenti eguali ed opposti PA, PB e costruito sul lato AB il triangolo equilatero ABC, si avrà nella retta CP la perpendicolare richiesta.

Che se AP non si può prolungare (fig. 94 *b*), si costruisca in AP il triangolo equilatero APD e si prolunghi AD, facendo $DC \equiv AD$; la retta PC sarà la perpendicolare alla AP. Infatti D è il centro del circolo di raggio AD, e l'angolo APC inscritto in esso è retto (c. II, t. 33).

Oss. V. — Questo problema si può risolvere direttamente colla riga e colla squadra.

A questo problema si riducono i seguenti:

Per un punto dato condurre una retta tangente ad una circonferenza.

Descrivere il triangolo rettangolo dati: un lato ed un angolo acuto, oppure un cateto e l'ipotenusa; oppure i due cateti.

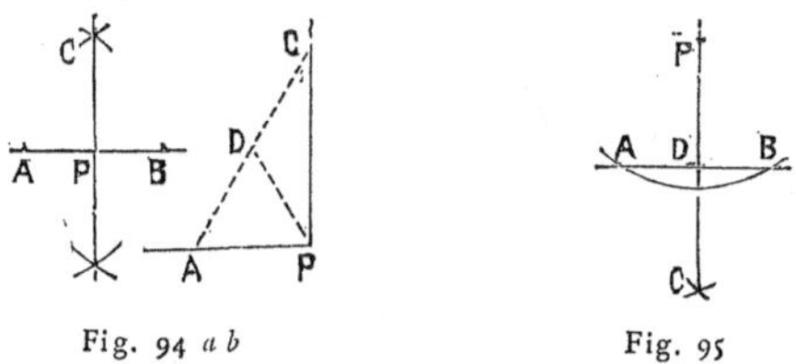

Fig. 94 *a b* Fig. 95

Probl. V. — *Determinare il centro di un circolo dato.*

Siano ABC tre punti della circonferenza data (fig. 95). MO la perpendicolare alla corda AB nel punto medio di essa M, ed NO la perpendicolare alla corda BC nel punto medio di essa N. Siccome i tre punti ABC non possono essere in linea retta, così le due perpendicolari MO, NO si incontreranno in un punto O, che per la proprietà delle perpendicolari alle corde di un cerchio nei loro punti medi è il centro richiesto.

Probl. VI. — *Per un punto dato fuori di una retta condurre la perpendicolare a questa retta.*

Sia P il punto dato fuori della retta r (fig. 95). Con centro P e per raggio il segmento che congiunge P con un punto qualunque Q situato dalla banda opposta di P si descriva un circolo: questo taglierà la r in due punti AB, che potranno anche coincidere. Se A e B non coincidono, si costruisca un triangolo isoscele ABC di base AB, si unisca P con C e sarà PC la perpendicolare richiesta. Infatti la retta PD è altezza e mediana del triangolo isoscele ACB, quindi la retta CD deve passare per P, centro del cerchio di raggio PA.

Se poi B ed A coincidono, la PB è essa stessa la perpendicolare domandata (c. t. II, 32).

Probl. VII. — *Per un punto dato fuori di una retta condurre la parallela a questa retta.*

I. Sol. — Sia P il punto dato fuori di r (fig. 96). Si congiunga P con un punto A di r e si segni su r un altro punto B, indi si costruisca un angolo APC eguale all'angolo PAB che abbia il vertice in P un raggio in PA e sia dalla banda opposta a quella ove trovasi B rispetto a PA. La retta PC è la parallela richiesta.

II. Sol. — Se C è il punto dato, costruendo i due triangoli ABC, BAC' eguali, dalla stessa parte di AB, i punti C e C' hanno la stessa distanza dalla retta AB, quindi CC' è la parallela richiesta.

Oss. VI. — Anche questi problemi si risolvono ordinariamente colla riga e colla squadra.

A questo ultimo si riducono i seguenti:

Descrivere il parallelogramma, dati due lati e l'angolo da essi compreso.

Descrivere il rombo, dati un lato ed un angolo.

Descrivere il rettangolo, dati due lati consecutivi.

Descrivere il quadrato, dato il lato.

Probl. VIII. — *Dividere un dato segmento, in parti eguali.*

Sia AB il segmento dato (fig. 97). Si costruisca una retta AX che formi con AB un angolo qualunque, ad es. l'angolo acuto XAB; indi si segnino su AX tanti segmenti eguali ad un segmento qualsiasi AL, quante sono le parti in cui si vuol dividere AB. Se l'ultimo segmento è NP si congiunga P con B e dai punti di divisione $L....N$ si conducano le parallele alla PB, le quali incontreranno AB nei punti $L'M...N'...$ I segmenti AL', $L'M'$, NB', saranno i richiesti (t. VI 27).

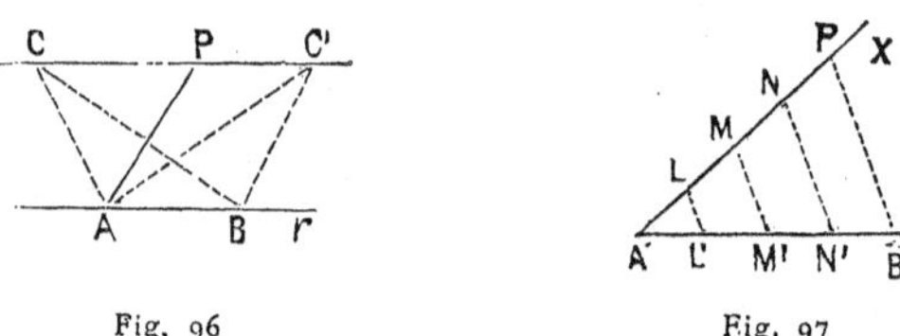

Fig. 96 Fig. 97

Probl. IX. — *Dividere un dato angolo (od un dato arco) per metà.*

a) Sia ab l'angolo dato, e sui lati si prendano i segmenti $OA \equiv OB$, $AC \equiv BD$; le rette AD, BC si incontrano in un punto E e la retta OE è la bissettrice richiesta (fig. 98). Infatti nella corrispondenza di eguaglianza degli angoli ab e ba ai punti A e C corrispondono i punti B e D e al segmento AD il segmento BC. Se E è il punto d'intersezione di AD colla bissettrice dell'angolo, che corrisponde a sè medesima, pel punto E che corrisponde a sè medesimo dovrà passare anche il segmento BC, dunque il punto E d'incontro di AD con BC è un punto della bissettrice.

b) Se è dato l'arco, basta costruire la perpendicolare alla sua corda nel punto di mezzo di essa corda, la quale divide l'arco per metà.

Probl. X. — *Unire due punti con un arco di circonferenza, capace di un angolo dato.*

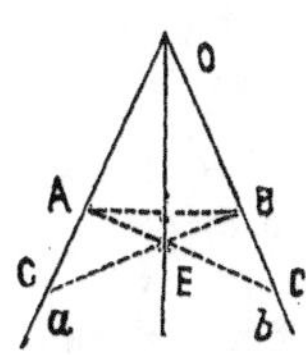

Fig. 98

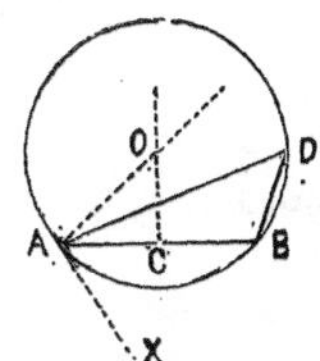

Fig. 99

Siano A, B i due punti, α l'angolo dato (fig. 99). Si costruiscano un angolo BAX eguale all' angolo α, la perpendicolare alla AX in A, e la perpendicolare alla AB nel suo punto di mezzo C. Queste due perpendicolari si incontreranno in un punto O, che sarà il centro del cerchio richiesto (t. 34).

ESERCIZI *)

Nozioni generali

1. Formare coi numeri 1 2 3... *n*... dei gruppi, che si corrispondano univocamente.
2. Formare con gli stessi numeri dei gruppi ordinati, che si corrispondano univocamente e non nel medesimo ordine; e dei gruppi ordinati che si corrispondano univocamente e nel medesimo ordine.

*) Questi esercizî possono esser risolti alla fine del paragrafo sotto il quale sono indicati, colle proposizioni svolte nel paragrafo o nei paragrafi precedenti. Gli esercizi, alla fine dei quali non è citato il numero di esercizi precedenti si possono risolvere indipendentemente gli uni dagli altri.

3. Un gruppo che ha un numero di elementi appartenente alla serie naturale 1 2 3.... n.... non può corrispondere univocamente ad una sua parte (Si verifichi con esempî).

Libro primo

§ 1.

4. Dato sulla retta un segmento BC e un punto A, il segmento determinato dal punto A e dal punto medio di BC è eguale alla semisomma o alla semidifferenza dei segmenti AB, AC, secondo che il punto A è esterno o interno al segmento BC.
5. Posto $(AA) \equiv o$:
verificare che: $AB + BA \equiv o \quad AB + BC + CA \equiv o$.
6. Per l'addizione dei segmenti di verso opposto vale la legge commutativa.

§ 2.

7. Nella corrispondenza di eguaglianza fra la coppia (ab) di vertice O e la inversa (ba), ad ogni segmento CD, la retta del quale si appoggia ai lati a e b della coppia (ab) nei punti A e B tali che $OA \equiv OB$, corrisponde un segmento $C'D'$ della medesima retta e di verso opposto.
8. Se sulla coppia di raggi (ab) di vertice O si prendono nel raggio a i due segmenti OA, OB e sul raggio b i due segmenti $OA' \equiv OA$, $OB' \equiv OB$, è $AA' \equiv BB'$.
9. Trovare una retta i cui punti corrispondano a se medesimi nella corrispondenza di eguaglianza delle coppie (ab) e (ba).

§ 3.

10. Date due rette parallele a e b e una trasversale qualunque r, le quattro coppie di raggi determinate dalla a e dalla r sono rispettivamente eguali alle quattro coppie di raggi determinate dalla b e dalla r.
11. Date due rette parallele e una loro trasversale, ogni parallela a questa che incontra una delle due rette incontra anche l'altra.
12. La congiungente i punti di mezzo di due lati di un triangolo è parallela al terzo lato; e inversamente la parallela condotta dal punto di mezzo di un lato di un triangolo a un altro lato dimezza il terzo lato.

13. Luogo dei punti di mezzo dei segmenti che escono da un punto e vanno ai punti di una retta.
14. Un segmento cogli estremi in due punti interni di due lati di un triangolo e parallelo al terzo lato è minore di questo lato.

Libro secondo

§ 1.

15. Dimostrare per il fascio di raggi le proposizioni corrispondenti ai teor. dei num. 8 e 10.

§ 2.

16. Dimostrare colla corrispondenza di eguaglianza fra l'angolo (ab) e l'angolo (ba), che la bissettrice di un angolo e quella dell'angolo adiacente sono perpendicolari fra loro.

§ 3.

17. Un triangolo che ha i suoi vertici interni ad un altro triangolo è tutto interno al triangolo.
18. Una retta del piano di un triangolo la quale non passa per alcuno dei vertici, incontra internamente due lati o nessun lato del triangolo (Ed. completa pag. 50).
19. Una retta che ha un punto interno ad un triangolo, incontra necessariamente il perimetro in due punti (ibid. 51).
20. Una retta non può traversare più di quattro delle 7 regioni del piano determinate da un triangolo.

§ 4.

21. Se dagli estremi di un segmento si conducono due raggi in una delle parti del piano determinate dalla retta del segmento, i due raggi si incontrano in un punto se la somma degli angoli da essi formati col segmento dato è minore di due retti. Se la somma è maggiore di due retti si incontrano i loro prolungamenti della parte opposta.
22. La perpendicolare ad una retta incontra tutte le rette non perpendicolari a questa retta.
23. Due triangoli coi lati paralleli sono equiangoli.
24. Le altezze, e così le bissettrici, che passano pei vertici della base di un triangolo isoscele sono eguali (colla corrispondenza di eguaglianza).

§ 5.

25. Se i triangoli ABC, ABD, ACD sono rispettivamente eguali ai triangoli $A'B'C'$, $A'B'D'$, $A'C'D'$ e i tre punti BCD sono in linea retta, anche i punti $B'C'D'$ sono in linea retta.
26. Il perimetro di un triangolo è maggiore della somma delle distanze di un suo punto interno dai vertici del triangolo, e minore del doppio della stessa somma.
27. Il perimetro di un triangolo interno ad un altro triangolo è minore del perimetro di questo triangolo.
28. Luogo dei punti equidistanti da due punti.
29. Luogo dei punti equidistanti da due rette.
30. Sopra una retta esiste un punto equidistante da due punti dati, se la retta non è perpendicolare alla retta dei due punti.
31. Dati due punti da una stessa banda di una retta r, determinare un punto M di r tale che gli angoli di verso opposto che i raggi MA, MB formano con r siano eguali.

§ 6.

32. Se in due triangoli ABD, ACD si ha $\widehat{BAD} \equiv \widehat{CAD}$ e i punti B, C, D sono in linea retta e $BD \equiv CD$, i due triangoli sono eguali.
33. Se O è un punto interno ad un triangolo ABC, l'angolo BAC è minore dell'angolo BOC.
34. Se in un triangolo rettangolo un angolo acuto è doppio dell'altro, l'ipotenusa è il doppio del cateto minore.
35. L'altezza di un triangolo rettangolo passante pel vertice dell'angolo retto taglia il triangolo in due triangoli equiangoli fra loro e col dato.
36. La somma delle distanze di un punto qualunque interno della base di un triangolo isoscele dagli altri due lati è costante.
37. La somma delle distanze di un punto interno di un triangolo equilatero dai lati è costante.
38. Le figure rettilinee determinate da due gruppi di quattro punti nel piano sono eguali se i segmenti che uniscono i quattro punti di un gruppo sono ordinamente eguali a quelli dell'altro gruppo.

39. Due triangoli che hanno due lati e l'angolo opposto al maggiore rispettivamente eguali sono eguali (Ed. compl. pag. 63).
40. Le bissettrici degli angoli interni di un triangolo passano per uno stesso punto, equidistante dai tre lati del triangolo (ibid. 64).
41. Le mediane di un triangolo passano per uno stesso punto, che divide ciascuna di esse in due parti, di cui quella che termina al vertice è doppia dell'altra (ibid. 70).
42. Le perpendicolari ai lati di un triangolo condotte per i loro punti medii passano per uno stesso punto, equidistante dai vertici (ibid. 71).
43. Le tre altezze di un triangolo passano per uno stesso punto (ibid. 72).

§ 7.

44. Ogni retta avente un punto interno al poligono convesso incontra il perimetro di essa in due punti (ibid. 74).
45. I punti medî dei lati e delle diagonali di un trapezio sono in una retta parallela alle basi.
46. I punti medî dei lati di un quadrangolo sono i vertici di un parallelogramma.
47. Se da un punto interno della base di un triangolo isoscele si conducono le parallele agli altri due lati, il perimetro del parallelogramma così formato è eguale alla somma dei lati eguali del triangolo.
48. Il perimetro di ogni poligono è maggiore di quello di ogni poligono convesso interno ad esso.
49. Ogni lato di un poligono è minore della metà del perimetro di esso.
50. Le bissettrici degli angoli di un parallelogramma formano un rettangolo, le cui diagonali sono parallele ai lati del parallelogramma.
51. Due poligoni che hanno i lati e gli angoli ordinatamente eguali sono eguali.

§ 8.

52. Enunciare per la circonferenza le proposizioni corrispondenti ai teor. dei n. 8 e 10.
53. Gli archi di circonferenza compresi fra corde parallele sono eguali.

54. Per un punto interno al cerchio passa una corda, che viene divisa per metà dal punto dato.
55. Luogo dei punti le cui tangenti ad una circonferenza sono eguali fra loro.
56. Luogo dei punti tali che le tangenti da essi condotte ad un circolo formano angoli eguali.

§ 9.

57. L'asse centrale di due circonferenze contiene il segmento massimo fra quelli i cui estremi sono situati rispettivamente sulle due circonferenze.
58. Determinare i punti tali che le tangenti da essi condotte a due circoli siano eguali ad un segmento dato.
59. Determinare i punti dai quali due circonferenze siano vedute sotto angoli eguali.
60. Due circonferenze che non si tagliano hanno quattro tangenti comuni, che a due a due si tagliano sull'asse centrale.

§ 10.

61. Ogni angolo avente il vertice nell'interno di un cerchio è eguale alla semisomma degli angoli al centro che sottendono gli archi compresi fra i lati dell'angolo e dei suoi prolungamenti.
62. Se il vertice dell'angolo è esterno al cerchio, l'angolo è eguale alla semidifferenza degli angoli al centro che sottendono l'arco concavo e l'arco convesso compresi fra i lati dell'angolo.
63. Luogo dei punti dai quali si vede un segmento dato sotto lo stesso angolo.
64. Dati due segmenti con un estremo comune, determinare un punto dal quale i segmenti siano veduti sotto lo stesso angolo.
65. Esiste un punto di un triangolo, dal quale si vedono i suoi lati sotto lo stesso angolo.

§ 11.

Oss. I. — Si indichino sempre nella soluzione dei problemi i casi di possibilità e di impossibilità.

Oss. II. — Nella soluzione dei problemi non vi sono regole fisse e determinate; talora un problema può essere risolto semplicemente ed elegantemente per vie diverse. Più che tutto vale l'esercizio. Tuttavia vi sono alcuni metodi in base ai quali si possono risolvere i problemi di cui non si veda tosto la soluzione. Un metodo utile (metodo *analitico*) è ad es. quello di ammettere il problema già risolto, e, studiando le relazioni fra i dati e le incognite, cercare di ridurre la soluzione del problema ad uno più semplice, di cui sia già nota la soluzione, nello stesso modo che si riducono le soluzioni dei problemi del testo alle costruzioni fondamentali indicate in esso. Il metodo *sintetico* procede invece dando le costruzioni necessarie, dimostrando poi che la soluzione ottenuta soddisfa alle condizioni del problema.

Trattandosi di determinare la posizione di un punto si cerca di individuarlo come intersezione di due luoghi, che nella Planimetria elementare sono rette e circonferenze. Così ad es. quando si tratta di individuare il punto che abbia da due punti dati distanze date, si considera il punto come intersezione delle due circonferenze descritte coi punti dati come centri e colle distanze date come raggi. In altre parole si assoggetta il punto successivamente alle condizioni del problema, determinando poi i punti comuni a due luoghi geometrici descritti dal punto, secondo le condizioni date.

Talora si cerca di determinare un punto mediante l'intersezione di due rette assoggettate a certe condizioni.

E se trattasi di determinare nna retta, si procede nello stesso modo; tutte le rette che soddisfano ad una data condizione ad es. di essere equidistanti da un punto, determinano un *inviluppo*. Se trattasi ad es. di determinare una retta per un punto, che taglia in una circonferenza una corda eguale ad un segmento dato, basta osservare che tutte le rette passanti pel punto formano un fascio, e che le corde eguali di una circonferenza, sono tangenti ad una medesima circonferenza, e quindi per risolvere il problema basta determinare le rette del fascio che sono tangenti all'ultima circonferenza.

Vi sono altri metodi, che saranno indicati quando saranno stati svolti i principî sui quali si appoggiano.

Nelle costruzioni grafiche bisognerà cercare sempre la più semplice, che si ottiene impiegando il minor numero di operazioni colla riga e col compasso. Talora una costruzione semplice per la dimostrazione della soluzione di un problema può non esserlo per la esecuzione nel disegno, e viceversa.

66. Costruire la bissettrice di un angolo di vertice inaccessibile.
67. Inscrivere in un cerchio un triangolo equiangolo ad un triangolo dato.
68. Condurre pel punto comune di due circonferenze una secante in modo che le corde in essa contenute siano viste dai centri sotto angoli eguali.
69. Inscrivere un quadrato ad un quadrato.
70. Costruire un parallelogramma, dati un lato e le due diagonali.
71. Condurre per un punto interno ad un angolo un segmento che si appoggi ai due lati dell'angolo e sia diviso dal punto per metà.
72. Dividere un angolo retto in tre parti eguali.
73. Condurre le tangenti comuni a due circonferenze (casi diversi).

Oss. III. — Dato il triangolo ABC si indicheranno con α, β, γ gli angoli, con a, b, c i lati opposti ai vertici A, B, C; e con p il suo perimetro.

74. Costruire il triangolo, dati: a, α, $b+c$; oppure: α, β e p.
75. Costruire un cerchio: *a*) che passi per un punto e tocchi in un punto una retta o una circonferenza; *b*) che tocchi una retta in un punto e una circonferenza; *c*) che tocchi una circonferenza in un punto e una retta; *d*) che tocchi due circonferenze e una di queste in un punto dato.

APPENDICE *)

Poligoni equivalenti

I. Def. I. — 1) Se i perimetri di due poligoni convessi A e B hanno uno o più punti, od una parte in comune, e se i poligoni stessi oltre a ciò non hanno in comune alcun punto interno, i due poligoni diconsi *adiacenti*.

2) E dicesi *somma* dei due poligoni convessi adiacenti A e B, o di due poligoni ad essi eguali, la figura data dai poligoni adiacenti A e B.

Ad es. il parallelogramma è somma dei due triangoli in esso determinati da una sua diagonale (fig. 1).

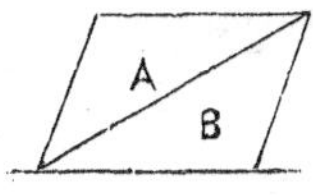

Fig. 1

3) Le parti interne dei poligoni adiacenti A e B e i punti comuni che non appartengono al perimetro

*) Unendo la prima e la seconda parte, questa appendice può essere tolta, essendo svolta nel libro IV.

della figura da essi determinata costituiscono la *parte interna* della loro somma.

4) Se i perimetri della somma dei poligoni A e B e di un terzo poligono convesso C hanno uno o più punti od una parte in comune, e se la somma di A e B ed il poligono C oltre ciò non hanno in comune alcun punto interno, la figura che si ottiene, dicesi *somma dei tre poligoni ABC*, o di tre poligoni ad essi eguali. E così di seguito.

Def. II. — 1) *Figura poligonale* dicesi un poligono convesso od una figura somma di più poligoni convessi.

2) E per *parte poligonale* di una tale figura intendesi una figura poligonale che sommata ad altre figure poligonali determina la figura data.

II. Def. I. — 1) La somma S di due figure A e B si indica scrivendo:

$$S = A + B$$

Le figure A e B diconsi *parti* di S; e si dice altresì che A è la *differenza* di B da S; B la *differenza* di A da S.

2) E se $B \equiv A$, S dicesi *doppia* di A e di B; e A dicesi *metà* di S.

3) La somma S delle tre figure A, B, C si indica similmente con

$$S = A + B + C$$

E se $B \equiv A$, $C \equiv A$, S dicesi *tripla* di A. E così di seguito.

Def. II. — Due poligoni si dicono *equivalenti* se sono somme di triangoli e quindi anche di parti poligonali rispettivamente eguali.

Ad es. i due parallelogrammi A, B determinati dalle

somme degli stessi triangoli I e II, ma diversamente disposti, sono equivalenti (fig. 2).

Oss. I. — Per esprimere che due figure A e B sono equivalenti, si suole scrivere

$$A = B \quad \text{oppure} \quad B = A$$

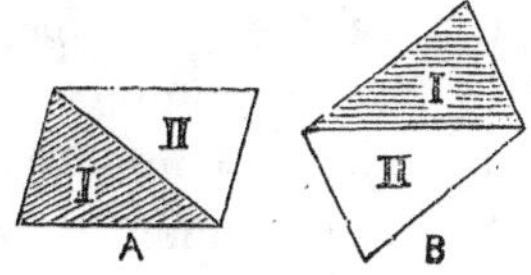

Fig. 2

Teor. I. — *Figure poligonali eguali sono equivalenti.*

Infatti date due figure eguali, ogni divisione in parti della prima, per la corrispondenza di eguaglianza delle figure date, può eseguirsi anche nella seconda, e in modo che le parti siano ciascuna a ciascuna eguali.

Teor. II. — *Somme di figure poligonali equivalenti sono equivalenti.*

Se $A = B$, ciò significa che A e B sono somme di triangoli $A'A''A'''$ .... $B'B''B'''$ .... rispettivamente eguali.

E se s$C = D$, ono parimenti C e D somme di triangoli $C'C''C'''$.... $D'D''D'''$.... rispettivamente eguali. Ma la somma $A + C$ e la somma $B + D$ sono somme dei triangoli $A'A''$ ...., $C'C''$ ...., $B'B''B'''$ .... $D'D'D''$ .... rispettivamente eguali; epperò: $A + C = B + D$.

Teor. III. — *Due figure poligonali equivalenti ad una medesima figura sono equivalenti fra loro.*

Siano $A = C$, $B = C$. Poichè $A = C$, A e C sono somme di triangoli $A'A''$...., $C'C''$.... rispettivamente eguali; e poichè $B = C$, sono pure B e C somme di triangoli $B'B''$...., $C_1'C_1''$.... ciascuno a ciascuno rispettivamente eguali. Se i triangoli $C'C''$.... $C_1'C_1''$.... sono ciascuno a ciascuno rispettivamente eguali, il teorema è dimostrato, cioè $A = B$. In caso diverso osserviamo che un triangolo qualsiasi C' del primo gruppo potrà trovarsi nelle seguenti posizioni rispetto ad un triangolo qualunque C_1' del secondo gruppo: 1) Il primo non ha alcun punto in comune col secondo, oppure ha col secondo solo dei punti del perimetro in comune, come LMQ, RON oppure LMQ, MQN (fig. 3); 2) il primo è contenuto nel secondo, oppure questo contiene il primo, come QMR, PMO oppure

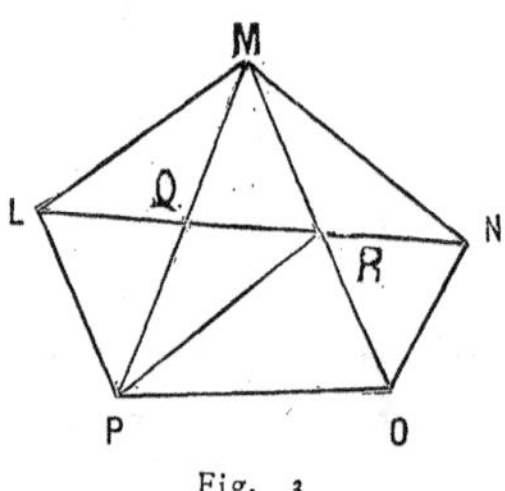

Fig. 3

LMN, LMQ; 3) il primo e il secondo hanno ciascuno dei punti interni e dei punti esterni l'uno rispetto all'altro, come QMN e MPR. Nel primo caso C' e C_1' non hanno alcuna parte comune; nel secondc caso o coincidono o l'uno è parte dell'altro; nel terzc caso uno almeno dei vertici di C' è esterno a C_1' (almeno uno dei lati di C' incontra il perimetro di C_1' In tal caso la parte comune è il poligono determinatc dalle intersezioni dei lati dei due triangoli. Il triangolc C' o non ha parte comune con alcuno dei triangol C_1' C_1''.... ed allora appartiene esso stesso ad uno c questi triangoli; ovvero ha una parte comune con al cuni dei detti triangoli e in tal caso esso viene divis da questi triangoli in parti. Le parti e i triangoli comuni ai due gruppi di triangoli suddetti costituiscono dunque la C e appartengono, rispettivamente ai triangoli $C'C''$..., $C_1'C_1''$... ; essi determinano dunque una nuova divisione in triangoli $D'D''$... di C, che appartengono tanto ai triangoli $C'C''$..., quanto ai triangoli $C_1'C_1''$...

Eseguendo quindi la suddivisione analoga nelle parti eguali di A e in quelle di B, si trova che A e B sono somme di parti ciascuna a ciascuna rispettivamente eguali a $D'D''$... e quindi anche fra loro. Anche in tal caso pertanto è $A \equiv B$.

Oss. II. — Ad es. il quadrato C e il rettangolo A (fig. 4) sono equivalenti perchè somme di due rettangoli eguali e quindi dei quattro triangoli (12), (345), (678), (910) segnati nelle due figure a tratto continuo. Il quadrato C e il triangolo B sono pure equivalenti perchè composti di due triangoli rettangoli eguali, segnati a tratto discontinuo, cioè (145610), (23789).

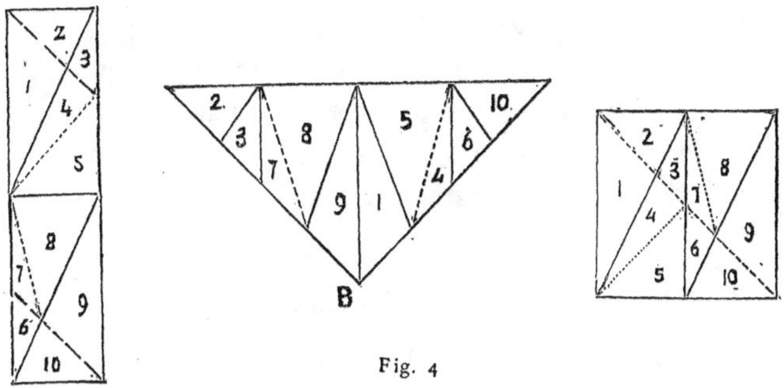

Fig. 4

I triangoli C' cioè (12), (345), (678), (910) e i triangoli C_1' cioè (145610), (23789) in C determinano la divisione in parti 1, 2, 3, (45), 6, (78), 9, 10 e quindi nei triangoli $D'D''$.... cioè 1, 2, 3, 4, 5, 6, 7, 8, 9, 10.

III. Teor. I. — *Parallelogrammi di egual base e di eguale altezza sono equivalenti.*

Consideriamo dapprima il caso che le basi eguali dei due parallelogrammi coincidano, e che i due parallelogrammi stessi siano in uno stesso piano e si trovino dalla stessa banda della base comune.

Poichè questi due parallelogrammi $ABCD$, $ABC'D'$ hanno eguali le altezze corrispondenti alla base comune, le rette CD, $C'D'$ per esser parallele alla AB e per aver eguale distanza dalla AB coincideranno. E sarà inoltre $CD \equiv C'D'$. Ciò posto:

a) Se C' coincide con C e D' con D i due parallelogrammi coincidono e quindi sono anche equivalenti.

b) Se le coppie di punti CD, $C'D'$ si separano, ad es. se C' è contenuto in CD, D' sarà fuori di CD (fig. 5 *a*) e in tal caso i due triangoli ACC' BDD' avendo i lati AC, AC' e l'angolo compreso CAC' rispettivamente eguali ai lati BD, BD' e DBD', saranno eguali, e si conchiuderà che i due parallelogrammi dati sono equivalenti, essendo l'uno somma dei poligoni ACC', $AC'DB$ e l'altro somma dei poligoni DBD', $AC'BD$ rispettivamente eguali. Se C' coincide con D il trapezio $AC'BD$ si riduce ad un triangolo, e i due parallelogrammi sono pure equivalenti.

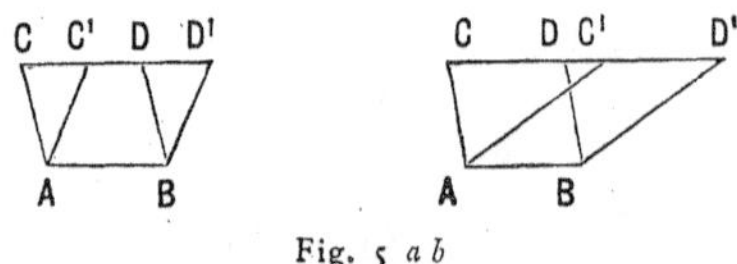

Fig. 5 *a b*

c) E se le coppie di punti CD, $C'D'$ non si separano e sono disposte ad es. nell'ordine $CDC'D'$

(fig. 5 b,) porteremo a cominciar da D e nello stesso verso di CD dei segmenti consecutivi eguali a CD finchè avremo ottenuto un segmento $CX \equiv (CD)\,n$, che termini in D' oppure in un punto fra C' e D' *). Tutti i parallelogrammi di base AB che hanno per lati ad essa opposti i segmenti suddetti sono equivalanti al parallelogramma $ABCD$; l'ultimo di essi però, per i casi finora considerati *a*) *b*) è equivalente anche al parallelogramma $ABC'D'$. Adunque anche in questo caso $ABCD$ e $ABC'D'$ sono equivalenti.

d) Che se i due parallelogrammi dati non sono disposti come nella dimostrazione precedente, noi sappiamo costruire nel piano del primo $ABCD$ e dalla stessa banda rispetto ad AB un parallelogramma la cui base coincide con AB ed eguale a quello dato.

Cor. — *Un parallelogramma è equivalente ad un rettangolo della stessa base e della stessa altezza.*

Teor. II. — *Un triangolo è equivalente ad un rettangolo che ha per base la metà di un lato del triangolo e per altezza l'altezza corrispondente a questo lato; o ad un rettangolo che ha per base un lato del triangolo e per altezza la metà dell'altezza corrispondente.*

a) Siano ABC il triangolo, BC la base, AG l'altezza corrispondente (fig. 6). La parallela ad AB condotta dal punto di mezzo E di BC incontra AC nel suo punto di mezzo D; e se AF è parallela a BC si ha: $AF = BE$ (c. I, t. VI, 27).

Ora, i triangoli ADF, EDC sono eguali per avere un lato e gli angoli rispettivamente eguali (t. II, 27),

---

*) Qui si ammette il post. d'*Archimede* secondo il quale dati due segmenti α e β, se $\alpha < \beta$ vi è sempre un numero n tale che è $\alpha n > \beta$.

perciò il triangolo ABC e il parallelogramma $ABEF$ sono equivalenti come somme del trapezio $ADEB$ e dei triangoli eguali ADF, DEC. Adunque il triangolo ABC è equivalente al parallelogramma $ABEF$ della stessa altezza AG e di base BE eguale alla metà del lato BC; e perciò anche ad un rettangolo della stessa base ed altezza (c. t. I).

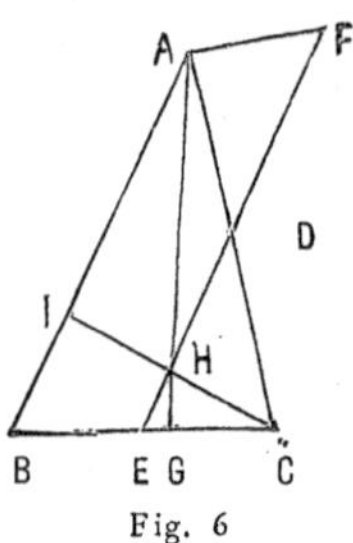

Fig. 6

b) Il triangolo ABC è equivalente al parallelogramma $ABEF$ e questo al rettangolo di base AB e di altezza IH, essendo IC l'altezza del triangolo ABC passante per C. Ma IH è la metà di CI (t. VI, 26) dunque il triangolo ABC è equivalente ad un rettangolo che ha per base un lato e per altezza la metà dell'altezza corrispondente del triangolo.

Cor. — *Due triangoli che hanno eguali una base e l'altezza corrispondente sono equivalenti.*

Essi sono infatti equivalenti ad uno stesso parallelogramma di eguale altezza e di base eguale alla metà delle basi eguali dei due triangoli.

Oss. — Per dividere un triangolo ABC in n triangoli equivalenti basta dividere un lato di esso, ad es. BC in n parti eguali e congiungerne gli estremi col vertice opposto A. Se ABC' è uno di questi triangoli si scriverà: $ABC' = (ABC) \frac{1}{n}$.

Probl. I. — *Costruire un triangolo che sia equivalente ad altro triangolo dato, ed abbia un'altezza eguale ad un segmento dato.*

Siano a l'altezza data, ABC il triangolo dato. Si conduca una parallela r alla base CB del triangolo ABC e dalla stessa banda di C, la cui distanza da CD sia eguale ad a. Se la retta r passa per A, il triangolo cercato è ogni triangolo di base BC col vertice opposto sulla retta r. Se la retta r incontra in F il prolungamento del lato AC (fig. 7), si unisca F con B, da A si conduca la parallela AD alla retta FB e si congiunga F con D. I due triangoli ADF, ADB sono equivalenti, per avere la stessa base AD e la stessa altezza corri-

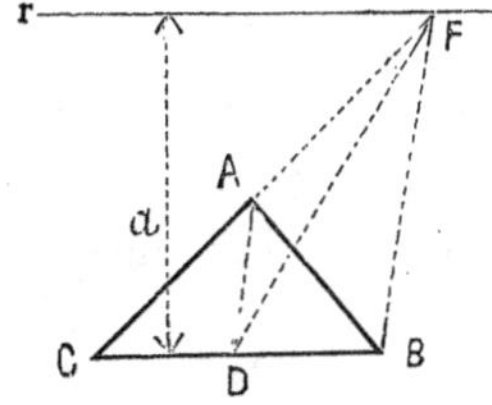

Fig. 7

spondente, cioè la distanza delle due parallele AD, FB; per ciò le somme

$$ACD + ADF, \quad ACD + ABD$$

saranno pure equivalenti. Ma la prima somma è il triangolo CFD la cui altezza rispetto alla base CD è il segmento dato a, e la seconda somma è il triangolo ACB. Il triangolo FCD, e ognuno dei triangoli di base eguale alla CD e di altezza a, sarà il richiesto.

Se la r incontra invece il lato AC in un punto interno F, la dimostrazione è la stessa; in tal caso però i due triangoli *ABC*, *FCD* sono somme dei triangoli *BCF*, *ABF*; *BCF*, *BFD*.

Probl. II. — *Costruire un rettangolo di data altezza che sia equivalente ad un dato triangolo.*

Sia *ABC* il triangolo dato; si costruisca il triangolo *FCD* di altezza *a* equivalente ad *ABC*. Il rettangolo che ha per altezza *a* e per base la metà del segmento *CD* è quello richiesto.

Probl. III. — *Costruire un rettangolo di data altezza equivalente ad una figura poligonale data.*

Supponiamo anzitutto che la figura poligonale data sia un poligono convesso *ABCDF* (fig. 8). Scelti tre vertici consecutivi *ABC* si tiri la diagonale *AC*, indi la parallela alla *AC* passante per *B*, la quale incontrerà il prolungamento del lato consecutivo a *BC*, cioè di *DC*, in un punto *X*; e si unisca *A* con *X*. I triangoli *ABC*, *AXC* sono equivalenti per avere la base *AC* in comune e l'altezza corrispondente eguale; quindi

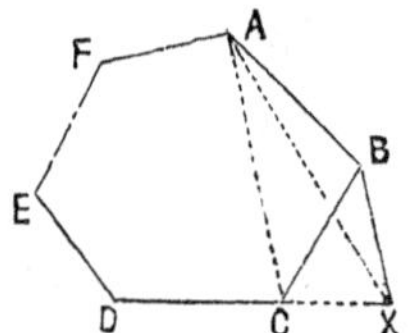

Fig. 8

il poligono dato, che é somma di *ACB* col poligono *ACDE*... sarà equivalente al poligono *AXDE*... che è somma di *ACX* col poligono *ACDE*... Così il poligono dato è equivalente ad un altro poligono avente un lato di meno. Similmente da questo poligono se ne dedurrà un altro, avente un altro lato di meno; e seguitando la stessa costruzione, si perverrà ad un triangolo, equivalente al poligono proposto. Questo triangolo poi lo si trasformerà in un rettangolo di altezza data, conforme il problema precedente.

Se invece la figura data non è un poligono convesso, ma bensì una figura poligonale, e quindi come tale, somma di poligoni convessi (d. II, I) si trasformerà come precedentemente ciascun poligono convesso in un rettangolo equivalente e di altezza data a, indi sopra una retta si prenderanno dei segmenti consecutivi e del medesimo verso eguali ciascuno a ciascuno alle basi dei rettangoli così ottenuti. Il rettangolo che ha per base la somma dei segmenti ora considerati e per altezza l' altezza data a sarà manifestamente il richiesto.

IV. Lemma. — *Il quadrato di un cateto di un triangolo è equivalente al rettangolo dell'ipotenusa e della proiezione del cateto sull' ipotenusa.*

Sia ABC il triangolo rettangolo in A (fig. 9); dico che il quadrato $ABHI$ costruito sul cateto BA è equivalente al rettangolo $BDML$ che ha per lati $BD \equiv BC$ e BL proiezione di AB sull'ipotenusa BC.

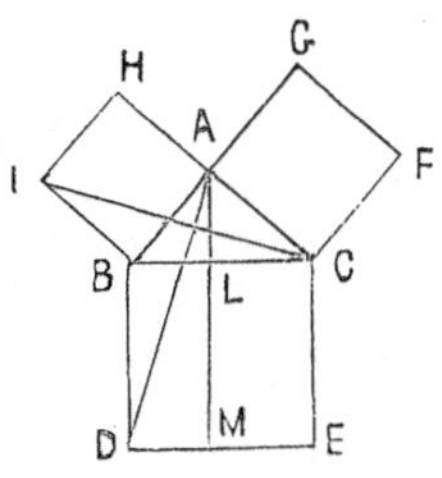

Fig. 9

Infatti essendo BAH e BAC angoli retti, i punti ACH sono in linea retta. I triangoli BCI, BDA sono eguali per avere eguali i lati BC, BD; BI, AB e gli angoli CBI, BDI eguali essendo:

$$\widehat{IBC} \equiv \widehat{IBA} + \widehat{ABC}, \quad \widehat{ABD} \equiv \widehat{ABC} + \widehat{CBD}$$

$$\widehat{IBA} \equiv \widehat{CBD}$$

Il triangolo ABD è equivalente alla metà del rettangolo $BDML$, perchè ha la stessa base BD e per altezza la distanza delle rette BD, AM, cioè BL, che è l' altezza del rettangolo.

Così il triangolo BCI è equivalente alla metà del quadrato $ABIH$ avendo per base BI e per altezza AB; ma i due triangoli ABD, BCI sono eguali, dunque il rettangolo $BDML$ e il quadrato $ABIH$ essendo equivalenti al doppio di due triangoli eguali sono equivalenti.

Teor. — *In ogni triangolo rettangolo il quadrato dell' ipotenusa è equivalente alla somma dei quadrati dei cateti* (teor. di Pitagora).

Siano ABC il triangolo rettangolo, $ABIH$, $ACFG$, $BCED$ i quadrati costruiti sui cateti e sull'ipotenusa (fig. 9). Se da A si conduce la perpendicolare ALM sull'ipotenusa BC, si ha per il lemma:

$$ABHI = BDLM; \quad ACFG = CELM$$

da cui sommando

$$ABHI + ACFG = BDLM + CELM$$

$$BDLM + CELM = BCDE;$$

dunque in ogni triangolo ecc.

Probl. — *Costruire un quadrato equivalente ad un poligono dato.*

Trasformato il poligono in un rettangolo equivalente, il problema si riduce a descrivere un quadrato equivalente ad un dato rettangolo. Sia dunque $ABCD$ il rettangolo e sia $AB > AD$ (fig. 10). Si descriva su AB come diametro una semicirconferenza e sia $AE \equiv AD$ e si conduca la EF perpendicolare ad AB. Dico che AF è il lato del quadrato cercato.

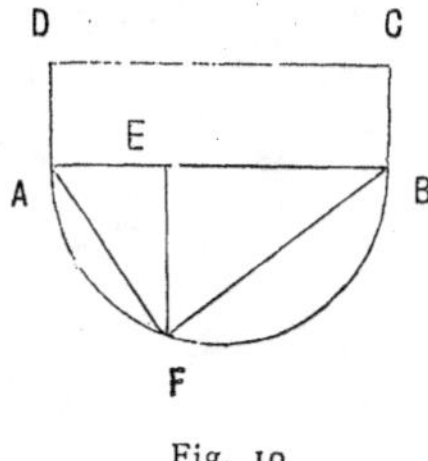

Fig. 10

Infatti il triangolo ABF è rettangolo in F (c. II, 33) e per ciò il quadrato di AF è equivalente al rettangolo di AB e di AE (lemma) ossia di AB e di AD, e quindi è anche equivalente al poligono dato.

ERRATA - CORRIGE

Pag.	linea		
3	2-3	Una serie che non ha un primo elemento.	Una serie che non ha un primo o un ultimo elemento, o non ha nè l'uno nè l'altro.
13	7-8	$>$	$<$
	12-13	$<$	$>$

CORREZIONI ALLE FIGURE

Aggiungere nella fig. 36 la retta *r* passante per *A* alla retta *s*.

ELEMENTI

DI

GEOMETRIA

AD USO DEI GINNASI E LICEI

DI

GIUSEPPE VERONESE

Professore nella R. Università di Padova

TRATTATI CON LA COLLABORAZIONE

DI

PAOLO GAZZANIGA

Professore nel R. Liceo di Padova

PARTE II.

VERONA — FRATELLI DRUCKER — PADOVA

LIBRAI - EDITORI

1900

ELEMENTI

DI

GEOMETRIA

AD USO DEI GINNASI E LICEI

DI

GIUSEPPE VERONESE

Professore nella R. Università di Padova

TRATTATI CON LA COLLABORAZIONE

DI

PAOLO GAZZANIGA

Professore nel R. Liceo di Padova

PARTE II.

VERONA — FRATELLI DRUCKER — PADOVA

LIBRAI - EDITORI

1900

Padova, Tipografia all' « Università » dei Fratelli Gallina

INDICE

PARTE SECONDA

LIBRO III.

LIBRO IV.

LIBRO V.

LIBRO VI.

LIBRO VII.

LIBRO TERZO

§ 1.

Prime proprietà dello spazio

36. Oss. emp. — Ricorrendo all'osservazione vediamo che fuori di un piano π esistono dei punti; e che se due piani π e π' hanno in comune un punto, essi hanno in comune altri punti A, B,... e quindi anche la retta che congiunge due qualunque di essi (fig. 100).

POST. VII. — Esistono punti fuori del piano.

Post. *) — *Due piani aventi un punto in comune hanno in comune una retta.*

Teor. I. — *Una retta, che non appartiene ad un piano, o l'incontra in un punto, od è parallela ad una retta di esso piano.*

Siano (fig. 101) r e π la retta e il piano dati. Per la retta r e per un punto B di π facciamo passare un piano; questo, avendo in comune col piano π il punto B, avrà in comune una retta s (post. *). Le due rette r ed s poi, essendo in un medesimo piano, o si incontrano, o sono parallele.

Def. I. — La figura data dalle rette, che congiungono i punti di un piano π con un punto O fuori di

(*) V. Ed. compl. pag. 113.

esso, e dalle parallele alle rette di π passanti per O, dicesi *stella di rette*, o *stella di raggi*, secondo che si considera come elemento di essa la retta o il raggio. E il sistema di punti determinato da una stella di rette dicesi *spazio geometrico*, o semplicemente *spazio*.

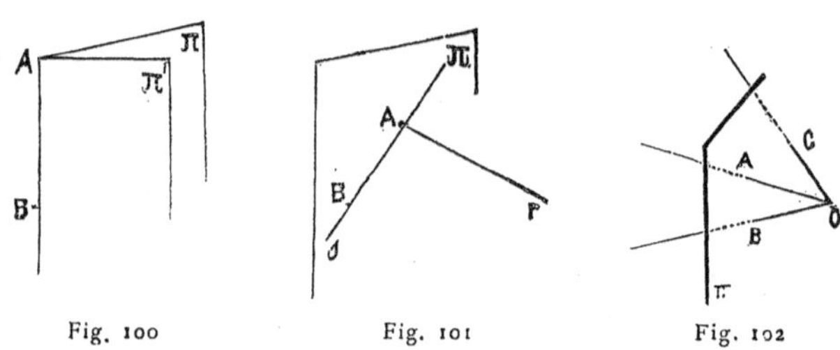

Fig. 100 Fig. 101 Fig. 102

Il piano dato π dicesi *piano direttore*, il punto O dicesi *centro*, e le rette OA, OB.. che uniscono il centro coi varî punti AB... del piano direttore, come pure le parallele OX, OY,... alle rette di esso, diconsi le *generatrici* della stella (fig. 102).

La stella di centro O e di piano direttore π si dinota con $(O\pi)$, e lo spazio con $O\pi$.

Cor. — *La stella può essere generata congiungendo il suo centro O coi punti di un piano ω qualunque non contenente O, e conducendo da O le parallele alle rette del piano ω.*

Infatti ogni retta della stella di centro O, o incontra il piano ω, o è parallela ad una retta di ω.

Oss. — Lo *spazio geometrico*, è dunque suscettibile di definizione: una vera definizione non possiamo invece dare dello *spazio fisico*, come pure dello *spazio intuitivo*. Si suol dire comunemente che lo spazio fisico è l'ambiente in cui avvengono i fenomeni fisici, e in cui viviamo; e che lo spazio intuitivo è la imagine che noi abbiamo dello spazio fisico; invece lo spazio geometrico sopra definito è un gruppo di punti, le cui proprietà fondamentali necessarie allo sviluppo della Geometria o sono tratte dallo spazio fisico, o intuitivo, o non contraddicono alle proprietà così stabilite. *)

Dich. — La parte della Geometria che tratta delle figure sulla retta chiamasi *Rettimetria;* quella che tratta delle figure sul piano, *Planimetria;* e quella che tratta delle figure non piane, *Stereometria.* Le figure non situate sulla retta o sul piano diconsi figure *stereometriche.*

37. Teor. I. — *Due piani qualunque sono eguali.*

Infatti si possono costruire in essi due triangoli aventi i lati rispettivamente eguali a dati segmenti; e quindi mediante l'eguaglianza di questi due triangoli, anche quando per lati si considerano le rette che uniscono i loro vertici, a due punti X, Y qualisivogliano dell' uno si possono far corrispondere due punti X', Y' dell' altro in modo che sia $XY \equiv X'Y'$ applicando il procedimento usato nella dimostrazione del teor. II, n. 27; quindi i due piani sono figure rettilinee eguali (def. 14).

---

*) Dal post. VII e dai precedenti, come anche da quelli che daremo in seguito, non si deduce il postulato *); ma si potrebbe egualmente costruire lo spazio geometrico deducendone dalla costruzione tutte le sue proprietà, senza bisogno del post. *) medesimo. Questo è necessario soltanto per stabilire che lo spazio intuitivo corrisponde a un tale spazio. Posta la questione in questo modo, sono possibili degli spazî geometrici superiori che comprendono come elementi il punto, la retta, il piano, e lo spazio ordinario, e dove questi elementi si intuiscono rispettivamente allo stesso modo. Vedi Ed. completa e Appendice.

Oss. — Tutte le proposizioni enunciate per l'eguaglianza di due figure piane valgono dunque, pel teorema precedente, anche quando le figure sono situate in piani diversi.

Teor. II. — *Le stelle di raggi sono eguali fra loro.*

Siano O, O' le due stelle, e sia M il punto medio del segmento $O\,O'$. Ad ogni raggio a della stella O è opposto, rispetto ad M un raggio a' parallelo della stella O'; dunque le due stelle sono figure opposte rispetto ad M e quindi (t. III, 18) sono eguali.

Cor. — *Lo spazio è eguale intorno ai suoi punti.*

Si dimostra come l'analoga proprietà del piano (c. t. III, 20).

§ 2.

Diedri

38. Def. I. — *Fascio di piani* (*o di semipiani*) dicesi la figura data dai piani (o semipiani) determinati da una retta r e dalle rette (o semirette) di un fascio col centro sulla retta r. La retta r dicesi *asse*, ed il fascio di rette *fascio direttore* del fascio di piani.

I *versi* del fascio sono dati da quelli del fascio direttore

Teor. I. — *I versi di un fascio di piani sono dati da quelli di un qualunque fascio di rette avente il centro sull'asse.*

Siano r l'asse del fascio di piani, P il centro del fascio direttore e P' il centro di un altro fascio di rette situato sull' asse (fig. 103), il cui piano incontri il piano del fascio P in una retta s; dico che i versi del fascio di piani sono pure determinati da quelli del fascio di rette di centro P'. Infatti i versi della retta s determinano quelli dei due fasci P e P' di guisa che se X è un punto interno del segmento AB i raggi PX, e $P'X$ sono interni agli angoli APB, $AP'B$.

Se P' coincide con P, oppure se i piani dei due fasci non si incontrano in una retta s, allora si può scegliere in r un terzo punto P'' e un fascio di centro P'' il cui piano tagli i piani dei due fasci P e P' in due rette s ed s' applicando il ragionamento precedente fra P e P'', e P' e P''.

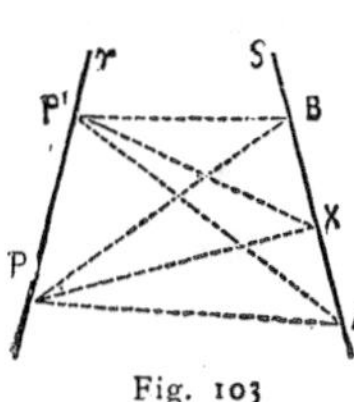

Fig. 103

Cor. — *Il fascio di piani è un sistema di piani lineare chiuso.*

Tale è infatti un fascio di rette che ha il centro sull'asse del fascio di piani, e che può servire a generarlo.

Def. II. — *Angolo diedro*, o *diedro* di due semipiani si intende una parte qualunque del fascio di semipiani, limitata da due semipiani. I semipiani che limitano l'angolo diconsi *facce;* la retta che essi hanno in comune, *spigolo* del diedro.

Def. III. — Se α e β sono le due facce, il diedro si indicherà o col simbolo $(\alpha\beta)$, od anche col simbolo $\alpha\beta$ quando non vi sarà equivoco col fascio determinato dalle stesse due facce. Se r è l'asse del fascio, a e b due rette che si incontrano in r e situate in α e β, il diedro sarà indicato anche col simbolo (arb) od anche con arb.

Due diedri con lo stesso spigolo, i cui semipiani sono opposti rispetto all' asse diconsi *opposti.*

Teor. II. — *Due diedri opposti sono eguali.*

Perchè sono figure opposte rispetto ad un punto qualunque dell'asse (c. t. III, 18).

Def. IV. — 1) Due diedri con lo stesso spigolo, una faccia comune, e con le altre due facce opposte diconsi *adiacenti*.

2) Un diedro le cui facce sono opposte dicesi *diedro piatto*.

Oss. — Due piani che si incontrano in una retta determinano quattro diedri, che costituiscono insieme il fascio determinato dai due piani.

§ 3.

Rette e piani perpendicolari

39. Teor. I. — *Se una retta è perpendicolare a due altre in uno stesso punto, essa è perpendicolare ad ogni altra retta del fascio determinato dalle prime due; e nessun' altra retta passante per quel punto è perpendicolare alla retta data.*

a) Sia la retta r perpendicolare nel punto P alle rette a e b; dico che la r è perpendicolare ad ogni altra del fascio ab (fig. 104).

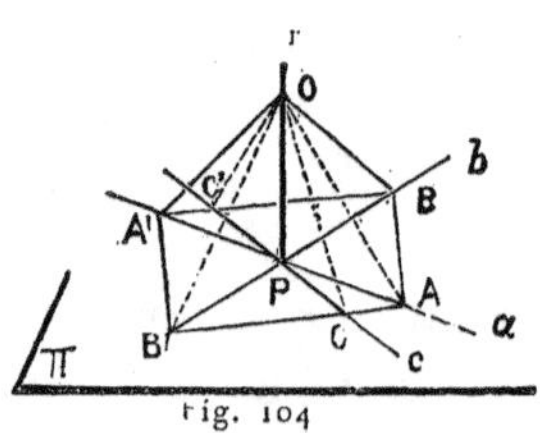

Fig. 104

Scelgansi in a e b i punti A e B equidistanti da P e siano A' e B' i punti opposti di A e B rispetto a P, ed O un altro punto di r. I triangoli APO, $A'PO$, BPO, $B'PO$ sono tutti eguali per essere rettangoli in

Pe per avere il cateto comune OP e gli altri cateti eguali; dunque: $OA \equiv OA' \equiv OB \equiv OB'$.

I triangoli OAB, $OA'B'$ sono eguali per avere i tre lati eguali; per la stessa ragione sono eguali i triangoli $OA'B$, OAB'. Premesso ciò, sia c una retta qualunque del fascio ab; essa deve incontrare uno o l'altro dei segmenti AB e AB', ad es. AB' in C, e quindi il segmento parallelo $A'B$ nel punto C' opposto di C rispetto a P. Si ha per ciò:

$$PC \equiv PC' \qquad AC \equiv A'C' \qquad B'C \equiv BC'$$

I due triangoli OAC, $OA'C'$ hanno due lati e l'angolo compreso eguali, cioè $OA \equiv OA'$ $AC \equiv A'C'$ $\widehat{OAC} \equiv \widehat{OA'C'}$, dunque $OC \equiv OC'$. Ma i triangoli OPC, OPC', sono pure eguali per avere i tre lati eguali, dunque $\widehat{OPC} \equiv \widehat{OPC'}$, vale a dire la retta r è pure perpendicolare alla retta c.

Lo stesso ragionamento vale anche se la retta c incontra il segmento AB; così che la prima parte del teorema è dimostrata.

b) Data un'altra retta y passante per P e non situata nel piano ab, dico che y non è perpendicolare alla retta r. Infatti il piano yr taglia il piano ab in una retta passante per P, la quale è perpendicolare alla r e distinta da y; dunque la y non può essere perpendicolare alla retta r (c. I, t. III 23). Resta così dimostrata anche la seconda parte del teorema.

Def. — Una retta ed un piano diconsi *perpendicolari* l'una all'altro se la retta è perpendicolare a due rette del piano passanti pel suo punto d'intersezione col piano.

Un raggio ed un piano diconsi perpendicolari se il raggio appartiene ad una retta perpendicolare al piano.

Teor. II. — *Per qualsiasi punto d'una retta, o fuori della retta, si può condurre un solo piano perpendicolare alla retta.*

La prima parte discende senz'altro dal teorema precedente, quando il punto dato giace nella retta.

Quando il punto P è fuori della r basta condurre da P la perpendicolare r' alla r nel piano Pr, la quale incontrerà r in un punto P'. Il piano perpendicolare in P' alla retta r deve passare per r' e quindi anche per P (t. I). Ma vi è un solo piano perpendicolare in P' alla r; dunque ecc.

Teor. III. — *Per qualsiasi punto di un piano, o fuori del piano, si può condurre una sola retta perpendicolare al piano.*

a) Sia in primo luogo P sul piano π; dico che per P passa una sola perpendicolare al piano (fig. 105).

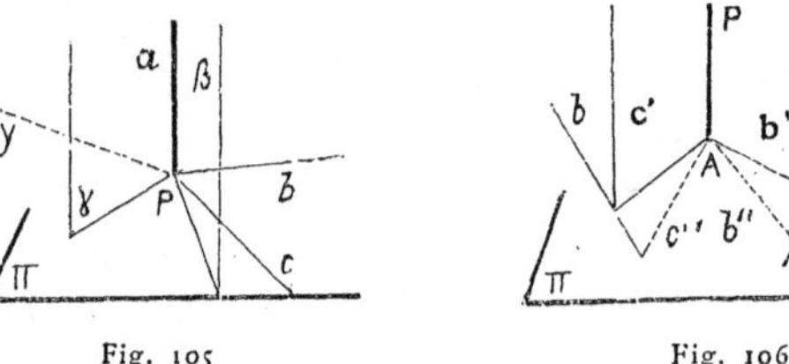

Fig. 105 Fig. 106

Per P conduciamo due rette b e c ad arbitrio sul piano π, e poi i piani β e γ rispettivamente perpendicolari a b e c: questi piani si tagliano secondo una retta a, che essendo perpendicolare alle rette b e c (t. I) è perpendicolare al piano π. Ogni altra retta y passante per P determina con a un piano che taglia il piano π in una retta, alla quale è perpendicolare la retta a e rispetto alla quale y è un obliqua. Dunque la retta a è l'unica perpendicolare condotta per P al piano π.

b) Sia il punto *P* fuori del piano π (fig. 106). Scelte su questo piano due rette *b* e *c* non parallele, e da *P* condotti i piani perpendicolari a queste rette, questi intersecheranno il piano π in due rette b' e c' perpendicolari rispettivamente a *b* e *c*. (t. I). Queste rette dovranno incontrarsi in un punto *A*, perchè se fossero parallele, tali dovrebbero essere anche le rette *b* e *c*.

Si conduca dal punto C d'intersezione del piano perpendicolare condotto da *P* a *c* la parallela CP' a PA e da *A* la parallela c'' alla *c*, che è situata in π. L'angolo delle due rette CP' e *c* è retto per essere *c* perpendicolare al piano PAC, e quindi è retto anche l'angolo delle rette PA e c'' (t. II, 23). Analogamente PA è perpendicolare alla retta b'' condotta da *A* parallelamente alla retta *b*; dunque PA essendo perpendicolare alle rette b'' e c'' è perpendicolare al piano π. Che poi questa retta PA sia l'unica perpendicolare al piano π fra le rette passanti per *P*, ciò risulta osservando che ogni altra retta PA', essendo A' un punto di π non è perpendicolare alla retta AA' e per ciò neppure al piano π (t. I).

Cor. — *Per un punto passano infinite terne di rette a due a due perpendicolari.*

Invero in un piano π qualsiasi passante pel dato punto *P* si possono condurre infinite coppie di rette perpendicolari (c. IV, t. III, 23). La perpendicolare *a* in *P* al piano forma con quelle coppie infinite terne di rette a due a due perpendicolari.

Variando il piano passante per *P* si ottengono altre terne analoghe.

40. Def. I. — *Sezione piana* di un angolo diedro chiamasi l'angolo i cui lati sono i raggi d'intersezione di un piano colle facce del diedro. Se i lati della sezione piana sono perpendicolari allo spigolo, la sezione piana dicesi *sezione normale.*

Teor. I. — *Le sezioni normali di un angolo diedro sono eguali.*

Infatti i lati di due sezioni normali situati su una stessa faccia del diedro sono perpendicolari allo spigolo del diedro (d. I), dunque sono paralleli, e per ciò le sezioni normali sono eguali (t. II, 23 e o. 27).

Teor. II. — *Se due diedri sono eguali, sono eguali anche le loro sezioni normali.*

Siano $\alpha\beta$, $\alpha'\beta'$ i diedri dati eguali, di assi CP, $C'P'$ (fig. 107). Nella loro corrispondenza di eguaglianza, alle rette PA, PB di α e β incontrantisi in un punto P dell'asse e perpendicolari all'asse stesso, corrispondono nell'altro diedro le rette $P'A'$, $P'B'$ incontrantisi in un punto P' dell' asse $P'C'$, situato in α' e β' e perpendicolari a $C'P'$; dunque le sezioni normali APB, $A'P'B'$ dei due diedri e quindi anche tutte le altre (t. I) sono eguali.

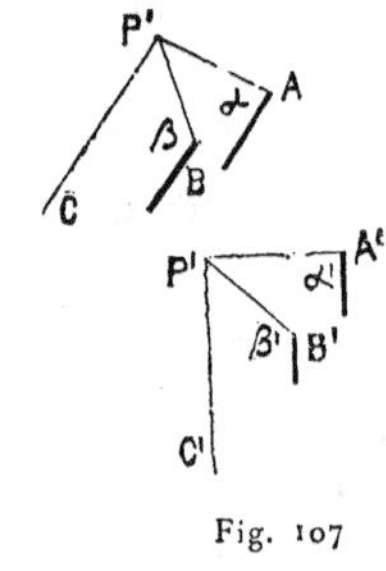

Fig. 107

Teor. III. — *Due diedri che hanno sezioni normali eguali sono eguali.*

Siano $a\,r\,b$, $a'\,r'\,b'$ i due diedri; $a\,b$, $a'\,b'$ le loro sezioni normali eguali di vertici P e P' (fig. 108). Si stabilisca la corripondenza di eguaglianza fra le coppie $a\,b$ e $a'\,b'$ e le due rette r ed r' a partire da P e P' in un dato verso. Si conduca per un punto qualunque X della coppia $a\,b$ un raggio x parallelo ad r, ed a questo raggio facciasi corrispondere il raggio parallelo condotto da X' ad r', dello stesso verso o di verso opposto di r', secondo che x è dello stesso verso o di verso opposto di r. Così si faccia per un altro punto analogo Y.

Ad un punto X_1 del primo diedro corrisponde un punto X_1' del secondo tale che $X X_1 \equiv X' X_1'$. Dico che la corrispondenza così stabilita fra le figure rettilinee determinate dalle due coppie di piani $r a$, $r b$; $r' a'$, $r' b'$ è una corrispondenza di eguaglianza. Osserviamo dapprima che tirando da P e P' le parallele c e c' a $X Y$, $X' Y'$, essendo gli angoli $r c$ e $r' c'$ retti (t. I, 39), anche gli angoli $X_1 X Y$, $X_1' X' Y'$ sono retti. Dati dunque due punti X_1 Y_1 del primo diedro, costruiamo i punti X, Y in $(a b)$; quindi i punti corrispondenti X', Y' in $(a' b')$, e poi i punti X_1' e Y_1' nel modo indicato. Vogliamo provare che $X_1 Y_1 \equiv X_1' Y_1'$. Condotte per Y_1 e Y_1' le parallele a $X Y$, $X' Y'$ fino al-

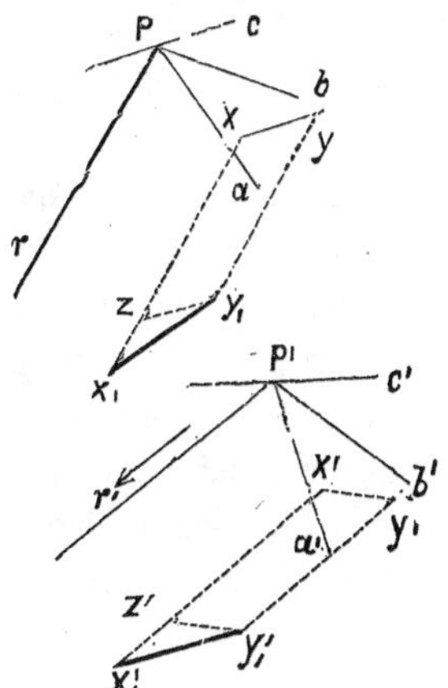

Fig. 108

l' incontro con le rette $X_1 X$, $X' X_1'$ in Z e Z' si ha:

$$Z Y_1 \equiv X Y \equiv X' Y' \equiv Z' Y_1'$$

$$Z X_1 \equiv Z' X_1' \quad \text{e} \quad \widehat{X_1 Z Y_1} \equiv \widehat{X_1' Z' Y_1'}$$

dunque i due triangoli $X_1 Z Y_1$ e $X_1' Z' Y_1'$ sono eguali, e per ciò $X_1 Y_1 \equiv X_1' Y_1'$. Ma i diedri dati sono figure corrispondenti nelle figure rettilinee determinate dalle loro facce; dunque essi sono eguali.

Cor. I. — *Due fasci di piani sono eguali.*

Perchè le loro sezioni normali sono fasci di rette eguali (t. III, 20) e ad angoli eguali di questi corrispondono diedri eguali dei fasci di piani, e quindi a due punti qualunque dell' uno si possono far corrispondere univocamente due punti dell' altro, aventi la medesima distanza, e perciò i due fasci sono eguali.

Cor. II. — *Lo spazio è eguale intorno alle sue rette.*

Perchè la corrispondenza di eguaglianza fra due fasci di piani dà anche quella dello spazio intorno ai loro assi.

Teor. IV. — *Il fascio di piani è un sistema lineare omogeneo.*

Il fascio di rette determinato da una sezione normale è un sistema lineare omogeneo, vale a dire a partire da una retta qualunque in uno o nell' altro verso si può considerare un solo angolo eguale ad un angolo dato, ed ogni angolo è eguale al suo inverso; quindi da un piano qualunque del fascio di piani si può considerare un solo diedro eguale ad ogni altro diedro dato in uno e nell' altro verso, ed ogni diedro è eguale al suo inverso.

Oss. I. — Per l' oss. II, 7 si possono estendere senz' altro i concetti di *somma*, di *maggiore* e di *minore* agli angoli diedri.

Cor. — *Se un primo diedro è maggiore (minore) di un secondo diedro, la sezione normale del primo è maggiore (minore) della sezione normale del secondo. E reciprocamente.*

Poichè se in primo luogo il primo diedro $a\,b\,c$ è maggiore del secondo $a'b'c'$, esso sarà la somma di due diedri uno dei quali sarà eguale al secondo; ed in tal caso, fatta corrispondere ad ogni diedro la sua sezione normale, la sezione normale del primo sarà somma di due angoli di cui uno è la sezione normale del secondo diedro e per conseguenza sarà maggiore di questa sezione.

In secondo luogo se la sezione normale del primo diedro è maggiore della sezione normale del secondo, il primo diedro non può esser minore del secondo per la prima parte di questa dimostrazione: nè può esser eguale al secondo pel teorema II; sarà adunque necessariamente maggiore del secondo.

Oss. II. — Le proprietà dei diedri adiacenti, le proprietà dei diedri opposti all' asse sono quelle stesse degli angoli adiacenti e degli angoli opposti al vertice. In virtù dei teor. II e III le proprietà dei diedri di un fascio di piani si possono dedurre direttamente da quelle degli angoli di una sezione normale del fascio. Ad es. un diedro può esser diviso in un solo modo in due parti eguali.

Def. II. — La metà di un diedro piatto dicesi *retto.*

Def. III. — *Due piani* diconsi *perpendicolari* se formano fra loro un diedro retto.

Def. IV. — *Piano bissettore di un diedro* intendesi un piano che divide il diedro in due diedri eguali.

Teor. V. — *Se una retta r è perpendicolare ad un piano π, ogni piano passante per la retta r è perpendicolare al piano π.*

Sia AB l' intersezione di un piano qualunque π' passante per r col piano π; dico che π' è perpendicolare a π (fig. 109). Infatti se AC è la perpendicolare alla AB

in π, il diedro $\pi\pi'$ ha per sezione normale l' angolo retto CAD (t. I, 40), epperò è retto. Sarà dunque il piano π' perpendicolare al piano π.

Cor. — *Per un punto dell'intersezione di due piani si può condurre un solo piano perpendicolare a ciascuno di essi.*

Siano α e β i due piani dati che si incontrano nella retta AB (fig. 110). Osserviamo dapprima che ogni piano che passa per un punto P di AB ed è perpendicolare ad α e β deve essere perpendicolare alla retta AB in P; dunque è unico.

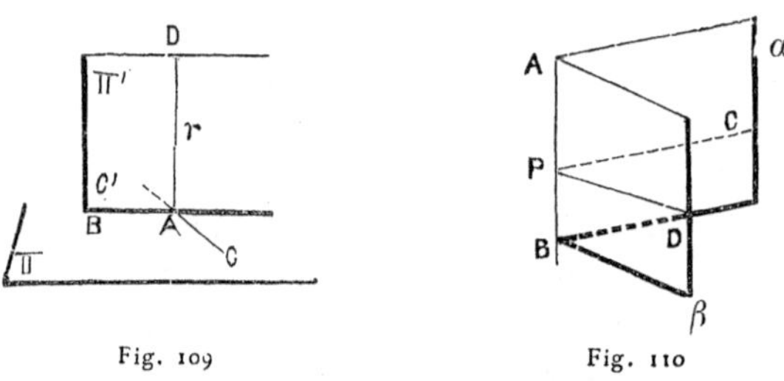

Fig. 109 Fig. 110

Il piano delle rette PC, PD perpendicolari alla retta AB e situate in α e β è perpendicolare alla retta AB e quindi anche ai piani α e β (t. V).

Probl. — *Costruire un diedro eguale ad un diedro dato, essendo dato lo spigolo e una faccia del diedro.*

Sia a lo spigolo, π un semipiano, faccia del diedro che si vuol costruire, e α la sezione normale del diedro dato. Per un punto P di a si conduca un piano perpendicolare ad a che intersecherà π in un raggio b. Si conduca in esso piano e per P un raggio c, che formi con b l' angolo α. Il semipiano ac è l' altra faccia del diedro richiesto (t. I e III) (fig. 111).

Il problema ammette due soluzioni essendovi un altro raggio c' in π che forma con b l' angolo α.

Teor. VI. — *Ogni piano π perpendicolare ad un altro piano π' contiene le perpendicolari condotte dai suoi punti al piano π'.*

Il diedro $(\pi\pi')$ è retto (fig. 112), e per ciò la sua sezione normale (rr') passante per un punto O di π è un angolo retto, i cui lati r e r' sono situati rispettivamente nei piani π e π' e sono perpendicolari all'asse a del diedro. La retta r è perpendicolare alle rette a e r' del piano π', dunque è perpendicolare a questo piano. Ma pel punto O passa una sola perpendicolare al piano π' (t. II, 39), dunque la perpendicolare r condotta da un punto O qualunque del piano π al piano π' giace nel piano π.

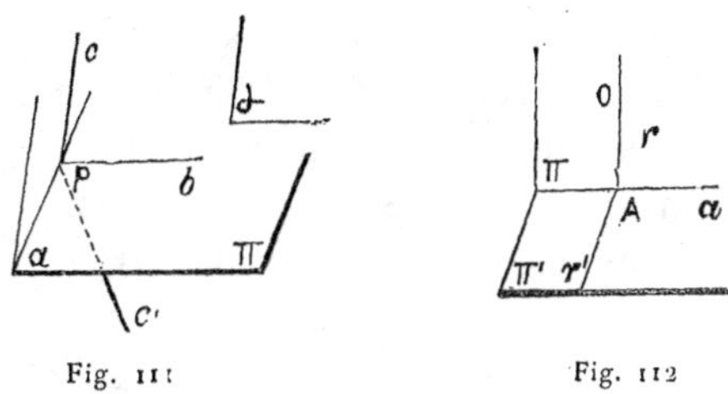

Fig. 111 Fig. 112

Cor. — *Due piani perpendicolari ad un terzo piano π, e che hanno un punto comune A, s' intersecano in una retta perpendicolare al piano π.*

Infatti la perpendicolare condotta per A al piano π è situata nei primi due.

Teor. VII. — *Per ogni retta s non perpendicolare ad un piano π si può condurre un solo piano perpendicolare al piano π.*

Infatti la retta s e la perpendicolace r al piano π passante per un punto O di s determinano un piano π' (fig. 113). Questo è l' unico piano passante per la retta s e perpendicolare al piano π, perocchè se per *s* passasse un secondo piano perpendicolare a π la *s* sarebbe perpendicolare a π, contro l'ipotesi.

Cor. — *Le rette perpendicolari condotte dai punti di una retta ad un piano giacciono in un altro piano perpendicolare al primo piano* (t. VI).

§ 4.

Rette e piani paralleli

41. Teor. I. — *Due rette parallele ad una terza sono parallele fra loro.*

Se *a* è parallela alla *c*, e *b* è parallela alla *c*, dico che *a* è parallela alla *b*.

Il teorema è stato già dimostrato nel caso che *a*, *b*, *c* appartengano al medesimo piano (c. III, t. IV 23).

Se *a*, *b*, *c* non sono nel medesimo piano, per un punto *P* di *b* si facciano passare i due piani *Pa*, *Pc*, e si indichi con *s* la retta intersezione di questi due piani: basterà dimostrare che *s* è parallela alla retta *a* (fig. 114).

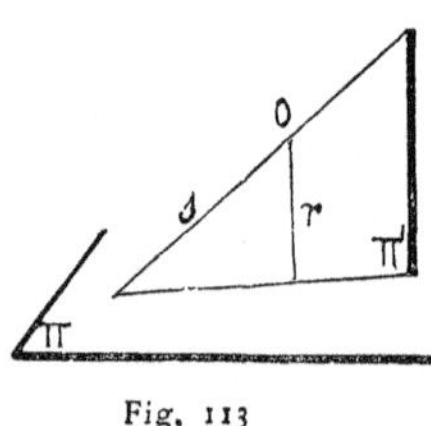

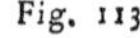

Fig. 113

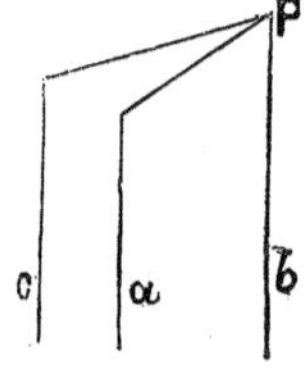

Fig. 114

Infatti se la *s* incontrasse la *a* in un punto, questo sarebbe comune ai piani *Pa* e *Pc* e al piano *ac*, epperò questo punto dovendo essere situato sulle rette di intersezione di questi tre piani a due a due, apparterrebbe alla retta *c*, contro l'ipotesi che sia *a* parallela alla *c*.

La retta s poi, come parallela alla a deve coincidere con la b, perchè nel piano Pa e pel punto P passa, come si sa, una sola parallela ad una retta a.

Teor. II. — *Le parallele alle rette di un fascio, condotte per uno stesso punto costituiscono un fascio.*

Infatti la figura data dai raggi $a\,b\,c$... del fascio Pr, uscenti da P e la figura data dai raggi $a'b'c'$... paralleli ai primi e passanti pel dato punto P' (fig. 115), sono figure opposte rispetto al punto medio O di PP', e come tali sono eguali fra loro. E come i raggi uscenti da P formano un fascio, così nella figura eguale ad esso, i raggi uscenti dal punto corrispondente di P' formeranno un altro fascio.

Cor. — *Se due rette a, b passanti per un punto P di un piano sono parallele a due rette a' b' di un altro piano, ogni altra retta del piano, determinato dalle due prime, é parallela a una retta del secondo piano.*

Basta osservare che a' e b' devono incontrarsi in un punto P', perchè se fossero parallele, tali dovrebbero essere anche a, b (t. I); e quindi ad ogni retta del fascio di centro P nel primo piano corrisponde una retta parallela del fascio di centro P' nel secondo.

42. Def. I. — *Una retta r* dicesi *parallela ad un piano π* se essa non giace in π, ed è parallela ad una retta di π.

Oss. I. — Dal teor. I, n. 41 e dalla def. precedente segue che rispetto alla posizione che una retta ed un piano possono avere relativamente l'una all'altro nello spazio, o la retta giace nel piano, o la retta ha un solo punto in comune col piano, o è parallela al piano.

Teor. I. — *Le rette parallele ad una retta, che è parallela ad un piano, sono pure parallele al piano, se non giacciono in esso.*

Infatti se r è una parallela al piano π, essa è parallela ad una retta s di π; e se r' è una retta qualsiasi parallela alla r fuori di π, r' è (t. I, 41) parallela anche alla s, e quindi al piano π.

Cor. — *Se due rette sono parallele, un piano che ne incontri una incontra anche l'altra.*

Def. II. — *Due piani* distinti diconsi *paralleli* se due rette del primo passanti per un punto sono parallele a due rette del secondo piano (fig. 115).

Teor. II. — *Le rette di un piano sono parallele ad un piano ad esso parallelo.*

Infatti siano a e b due rette di un piano π passanti per P e parallele a due rette a' e b' del piano π', incontrantisi in P' (fig. 115); ogni retta s di π è parallela ad una retta c passante per P, e c è parallela ad una retta c' del piano π' passante per P' (c. t. II, 41); dunque s è parellela a c' e quindi al piano π'.

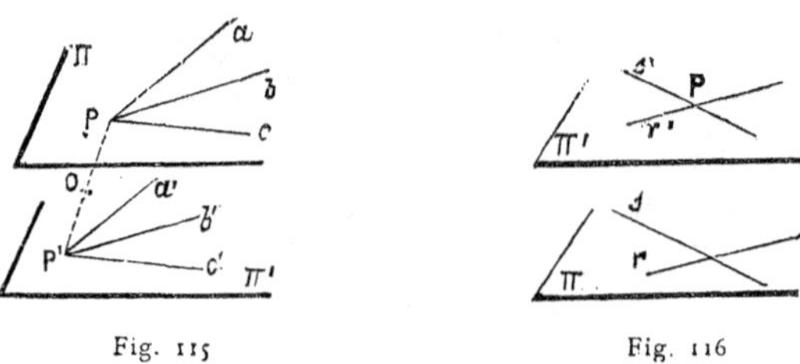

Fig. 115 Fig. 116

Oss. II. — Se due piani sono paralleli, essi non hanno alcun punto in comune; perchè se si incontrassero ad es. in P, avrebbero in comune una retta ed una altra retta di uno dei due piani che incontrasse questa retta incontrerebbe l'altro piano, il che è assurdo (t. II).

Teor. III. — *Per una retta parallela ad un piano passa un piano ad esso parallelo.*

Infatti sia r' la parallela al piano π e quindi parallela ad una retta r di π (fig. 116), e da un punto P di r' si tiri la parallela s' ad una retta s di π che incontra la retta r; le due rette r', s' determinano un piano π' che è parallelo a π.

Teor. IV. — *Due piani paralleli ad un terzo piano sono paralleli fra loro.*

Infatti se π' è parallelo a π, due rette non parallele a', b' di π' sono parallele a due rette a, b di π; e se π'' è parallelo a π vi sono in π'' due rette a'' b'' parallele alle rette a, b. Ma rette parallele ad una medesima sono parallele fra loro; dunque le rette a' e b' sono parallele alle rette a'' e b'', epperò π' è parallelo a π''.

Teor. V. — *Le intersezioni di due piani paralleli con un terzo piano sono parallele.*

Sia π il piano che interseca i due piani paralleli π' e π'' e siano s, s' le due rette di intersezione (fig. 117); dico che queste due rette sono parallele. Se queste due

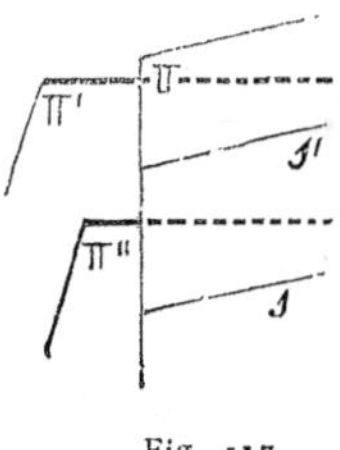

Fig. 117

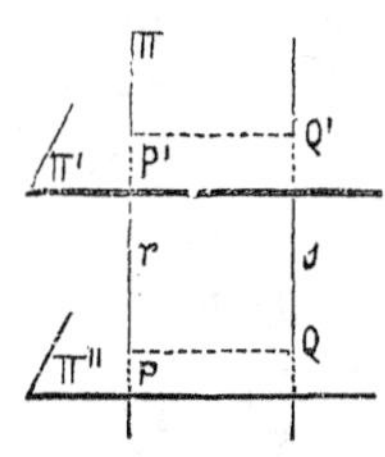

Fig. 118

rette non fossero parallele, siccome giacciono in un medesimo piano, esse dovrebbero incontrarsi in un punto O, che sarebbe punto comune ai tre piani, e quindi anche ai piani π' e π'', il che non è (oss. II).

Cor. I. — *Due parallele intersecano due piani paralleli fra loro e non paralleli ad esse, in quattro punti, che sono vertici di un parallelogramma.*

Le parallele r, s intersechino rispettivamente i piani paralleli π' π'' nei punti PP', QQ' (fig. 118). Il piano π determinato dalle rette r ed s incontrerà π' e π'' secondo due parallele; epperò il quadrangolo $PQP'Q'$ è un parallelogramma.

Cor. II. — *I segmenti di due parallele, che intersecano una retta e un piano paralleli, sono eguali.*

Si conduca da un punto P' della retta $P'Q'$ parallela al piano π'' la parallela ad un' altra retta di π'' che non sia parallela alla PQ, e si sarà ricondotti al coroll. precedente.

Teor. VI. — *Per un punto si può condurre uno ed un solo piano parallelo a due rette non parallele.*

Siano r ed s le rette non parallele, e P il punto dato (fig. 119). Un piano passante per P e parallelo alle rette r ed s deve contenere le parallele ad r e ad s uscenti da P; ma due rette uscenti da un punto P determinano un unico piano; dunque ecc.

Cor. I. — *Per un punto si può condurre uno ed uno solo piano parallelo ad un piano dato.*

Cor. II. — *Per una retta si puó condurre uno ed uu solo piano parallelo ad un' altra retta che non incontri la prima.*

Questo è il caso del teor. precedente, ove P è situato in una delle rette date.

Def. III. — 1) *Fascio di piani paralleli* dicesi il sistema dei piani paralleli ad un piano dato.

2) Una parte di questo fascio limitata da due piani dicesi *zona;* e i due piani si chiamano *facce* della zona.

43. Teor. I. — *Due piani distinti dello spazio e non paralleli si incontrano in una retta.*

Siano π e π' i due piani; le rette del primo piano uscenti da un punto P incontrano ciascuna in un solo punto il secondo piano (fig. 120). Ora la retta che unisce due di questi punti d'incontro A e B, giace in entrambi i piani, i quali per ciò hanno in comune la retta AB. Essi poi non possono avere in comune oltre la AB alcun punto, perchè coinciderebbero, contro la ipotesi fatta, che siano distinti.

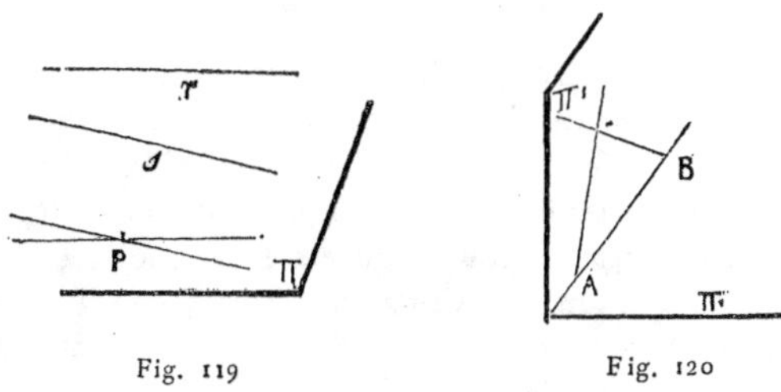

Fig. 119 Fig. 120

Cor. — *Date due rette sghembe, per un punto che non giace in alcuna di esse passa una sola retta che o le incontra tutte due, o ne incontra una ed è parallela all' altra.*

La retta è l'intersezione dei due piani che uniscono il punto con le rette date.

Teor. II. — *Tre piani, i quali a due a due si incontrano hanno in comune un solo punto, se la retta di intersezione di due di essi non é parallela, o non appartiene, al terzo.*

Infatti due dei tre piani si incontrano in una sola retta, e questa incontra il terzo piano in un sol punto, se non giace in esso o non è parallela ad esso.

Nota

Metodo degli elementi all' infinito

41 *bis.* In continuazione del n. 41 si può procedere nel modo seguente per definire le rette e i piani paralleli e per dimostrarne le proprietà.

Oss. I. — Le rette di un fascio si ottengono congiungendo il suo centro P coi punti di una retta r qualunque del piano del fascio, tranne la parallela r' condotta da P ad r. Per evitare questa distinzione fra le rette del fascio rispetto alla direttrice r introduciamo un *nuovo punto* colla seguente locuzione:

Dich. — La locuzione: Congiungere un punto P *col punto all' infinito della retta* r significa: condurre da P la parallela r' ad r.

Oss. II. — Con questo *modo di dire* due rette parallele si incontrano in un punto all' infinito; ma si badi bene che ciò non significa che un tale punto esista effettivamente come gli altri.

Siano a e b due rette parallele, e C un punto fuori di esse; la parallela c condotta da C ad a è anche parallela a b, e con la locuzione introdotta possiamo dire che congiungendo il punto all' infinito di a e il punto all' infinito di una retta b qualunque parallela ad a con C si ottiene la stessa retta. Possiamo dunque dire: che le rette a e b hanno lo *stesso* punto all' infinito, e che *un punto all' infinito e un punto C determinano una sola retta.*

Ora, la serie dei punti all' infinito delle rette di un piano π è data dalle rette di un fascio P del piano π, perchè ad ogni retta r di π è parallela una retta del fascio P (fig. 115). Ora, congiungendo i punti all' infinito di π con un punto P', si ottengono le rette di un fascio di centro P' e quindi un piano π' il quale ha così la stessa serie di punti all'infinito del piano π. Tale sistema di punti all' infinito è determinato da due qualunque dei suoi punti, perchè questi, congiunti con un punto qualunque P determinano un fascio di centro P, e quindi il suo sistema di punti all'infinito.

Def. I. — Il sistema dei punti all'infinito del piano si chiama *retta all' infinito.*

Oss. III. — Per la *retta all' infinito* valgono dunque queste due proposizioni:

Una retta all'infinito è determinata da due qualunque dei suoi punti.

Una retta all' infinito e un punto fuori di essa determinano un piano.

Oss. IV. — Se r è una retta dello spazio, la parallela condotta da O ad r è una retta della stella $(O\pi)$. Dunque il sistema dei punti all' infinito dello spazio è determinato da quelli delle rette di una stella $(O\pi)$, ed è tale che una retta avente due punti comuni con esso vi giace interamente, perchè è la retta all'infinito di un piano della stella $(O\pi)$; e tale che due delle sue rette qualunque si incontrano sempre in un punto cioè nel punto all'infinito della retta d'intersezione dei due piani della stella $O\pi$ che hanno le due rette date come rette all'infinito.

Def. II. — Il sistema dei punti all' infinito dello spazio si chiama *piano all'infinito* dello spazio.

Oss. V. — Il piano all'infinito dello spazio soddisfa dnnque alla proposizione:

Un piano all' infinito è determinato da tre qualunque dei suoi punti non situati in linea retta.

Oss. VI. — In seguito alle cose dette pei punti effettivi e per quelli all'infinito valgono le seguenti proposizioni:

Per due punti passa una sola retta.

Per tre punti qualunque non situati in linea retta passa un solo piano.

Ogni retta che ha due punti comuni con un piano giace nel piano.

Queste proposizioni, in virtù delle locuzioni introdotte, hanno per gli elementi all'infinito un significato determinato. Per punto retta e piano intenderemo sempre quelli effettivi; quando si potessero intendere anche quelli all' infinito lo diremo espressamente.

Il teor. I del n. 36 può essere enunciato così:

Una retta ed un piano si incontrano in un punto, se la retta non appartiene al piano, perchè il caso in cui la retta è parallela ad una retta del piano, rientra con la locuzione stabilita in quello in cui la retta incontra il piano in un punto.

42 *bis*. **Def. I.** — Un piano ed una retta che non appartiene al piano diconsi *paralleli* se il punto all'infinito della retta appartiene alla retta all'infinito del piano.

Teor. I. — *Le rette parallele ad una retta, parallela ad un piano, o giacciono nel piano, o sono parallele al piano.*

Infatti il loro punto comune all'infinito è situato sulla retta all'infinito del piano.

Cor. — *Se due rette sono parallele, un piano che ne incontri una, incontra anche l'altra.*

Invero se il piano fosse parallelo alla seconda dovrebbe essere parallelo anche alla prima, perchè avrebbe con questa lo stesso punto all'infinito, il che è contrario al dato.

Def. II. — Due piani diconsi paralleli se hanno la stessa retta all'infinito (d. I, 37).

Teor. II. — *Due piani distinti dello spazio si incontrano in una retta.*

Siano π e π' i due piani; dico che si incontrano in una retta (fig. 120). Infatti sappiamo che le rette del primo piano incontrano ciascuna in un sol punto il secondo piano; ora la retta che unisce due di questi punti d'incontro A e B giace in entrambi i due piani, sicchè i due piani hanno in comune la retta AB.
Essi poi non possono aver altro punto in comune all'infuori della retta AB, perchè altrimenti non sarebbero distinti.

Oss. I. — La retta d'intersezione di due piani può esser una retta all'infinito, ed in tal caso i due piani non si incontrano in alcuna retta effettiva. Può darsi ancora che uno dei due piani sia all'infinito, e il teorema è una conseguenza delle locuzioni introdotte.

Cor. — *Date due rette sghembe, per un punto che non giace in nessuna di esse passa una sola retta che le incontra tutte e due.*

La retta richiesta è la retta d'intersezione dei piani Pr, Ps determinati dal punto P e alle rette r, s date.

Teor. III. — *Tre piani si incontrano in un punto, se l'intersezione di due tra essi non appartiene al terzo.*

Infatti due piani si incontrano in una sola retta; questa incontra il terzo piano in un sol punto, se non giace in esso piano.

Oss. II. — Questo punto può esser anche un punto all'infinito, quando cioè l'intersezione di due dei tre piani è parallela ad una retta del terzo, o ancora quando i tre piani contengono tre rette *parallele* fra loro.

Oss. III. – Questi teoremi provano che nelle proposizioni che si basano sulle intersezioni di due rette, di due o tre piani, di una retta e un piano, non occorre fare alcuna distinzione fra gli elementi effettivi e gli elementi all'infinito.

Teor. IV. — *Per una retta parallela ad un piano passa un piano parallelo a questo piano.*

Infatti sia r' la retta parallela al piano π (fig. 116). Il punto all'infinito di r' è situato sulla retta all'infinito del piano π, dunque questa retta e la r' determinano un piano π' che è parallelo al piano π.

Teor. V. — *Due piani paralleli ad un terzo piano sono paralleli fra loro.*

Perchè essi hanno la stessa retta all'infinito.

Teor. V. — *Le intersezioni di due piani paralleli con un terzo piano non parallelo ad essi sono parallele.*

Sia π il piano che interseca i due piani paralleli π', π'', e siano s' s'' le due rette d'intersezione, dico che queste due rette sono parallele (fig. 117). Infatti queste rette dovranno passare per il punto comune ai tre piani, cioè per il punto in cui π taglia la retta all'infinito comune a π' e π'' ossia esse passeranno per lo stesso punto all'infinito, e quindi saranno parallele.

Cor. I. — *Due parallele intersecano due piani paralleli fra loro e non paralleli ad esse in quattro punti che sono vertici di un parallelogramma.*

Le parallele r s intersechino i piani paralleli π', π'' nei punti nei punti P P', Q Q' rispettivamente (fig. 118). Le rette r, s essendo parallele determinano un piano π, il quale incontra π' π'' secondo due rette parallele P' Q' e P Q; il quadrangolo P Q P' Q' è dunque un parallelogramma.

Cor. II. — *I segmenti di due parallele che intersecano una retta ed un piano paralleli, sono eguali.*

Perchè per la retta si può condurre un piano parallelo al piano dato; e con ciò si è ricondotti al caso del cor. I.

Teor. VII. — *Per un punto si può condurre uno ed un solo piano parallelo a due rette non parallele.*

Siano r e s le rette e P il punto dato (fig. 119). Un piano passante per P e parallelo alle rette r e s deve contenere i punti all'infinito di r e s, dunque esso è il piano, e il solo piano che passa per P e pei punti all'infinito di r e s.

Cor. I. — *Per un punto si può condurre uno e un solo piano parallelo ad un piano dato.*

Cor. II. — *Per una retta si può condurre uno ed un sol piano parallelo ad un' altra retta che non incontra la prima.*

Questo è il caso del teorema precedente, in cui P è situato in una delle rette date.

---

44. Teor. I. — *Una retta perpendicolare ad un piano è perpendicolare a tutti i piani paralleli al dato. Le perpendicolari ad un piano sono parallele; e le parallele ad una perpendicolare ad un piano sono perpendicolari a questo piano.*

a) Siano p la retta perpendicolare al piano π, e π' un piano ad esso parallelo (fig. 121). Per la perpendicolare p al piano π si faccia passare un piano che tagli π e π' in due rette a e a', che sono parallele, essendo π' parallelo a π; gli angoli $a\,p$ e $a'p$ sono dunque retti.

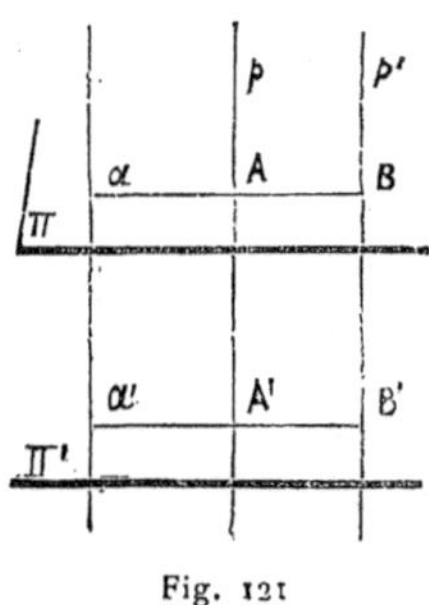

Fig. 121

b) Se p e p' sono perpendicolari a π, il quadrangolo $AA'\,BB'$ e un rettangolo, e quindi p e p' sono parallele.

c) Se p' è parallela a p e incontra π e π' nei punti B e B', la figura $AB\,A'B'$ è un parallelogramma che ha i due angoli in A e in A' retti; dunque $AB\,A'B'$ è un rettangolo, e quindi p' è perpendicolare ad $A'B'$. Scelta un altra perpendicolare p_1 a π, il piano $p'p_1$ determina un nuovo rettangolo $A_1 A'_1\,BB'$ e quindi p' è perpendicolare ad $A_1'B$ epperò anche al piano π (t. I, 39).

Cor. — *Tutti i piani perpendicolari ad una retta sono paralleli; e tutti i piani paralleli ad un piano perpendicolare ad una retta sono perpendicolari alla retta.*

a) Se π e π' sono perpendicolari alla p, la retta p è pure perpendicolare al piano parallelo a π passante per A; ma per un punto non passa che un solo piano perpendicolare ad una retta, dunque il piano π' è parallelo a π.

b) La retta p, essendo perpendicolare a π, è perpendicolare ad ogni piano π' parallelo a π, dunque ogni piano parallelo a π è perpendicolare alla retta p.

Teor. II. — *I diedri formati da piani paralleli sono eguali.*

L' asse di uno dei diedri è parallelo ai piani dell' altro e quindi anche all' asse di esso. Un piano perpendicolare ad un asse è dunque perpendicolare anche all'altro (t. I) e le sezioni normali dei due diedri hanno i lati paralleli dunque sono eguali, e quindi anche i diedri corrispondenti (t. III, 40).

Teor. III. — *Tutti i piani paralleli ad un piano perpendicolare ad un altro piano sono perpendicolari a questo piano.*

Sia α un piano perpendicolare ad un altro piano π, e π' un piano parallelo a π (fig. 121); dico che α è perpendicolare a π'. Infatti il piano α contiene la perpendicolare p condotta da un suo punto A al piano π

(t. VI, 40) la quale è pure perpendicolare al piano π' (t. I), dunque il piano α è perpendicolare al piano π' (t. V, 40).

§ 5.

Parti dello spazio rispetto ad un suo piano

45. Def. I. — Per parti di una stella di centro S rispetto ad un suo piano π (fig. 122) s'intendono quelle determinate dagli angoli retti formati dai raggi ϱ e ϱ' della perpendicolare r in S al piano π, limitati in S colle rette a, b, del piano π passante per S.

Teor. I. — *Ogni piano di una stella di raggi la divide in due parti eguali.*

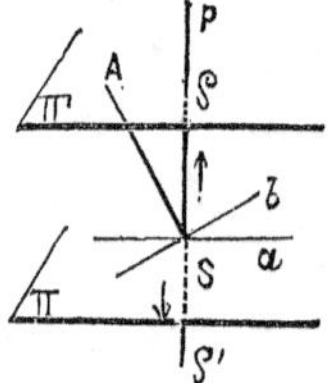

Fig. 122

Siano S il centro della stella (fig. 122), π un piano di essa, p la perpendicolare a questo piano in S che contiene i due raggi ϱ ϱ' a partire da S; dico che le parti della stella determinate in essa dal piano π sono eguali. Infatti le due parti della stella determinate dal piano π sono appunto quelle determinate dai semipiani $a\varrho$, $b\varrho$,.... $a\varrho'$, $b\varrho'$,.... passante per ϱ, ϱ' e limitati alle rette a, b,.... del piano π. Esse sono figure opposte rispetto al punto S, epperò sono eguali (t. III, 18).

Cor. I. — *Una parte della stella determinata da un suo piano può esser generata congiungendo il suo centro coi punti di un piano parallelo al piano dato.*

Infatti ogni raggio SA che congiunge un punto del piano π' parallelo al piano dato π col centro S forma col raggio normale ϱ un angolo minore di un retto. La parte opposta è formata dai raggi opposti.

Oss. — Un piano parallelo ad un altro piano giace dunque dalla stessa parte di questo piano; lo stesso dicasi anche di ogni retta parallela al piano.

Def. II. — *Parti di spazio rispetto ad un piano* si intendono le parti determinate da quelle di una stella qualunque che abbia il centro sul piano.

Cor. II. — *Le parti dello spazio rispetto ad uno o a due piani sono eguali.*

La dimostrazione è analoga a quella del teor. I, 22.

Teor. II. — *Il segmento di due punti situati da parti opposte rispetto ad un piano, incontra il piano in un punto interno al segmento. E reciprocamente.*

Dimostrazione analoga a quella del teor. II, 22.

§ 6.

Distanze ed angoli

46. Def. I. — 1) *Segmento normale* o *distanza* di un punto P da un piano π intendesi il segmento determinato dal punto P e dal punto d'incontro (*piede*) col piano della perpendicolare passante per P al piano.

2) *Segmento obliquo* condotto dal punto P al piano π, intendesi ogni altro segmento che ha per estremi il punto P e un punto qualunque del piano che non sia il piede della perpendicolare.

3) Il segmento compreso fra il piano del segmento normale e il punto d'incontro col piano di un segmento obliquo dicesi *proiezione ortogonale* o *proiezione del segmento obliquo sul piano.*

Teor. I. — *Il segmento normale condotto da un punto ad un piano è minore di ogni segmento obliquo condotto dallo stesso punto al piano; i segmenti obliqui aventi proiezioni eguali sul piano sono eguali; e dei segmenti obliqui che hanno diseguali proiezioni, quello è maggiore che ha proiezione maggiore.*

a) Sia PA un segmento normale al piede π, PB un segmento obliquo (fig. 123) dico che è $PA < PB$. Infatti l'angolo PAB è retto, e nel piano PAB, il segmento normale PA è minore dell' obliquo PB (t. I, 25).

b) Sia ora PD un segmento obliquo avente proiezione eguale a quella di PB cioè $AD \equiv AB$; dico essere $PD \equiv PB$. Infatti i due angoli PAB PAD sono retti e quindi eguali, epperò essendo B, D punti corrispondenti e P corrispondendo a sè stesso, nella loro corrispondenza di eguaglianza, si ha: $PB \equiv PD$.

c) Sia infine PC un segmento obliquo avente proiezione AC maggiore della proiezione AB del segmento PB; dico essere $PC > PB$. Presa sul segmento AC una parte $AD \equiv AB$, e congiunto D con P si avrà anzitutto $PD \equiv PB$. Ma essendo D interno ad AC e PA perpendicolare ad AC si avrà $PC > PD$ (t. III, 25), epperò $PC > PB$.

Cor. — *Tutti i punti di un piano equidistanti da un punto fuori di esso sono situati in una circonferenza che ha per centro il piede della perpendicolare condotta dal punto al piano.*

Infatti i triangoli PAB, PAD sono rettangoli in A, hanno il cateto PA comune e le ipotenuse eguali, dunsono eguali, epperò : $AB \equiv AD$.

Teor. II. — *I punti di una retta parellela ad un piano sono equidistanti dal piano.*

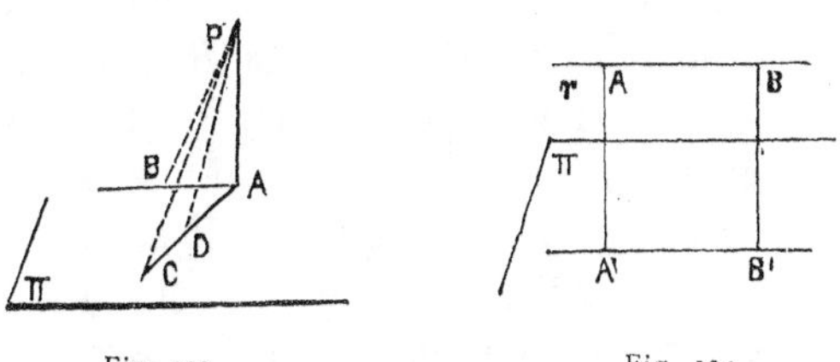

Fig. 123 Fig. 124

Sia r una retta parallela al piano π e dai punti A, B... di r si conducano le perpendicolari al piano (fig. 124); queste perpendicolari saranno parallele (t. I, 44) e quindi AA' e BB' sono eguali.

Cor. — *Le distanze dei punti di un piano da un altro piano ad esso parallelo sono eguali.*

Siano $\pi\,\pi'$ due piani paralleli, e siano AB due punti di π, AA', BB' le distanze loro da π' (fig. 125); la retta AB è parallela al piano π' : con ciò siamo ricondotti al teorema precedente.

Def. II. — 1) La distanza di un punto qualunque della retta parallela ad un piano da questo piano dicesi *distanza della retta dal piano.*

2) E la distanza di un punto qualunque di un piano da un altro ad esso parallelo dicesi *distanza dei due piani.*

Teor. III. — *Esiste un solo segmento normale a due rette sghembe cogli estremi sulle due rette: questo segmento è il minimo fra i segmenti che uniscono un punto qualunque dell'una con un punto qualunque dell' altra.*

Siano r ed s le due rette non poste in uno stesso piano; si vuol dimostrare che esiste un solo segmento normale ad esse e cogli estremi in r e s (fig. 126). Infatti si considerino i due piani ϱ e σ l'uno passante per la r e parallelo alla s, l'altro passante per la s e parallelo alla r. Il piano normale condotto per r al piano σ e quindi anche al piano ϱ, incontra σ in una retta r' parallela ad r e non parallela a s. Sia B il punto d'incontro di r' con s. La perpendicolare condotta per B al piano σ, e quindi anche a ϱ giace nel piano rr' ed è perpendicolare ad r in un punto A. Il segmento AB è il segmento normale richiesto. Nessun altro segmento cogli estremi in r ed in s può esser normale alle due rette, perchè un tale segmento deve appartenere ai piani rr', ss' perpendicolari ai piani ϱ e σ.

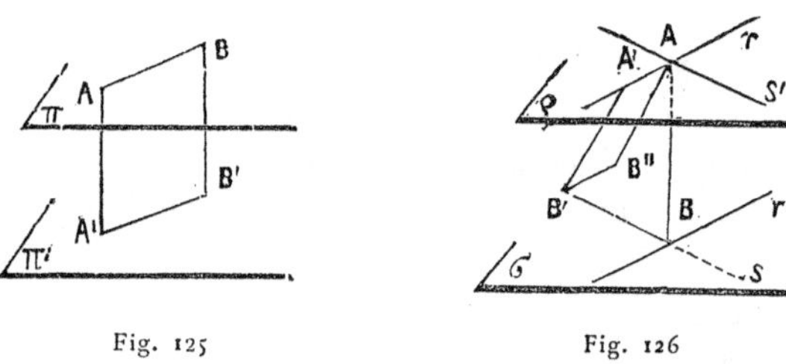

Fig. 125 Fig. 126

Resta a dimostrarsi che il segmento AB è il minimo fra i segmenti che uniscono due altri punti di r e s.

Sia $A'B'$ uno di questi segmenti; esso è obliquo rispetto ad una o a tutte e due le rette r ed s, e quindi non può essere perpendicolare ai piani ϱ e σ. Condotto per A il segmento AB'' parallelo e quindi eguale ad $A'B'$, esso è obliquo rispetto al piano σ, dunque

$$AB < AB'', \text{ e quindi } AB < A'B'$$

Def. III. — La distanza data dal segmento normale minimo di due rette sghembe si chiama *distanza* delle due rette.

Teor. IV. — *Di tutti gli angoli che un raggio obliquo fa con i raggi di un piano passanti pel suo estremo, è minore quello formato dal raggio colla proiezione sul piano.*

Sia PA il raggio dato e AB la sua proiezione sul piano π; sia inoltre AX un raggio qualunque distinto da AB in π, dico che è $\widehat{PAB} < \widehat{PAC}$ (fig. 127). Preso $AC \equiv AB$, e congiunti C e P, i due triangoli APB, APC hanno due lati AP e AB rispettivamente eguali a due lati AP e AC e il terzo disuguale, e propriamente $PB < PC$ per essere PB il segmento normale al piano π; sarà dunque $\widehat{PAB} < \widehat{PAC}$ (t. IV, 26).

Def. IV. — 1) *Angolo normale* od anche *angolo di un raggio* o *di una retta con un piano* dicesi l'angolo che il raggio o la retta fa con la sua proiezione sul piano.

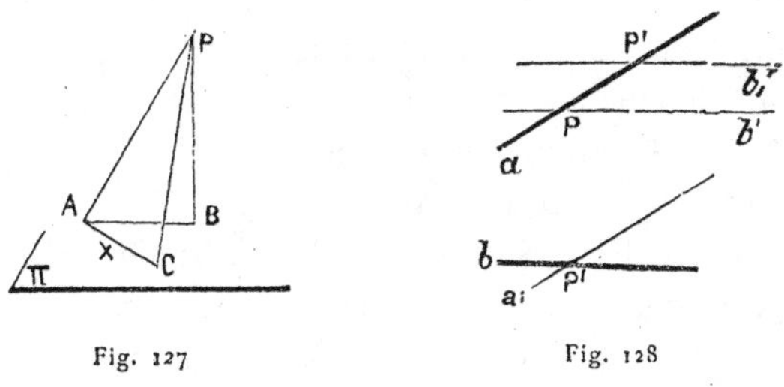

Fig. 127 Fig. 128

2) Per *angoli obliqui* s'intendono quelli che il raggio o la retta fa con ogni altro raggio o altra retta del piano passante pel suo punto d'intersezione.

3) L'angolo formato dalla proiezione del raggio o della retta sul piano col raggio o colla retta del piano dicesi *proiezione* dell'angolo obliquo sul piano.

Teor. V. — *Date due rette sghembe, se dai punti di una qualunque di esse si conducono le parallele all'altra, esse formano colla prima angoli eguali.*

Siano a e b le due rette (fig. 128). Se da un punto qualunque P di a si conduce la parallela b' a b, e da un punto qualunque P' di b si conduce la parallela a' ad a, gli angoli $(a'b)$, $(a'b)$ sono eguali (t. II, 23).

Se b_1' è la parallela condotta da un altro punto P' a b', si ha pure $(ab_1') \equiv (ab)$. Il teorema è dunque dimostrato.

Def. V. — Per *angolo* di due rette *sghembe* intendesi l'angolo che ciascuna di esse fa con una parallela condotta da un suo punto all'altra retta.

§ 7.

Angoloidi

47. Def. I. — Tre o più raggi abc.... uscenti da un punto P considerati in un certo ordine e tali che tre consecutivi qualunque di essi non sieno situati in un medesimo piano, determinano una figura che si chiama *angoloide*. Il punto P dicesi *vertice*, i raggi a, b, c.. diconsi *spigoli*, gli angoli ab, bc... *facce*, ed i diedri delle facce consecutive si chiamano *diedri* dell'angoloide. Superficie dell'angoloide dicesi l'insieme delle sue facce.

Def. II. — 1) Secondo che i raggi dell'angoloide sono 3, 4, 5... esso si chiama *angoloide triedro*, *tetraedro*, *pentaedro*... L'angoloide triedro si suol dire più semplicemente *triedro*. I diedri di un triedro si dinoteranno coi simboli abc, acb, bac; oppure coi simboli cba, bca, cab; e il triedro stesso col simbolo abc o (abc) o con simboli analoghi.

2) Se due facce di un triedro sono eguali, il triedro chiamasi *triedro isoedro*, e la terza faccia, *base* del triedro.

Se le tre facce sono uguali, il triedro si chiama *triedro regolare*. E se un diedro del triedro è retto, esso chiamasi *triedro rettangolo*.

Oss. I. — Per la stella si possono enunciare le seguenti proposizioni:

Il fascio di raggi o di rette è un sistema lineare omogeneo (oss. I, 21).

Un angolo è divisibile in due parti eguali (t. 21).

Pel centro di un fascio passano delle rette non appartenenti al fascio stesso (post. III e VII).

Due fasci aventi due raggi o due rette in comune coincidono (c. II, t. II, 19).

In un fascio esiste un angolo eguale ad ogni angolo dato (t. III, 20).

Queste proposizioni corrispondono ai post. della retta:

La retta è un sistema lineare omogeneo (post. II).

Un segmento è divisibile in due parti eguali (post. x II).

Esistono punti fuori della retta (post. III).

Esiste una sola retta che contiene due punti dati (post. III).

In ogni retta esiste un segmento eguale ad un segmento qualunque dato (post. IV).

Così alla proposizione la quale dice che un diedro $a\,b$ è eguale al diedro inverso $b\,a$, corrisponde nel piano il postulato V sull'eguaglianza delle coppie, e quindi degli angoli $a\,b$ e $b\,a$.

Anzi, queste proposizioni si ottengono da quei postulati, quando: *al punto*, *alla retta*, *al segmento* di due punti, all'*angolo* di due rette del piano si facciano corrispondere rispettivamente: *la retta*, il *fascio di raggi o il piano, l'angolo* di due rette, *il diedro* della stella.

In generale per la stella sussistono dunque tutte quelle proprietà che si sono dedotte nel piano dai soli postulati sopramenzionati, scambiandovi nel modo indicato i nomi degli elementi del piano con quelli della stella.

Ad esempio:

Come nel triangolo i prolungamenti dei lati costituiscono le tre rette del triangolo; così nel triedro i prolungamenti delle facce costituiscono i tre piani del triedro.

Come ogni vertice del triangolo è opposto al lato degli altri due; così nel triedro ogni spigolo è opposto alla faccia degli altri due.

Come ogni lato del triangolo è adiacente a due angoli; così nel triedro ogni faccia è adiacente a due diedri.

Inoltre:

Alla retta perpendicolare condotta ad una retta, ai segmenti normali ed obliqui di un punto rispetto ad una retta, a due rette perpendicolari del piano, corrispondono nella stella rispettivamente il piano normale condotto da un raggio o da una retta ad un piano della stella, gli angoli normale ed obliqui di un raggio o di una retta rispetto ad un piano, due piani perpendicolari, ecc.

Una differenza sostanziale vi è però fra la Geometria della stella e quella del piano, e cioè: mentre nel piano vi sono rette che non si incontrano effettivamente, cioè le rette parallele, nella stella per converso due piani si incontrano sempre in una retta effettiva, passante pel centro della stella stessa: sicchè nella Geometria della stella non sussistono le proposizioni corrispondenti a quelle delle rette parallele nella Geometria del piano.

Per la stella, come sarà dimostrato, valgono ancora i post. VIII e IX.

Oss. II. — Per la stella valgono però anche quelle proprietà le cui dimostrazioni si appoggiano soltanto a proposizioni comuni del piano e della stella, anche se queste proposizioni furono dimostrate pel piano col ricorso delle parallele.

Oss. III. — Se invece della retta si considera il raggio come elemento della stella, sussiste ancora la corrispondenza suddetta fra la stella ed il piano; solo che due raggi della stella non determinano un fascio quando sono opposti, ossia quando sono situati sulla stessa retta.

Diamo ora qualche esempio per mostrare in qual modo si possano dedurre dei teoremi della stella da quelli del piano. *)

Teor. I. — *In ogni triedro ciascuna faccia è minore della somma delle altre due, e maggiore della loro differenza.*

Esso corrisponde al teorema: « In ogni triangolo ciascun lato è minore della somma degli altri due, e maggiore della loro differenza. »

Seguendo nel modo sopra indicato la dimostrazione di questo teorema (n. 25) diremo:

Nel triedro abc dico che è ad es. $bc < ca + ab$. Infatti si conduca da a il piano ad perpendicolare al piano bc. Se il raggio d è compreso nell' angolo bc,

*) Sarà bene che l' insegnante faccia fare agli alunni, come esercizio, le dimostrazioni dei teor. II ecc. seguendo l' esempio del teor. I. Ciò non presenta alcuna difficoltà, ma ha il vantaggio che i giovani si impadroniscono meglio del principio di corrispondenza che sussiste fra il piano e la stella.

(fig. 129 a) si ha (t. IV, 44) $bd < ba$, $dc < ca$, quindi: $bc < ca + ab$.

Se d coincide con c o con b, per esempio con c (fig. 129, b) si ha $bc < ab$ e perciò:

$$bc < ca + ab$$

Se d cade nel prolungamento di bc (fig. 129, c) si ha $bd < ba$ $bc < bd$ quindi $bc < ba$, e perciò anche

$$bc < ab + ca$$

Quanto alla seconda parte del teorema sia ac una faccia. Se fosse $ac \leqq ab - bc$ sarebbe pure

$$ac + bc \leqq ab$$

il che non è, come si è visto.

Cor. — *La somma degli angoli di un raggio interno ad un triedro coi due spigoli di una faccia è minore della somma delle altre due facce.*

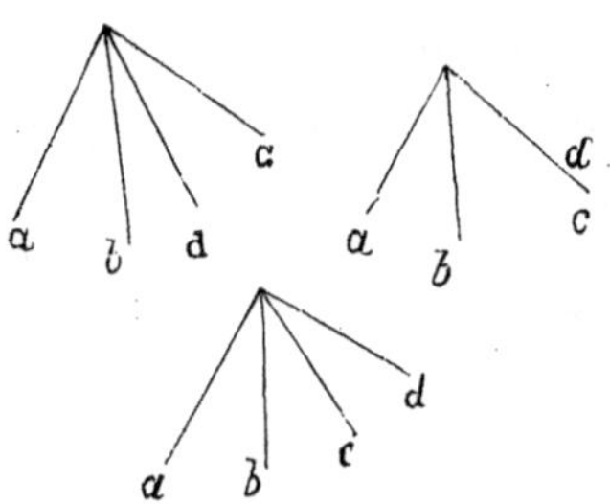

Fig. 29 abc

La dimostrazione si ha nel modo sopraindicato da quella del cor. del teor. II, 25.

Teor. II. — *Gli angoli obliqui di una retta con un piano che hanno eguali proiezioni sono eguali; e inversamente. E di due angoli obliqui è maggiore quello che ha maggiore proiezione; e inversamente.*

Corrisponde al teor. III, 25 : i segmenti obliqui di un punto ad una retta, che hanno eguali proiezioni sono eguali, e inversamente. E di due segmenti obliqui è maggiore quello che ha maggiore proiezione, e inversamente.

Teor. III. — *Due triedri che hanno due facce e l'angolo da esse compreso eguali sono eguali.*

Corrisponde al teor. I, 27: « Due triangoli aventi due lati e l' angolo compreso eguali sono eguali ».

Teor. IV. — *Il piano che unisce la bissettrice della base di un triedro isoedro con lo spigolo opposto è perpendicolare alla base e bisseca il diedro di questo spigolo.*

Corrisponde al teor. 24: La mediana di un triangolo isoscele che passa pel vertice opposto alla base è perpendicolare alla base ed è la bissettrice dell' angolo al vertice.

Teor. V. — *Due triedri aventi una faccia e i diedri adiacenti eguali, sono eguali.*

Corrisponde al t. II, 27: Due triangoli aventi un lato e due angoli adiacenti a questo lato eguali, sono eguali. La dimostrazione di questo teor. si estende anche al caso in cui i triedri non hanno lo stesso vertice.

Teor. VI. — *In ogni triedro, al diedro maggiore sta opposta la faccia maggiore; e inversamente.*

Corrisponde al teor. III, 27 : In ogni triangolo all' angolo maggiore sta opposto il lato maggiore, e inversamente.

Teor. VII. — *In due triedri aventi due facce eguali, la terza faccia è maggiore in quello nel quale le sta opposto il diedro maggiore.*

Corrisponde al teor. IV, 27 : In due triangoli aventi due lati eguali, il terzo lato è maggiore in quello nel quale gli sta opposto l' angolo maggiore.

Teor. VIII. — *Due triedri aventi le tre facce rispettivamente eguali sono eguali.*

Corrisponde al teor. V, 27: Due triangoli aventi i tre lati eguali sono eguali.

Cor. — *Due triedri cogli spigoli paralleli dello stesso verso o di verso opposto sono eguali* (t. II, 23).

Def. III. — Un triedro avente un diedro retto dicesi *rettangolo.*

Teor. IX. — *Due triedri rettangoli sono eguali se le due facce che comprendono l' angolo retto, oppure una di queste facce e quella opposta al diedro retto sono rispettivamente eguali.*

Corrisponde al teor. VIII, 27: Due triangoli rettangoli sono eguali se i due cateti, oppure un cateto e la ipotenusa, sono eguali.

Oss. IV. — Alla parte esterna od interna del triangolo corrisponde la parte esterna od interna del triedro.

Teor. X. — *Ai raggi interni di un triedro sono opposti quelli interni del triedro opposto.*

Sia abc il triedro, $a_1b_1c_1$ il triedro opposto (fig. 130). Dato un raggio e interno ad abc, il raggio e_1 opposto di e è interno ad $a_1b_1c_1$. Infatti i due triedri abc, $a_1b_1c_1$ sono eguali (c. t. III, 18) e quindi al raggio d della faccia bc in cui il piano ae incontra bc corrisponde il raggio opposto d_1 della faccia b_1c_1. Ed agli angoli ae, ed corrispondono gli angoli a_1e_1, e_1d_1 e perciò, essendo e interno di ad, e_1 è interno all'angolo a_1d_1, e quindi anche al triedro $a_1b_1c_1$.

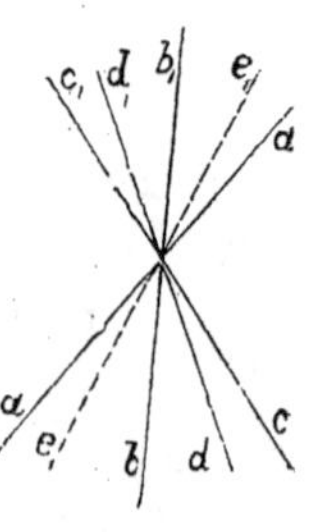

Fig. 130

48. Def. — *Triedro supplementare* di un dato triedro V (ABC) si dice il triedro determinato dalle perpendicolari VA' VB' VC' condotte da V rispettivamente alle facce

VBC, *VAC*, *VAB* e dalla stessa parte degli spigoli opposti a queste facce.

Teor. I. — *Ogni triedro è supplementare del suo supplementare.*

Sia *V* (*A'B'C'*) il triedro supplementare del triedro dato *V* (*ABC*) (fig. 131); le rette *VA'* *VB'* essendo perpendicolari alle facce *VBC*, *VAC* saranno entrambe perpendicolari alla *VC*; sicchè *VC* è perpendicolare alla faccia *VA'B'*.

Oltre a ciò l'angolo *CVC'* è acuto, essendo *VC*, *VC'* situate dalla stessa parte del piano *VAB*, e quindi essendo il piano *VB'A'* perpendicolare a *VC*, *VC'*, sarà dalla stessa parte di *VC* rispetto al piano *VB'A'*. Pertanto il triedro *V* (*ABC*) è supplementare di *V* (*A'B'C'*).

Teor. II. — *Le facce di un triedro sono supplementari delle sezioni normali dei diedri del triedro supplementare.*

Siano (fig. 132) *VA''*, *VB''* le rette d'incontro del piano perpendicolare allo spigolo *VC* con le facce *VAC*, *VBC*; l'angolo *A''VB''* è la sezione normale del diedro di spigolo *VC*.

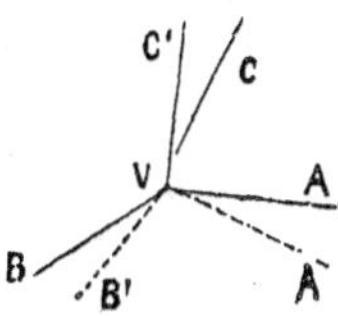

Fig. 131

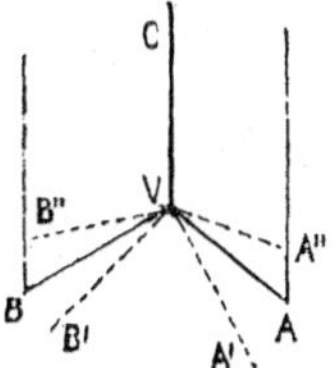

Fig. 132

Siano ora *VA'*, *VB'* le perpendicolari alle due facce del diedro che ha per spigolo *VC*, appartenenti al triedro supplementare del triedro *V* (*ABC*), le quali sono situate nel piano *A'VB''* e rispettivamente perpendicolari a VB'', VA''; vogliamo dimostrare che $\widehat{AVB}$ e $\widehat{A'V'B}$ sono supplementari.

Se l'angolo $A''VB''$ è ottuso, esso contiene l'angolo $A'VB'$ e dalle relazioni

$$B''VB' + B'VA' \equiv \frac{\pi}{2}, \quad B'VA' + A'VA' \equiv \frac{\pi}{2}$$

si trae sommando membro a membro:

$$\widehat{B''VA''} + \widehat{B'VA'} \equiv \pi$$

Se invece $\widehat{A''VB''}$ è acuto, esso è contenuto nell'angolo $\widehat{A'VB'}$ ed in tal caso dimostrasi in modo analogo che $A''VB'$, $A''VB''$ sono supplementari. Se l'angolo $A''VB''$ è retto, anche l'angolo $A'VB'$ è retto, supplementare cioè ad $A''VB''$.

Teor. III. — *Due triedri che hanno i diedri eguali, sono eguali.*

Siano $f_1 f_2 f_3$, $\delta_1 \delta_2 \delta_3$ le facce e i diedri (o le sezioni normali) del primo triedro; $f_1' f_2' f_3'$, $\delta_1' \delta_2' \delta_3'$ le facce e i diedri del secondo triedro. I due triedri supplementari, avranno rispettivamente per diedri e facce, il primo

$$\pi - f_1, \ \pi - f_2, \ \pi - f_3; \ \pi - \delta_1, \ \pi - \delta_2, \ \pi - \delta_3$$

e il secondo

$$\pi - f_1' \ \pi - f_2', \ \pi - f_3'; \ \pi - \delta_1', \ \pi - \delta_2', \ \pi - \delta_3'.$$

Se dunque

$$\delta_1 \equiv \delta_1', \quad \delta_2 \equiv \delta_2' \quad \delta_3 \equiv \delta_3'$$

i due triedri supplementari saranno eguali per avere le facce ordinatamente eguali, cosicchè

$$\pi - f_1 \equiv \pi - f_1', \ \pi - f_2 \equiv \pi - f_2', \ \pi - f_3 \equiv \pi - f_3'.$$

Ma in tal caso è chiaro che i due triedri dati

avranno le facce rispettivamente eguali, epperò saranno eguali (t. VIII, 45).

Teor. IV. — *In ogni triedro la somma delle tre facce è minore di quattro retti.*

Sia VA' il raggio opposto a VA (fig. 133). Nel triedro $V(BCA')$ si ha:

$$\widehat{BVC} < \widehat{BVA'} + \widehat{CVA'}$$

aggiungendo $\widehat{AVB} + \widehat{AVC}$ si avrà:

$$\widehat{AVB} + \widehat{BVC} + \widehat{ACV} < \widehat{AVB} + \widehat{BVA'} + \widehat{AVC} + \widehat{CVA'}$$

e quindi:

$$\widehat{AVB} + \widehat{BVC} + \widehat{ACV} < 2\pi$$

Teor. V. — *In ogni triedro la somma dei driedri è maggiore di due e minore di sei retti.*

Sia il triedro dato quello di facce $f_1 f_2 f_3$ e di diedri $\delta_1 \delta_2 \delta_3$; pel suo supplementare la somma delle facce è minore di quattro retti, cioè:

$$\pi - \delta_1 + \pi - \delta_2 + \pi - \delta_3 < 2\pi$$

donde

$$\delta_1 + \delta_2 + \delta_3 > \pi$$

Che la somma dei diedri sia minore di sei retti ciò riesce ovvio se si considera che ognuno dei suoi diedri è minore di π.

49. Def. — Un angoloide diedro dicesi *convesso* quando il piano di ciascuna faccia lascia da una stessa banda tutto l'angoloide stesso.

Oss. — L'angoloide convesso corrisponde al poligono convesso del piano (oss. I, II, III, 47).

Si ha quindi una parte interna ed una parte esterna dell'angoloide convesso, come pel poligono convesso.

Teor. I. — *In ogni angoloide poliedro ciascuna faccia è minore della somma delle altre.*

La dim. è analoga a quella del teorema: In ogni poligono ciascun lato è minore della somma degli altri (t. I, 28).

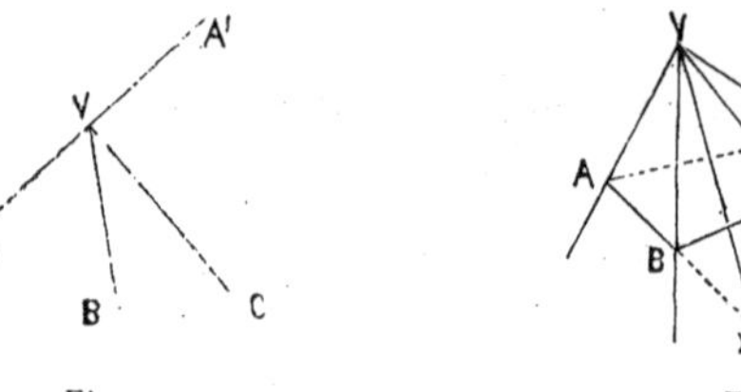

Fig. 133 Fig. 134

Teor. II. — *In ogni angoloide convesso la somma delle facce è minore di quattro retti.*

Sia $V(ABCD)$ l'angoloide e sia VX la retta intersezione dei piani AVB, CVD contigui alla faccia BVC (fig. 134). Nel triedro $V(BCX)$ la faccia $\widehat{BVC}$ è minore della somma delle altre due, epperò la somma delle facce dell' angoloide tetraedro $V(ABCD)$ è minore della somma delle facce del triedro $V(AXD)$, la quale è minore di quattro retti. Nell' istesao modo si proverebbe che la somma delle facce di un angoloide pentaedro è minore di quella delle facce di un angoloide tetraedro. E così via.

§ 8.

Poliedri

59. Def. I. — *Tetraedro* dicesi la figura costituita da quattro punti $ABCD$ non situati nello stesso piano, dai segmenti e dai triangoli che li congiungono a due a due e a tre a tre. (fig. 135). I quattro punti $ABCD$ si dicono i *vertici;* i sei segmenti AB, AC, AD, BC, BD, CD gli *spigoli* ed i quattro triangoli ABC, ABD, ACD, BCD le *facce* del tetraedro.

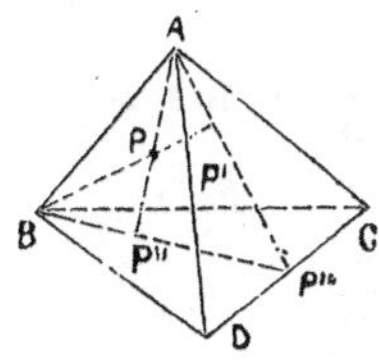

Fig. 135

Ogni *vertice* dicesi *opposto* alla faccia degli altri tre; ogni *spigolo* dicesi *opposto* a quello che congiunge i vertici rimanenti.

Il tetraedro di vertici A, B, C, D si dinota con $ABCD$.

Def. II. — 1) La figura costituita dalle facce del tetraedro si chiama *superficie* del tetraedro.

2) *Parte interna* del tetraedro è la porzione di spazio limitata da un triedro di esso e dalla faccia opposta al vertice di questo triedro tranne la superficie; *parte esterna* dicesi la rimanente, esclusa la superficie.

Figura interna (od esterna) ad un tetraedro intendesi quella che ha dei punti interni (od esterni) al te-tetradro, senza avere dei punti esterni (od interni).

51. Def. I. — 1) *Poliedro semplice* o *poliedro* è la igura formata da n poligoni situati in piani diversi in nodo che ciascun lato sia comune a due di essi, e un iano non possa tagliarlo in due o più poligoni non venti alcun punto comune.

I poligoni si dicono *facce* del poliedro. La figura ormata dalle sue facce chiamasi *superficie.*

2) *Poliedro convesso* dicesi quello, per ogni spigolo del quale non passano più di due facce, e i cui vertici sono situati da una stessa parte rispetto a ciascuna sua faccia. Ad es. il tetraedro è un poliedro convesso.

Def. II. — *Parte interna del poliedro convesso* dicesi la parte comune a tutti gli angoloidi di esso, limitata dalle sue facce.

Def. III. — Un poliedro di cinque, sei, otto, dodici, venti facce si chiama *pentaedro, esaedro, ottaedro, dodecaedro, icosaedro.*

Def. IV. — *Poliedro regolare* dicesi quello in cui tutte le facce sono poligoni regolari eguali e tutti gli angoloidi sono fra loro eguali.

52. Def. I. — *Piramide* dicesi il poliedro determinato da un poligono piano e da un punto preso fuori del piano di questo poligono.

Il poligono dicesi *base,* il punto fuori del piano della base, *vertice* della piramide; il segmento normale dal vertice al piano della base, *altezza* della piramide. Le rette che uniscono il vertice della piramide coi vertici della base si dicono *spigoli laterali,* i triangoli da questi determinati coi lati della base, si chiamano *facce laterali* e l' insieme di queste dicesi *superficie laterale della piramide.*

Oss. — Il *tetraedro* è una piramide di cui ciascuna faccia si può considerare come base, e il vertice opposto come vertice della piramide.

Def. II. — 1) Secondo che il poligono base della piramide è convesso, concavo o intrecciato, la piramide dicesi *convessa, concava* o *intrecciata.*

2) *Piramide regolare* dicesi la piramide che ha per base un poligono regolare e per altezza la congiungente il vertice col centro del poligono.

Teor. I. — *Se una piramide è regolare, il vertice della piramide è equidistante dai vertici del poligono base ed equidistante dai lati di esso poligono.*

Sia V il vertice, $ABCDE$ la base della piramide regolare (fig. 136). Siccome $ABCDE$ è un poligono regolare si ha $AB \equiv BC \equiv ... \equiv EA$. Il centro O del poligono base è equidistante dai vertici del poligono base $ABCDE$, e la VO è l'altezza della piramide. Da ciò consegue che tutti i triangoli AOV, BOV, COV..., sono eguali e quindi $VA \equiv VB$...

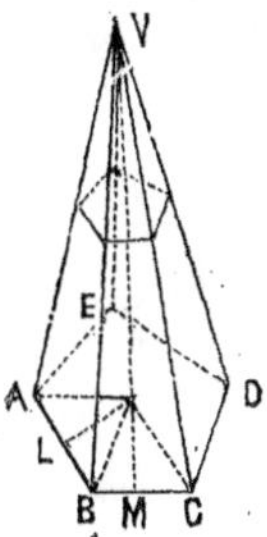

Fig. 136

Siano LMN i piedi delle perpendicolari condotte da O sui lati del poligono base; i punti L, M, N sono i punti medî di AB, BC, CD, ecc. Ma i triangoli AVB, BVC ecc. sono isosceli ed eguali, dunque VL, VM, VN sono perpendicolari ai lati AB, BC ecc. del poligono base e sono eguali fra loro.

Def. III. — *Apotema* di una piramide regolare chiamasi la distanza del vertice della piramide da uno dei lati del poligono base.

Def. IV. — *Tronco di piramide a basi parallele* dicesi il poliedro, che si ottiene tagliando la piramide con un piano parallelo alla base (fig. 136).

I due poligoni situati nei due piani paralleli diconsi e *basi del tronco*, e la distanza di esse basi *altezza del tronco*. La superficie laterale della piramide limitata dalle due basi chiamasi *superficie laterale* del tronco di piramide.

Def. V. — *Prisma* dicesi il poliedro determinato da un poligono e dagli estremi dei segmenti condotti dai vertici eguali e paralleli ad una medesima retta situata fuori e dalla stessa parte del piano di esso poligono (fig. 137). Il poligono dato ed il poligono determinato dagli estremi dei segmenti eguali e paralleli condotti dai vertici di esso diconsi *basi;* i segmenti stessi *spigoli*; la distanza delle due basi, *altezza* del prisma; i parallelogrammi determinati dagli spigoli chiamansi *facce laterali* del prisma.

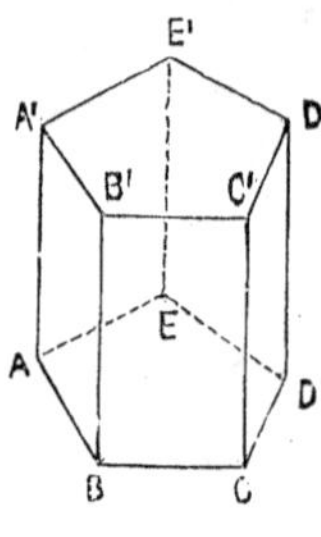

Fig. 137

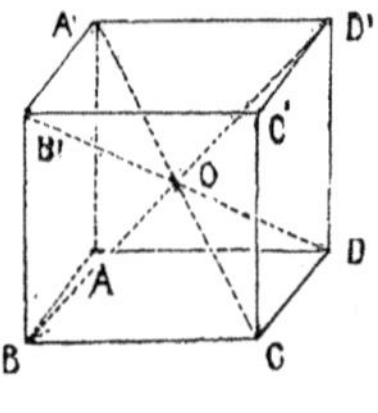

Fig. 138

Def. VI. — *Prisma retto* dicesi il prisma in cui gli spigoli sono perpendicolari al piano della base; *prisma obliquo* dicesi ogni altro prisma.

Def. VII. — 1) Il prisma dicesi *convesso, concavo* o *intrecciato*, secondo che il poligono base è convesso, concavo o intrecciato.

2) *Prisma regolare* dicesi il prisma retto che ha per base un poligono regolare.

Def. VIII. — *Parallelopipedo* dicesi il prisma che ha per base un *parallelogramma* (fig. 138).

Due facce non aventi vertici comuni si dicono *opposte*, e gli spigoli, i diedri, i vertici, i triedri determinati da facce opposte si dicono *opposti*.

Le quattro rette che uniscono i vertici opposti si chiamano *diagonali*. I piani che uniscono gli spigoli opposti si dicono *piani diagonali*.

Teor. II. — *In un parallelopipedo le facce opposte sono parallelogrammi eguali e paralleli; le diagonali si dimezzano scambievolmente in un medesimo punto; i diedri e i triedri opposti sono eguali.*

Siano $ABCD$, $A'B'C'D'$ le basi del parallelopipedo (fig. 138). La base $ABCD$ è un parallelogramma ed essendo AA', BB' eguali e paralleli dalla stessa parte del piano $ABCD$, $A'B'$ è eguale e parallelo ad AB. Per la stessa ragione $C'D'$ è eguale e parallelo a CD; dunque $A'B'$ e $C'D'$ e così $A'D'$, $B'C'$ sono eguali e paralleli; ciò equivale a dire che anche $A'B'C'D'$ è un parallelogramma.

Sia ora O il punto medio di BD'. Essendo le rette AB e $C'D'$ parallele fra loro, esse sono opposte rispetto ad O (post. VI), e quindi sono opposti rispetto ad O anche i punti A e C'. Analogamente si dimostra che A', C e B', D sono opposti rispetto ad O, e quindi le diagonali AC' e BD', $A'C$ e $B'D$ si dimezzano in O. I lati opposti, i diedri, ed i triedri opposti del parallelopipedo sono figure opposte rispetto al punto O; dunque sono eguali.

Def. IX. — *Parallelopipedo retto* dicesi quello i cui spigoli sono perpendicolari alla base; e *parallelopipedo rettangolo*, quello che è retto ed ha per base un rettangolo.

Cor. — *Nel parallelopipedo retto le coppie di diagonali che terminano a due vertici opposti di una faccia sono eguali.*

La figura $AA'C'C$ in questo caso è un rettangolo; ed in esso sappiamo che le diagonali sono eguali.

Def. X. — *Romboedro* dicesi il *parallelopipedo* avente per facce sei rombi eguali.

Cubo dicesi il parallelopipedo che ha per facce sei quadrati.

53. Teor. I. — *La corrispondenza di eguaglianza fra due figure solide eguali è determinata da due triedri corrispondenti.*

Siano $a\,b\,c$, $a'\,b'\,c'$ due triedri eguali di vertici V e V' corrispondenti in due figure solide eguali (fig. 139). Per dimostrare che dato un punto D della prima figura si può costruire il corrispondente D', basta condurre per D un piano che incontri i tre spigoli del triedro $a\,b\,c$ nei punti $A\,B\,C$. Siano $A'B'C'$ i punti corrispondenti nel triedro $a'\,b'\,c'$ si avrà: $A\,B\,C \equiv A'\,B'\,C'$.

Nell'eguaglianza dei due triangoli $A\,B\,C$, $A'B'C'$ il punto D' corrispondente a D corrisponde a D nei due triedri, e quindi anche nelle due figure date.

Cor. I. — *La corrispondenza di eguaglianza fra due figure solide eguali è determinata da due tetraedri corrispondenti.*

Cor. II. — *Due tetraedri che hanno un triedro eguale e gli spigoli che lo comprendono rispettivamente eguali sono eguali.*

Perchè i due triedri eguali determinano una corrispondenza di eguaglianza nello spazio e i due tetraedri sono figure corrispondenti nelle figure rettilinee eguali determinate dai due triedri.

Cor. III. — *Due tetraedri che hanno gli spigoli rispettivamente eguali sono eguali.*

Si dimostra che si ricade nel caso precedente ricorrendo ai teor. V, 26 e VIII, 47.

Teor. II. — *Due piramidi sono eguali se hanno l'angoloide al vertice eguale, compreso da facce ordinatamente eguali.*

Siano $V\,V'$ i vertici, $ABCD$ $A'B'C'D'$ le basi delle due piramidi (fig. 140) e l'angolode V e le facce AVB, BVC, CVD, DVA che lo comprendono siano rispettivamente eguali all'angoloide V' ed alle facce $A'V'B'$, $B'V'C'$, $C'V'D'$, $D'V'A'$ che lo comprendono.

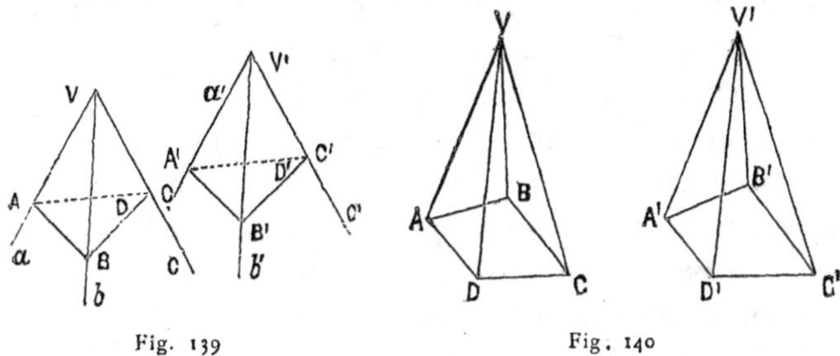

Fig. 139 Fig. 140

I due triedri $V.ABC$, $V'.A'B'C'$ avendo due facce eguali e il diedro compreso eguale sono eguali. Questa eguaglianza è sufficiente a stabilire fra le due piramidi date una corrispondenza di eguaglianza; perocchè ai punti ABC del primo triedro corrispondono i punti $A'B'C'$ del secondo e quindi al punto D il punto D' e a due punti $X\,Y$ della prima piramide corrispondono così due punti $X'\,Y'$ tali che $XY \equiv X'Y'$ (t. I), dunque le due piramidi sono eguali.

Teor. III. — *Due prismi sono eguali se hanno un triedro eguale compreso da facce eguali.*

Dimostrazione come pel teorema precedente.

§ 9.

Cono e cilindro

54. Oss. I. — Secondo le osservazioni I, II, III del n. 47, ai punti di una circonferenza corrispondono in una stella di centro V le rette di un sistema lineare che formano lo stesso angolo con una retta a, passante per V (fig. 141). E poichè per angolo di due rette intendiamo il minore, così le rette del sistema formano un angolo acuto α. E si deve escludere il caso in cui α è retto, perchè in tal caso le rette del sistema essendo perpendicolari alla retta a sono situate nel piano perpendicolare passante per V alla retta a.

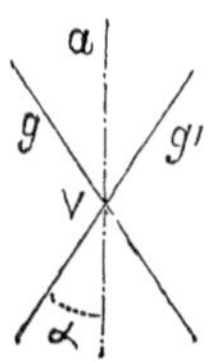

Fig. 141

Def. I. — 1) Il sistema di rette che formano angoli eguali con una retta a si chiama *superficie conica circolare retta a due falde, o superficie conica a due falde o completa.*

Le rette del sistema si dicono *generatrici*, V il *vertice*, *a l'asse*, e *l'angolo* α *l'angolo conico.*

2) Se le generatrici sono limitate al vertice, la superficie conica si chiama *ad una falda.*

Oss. II. — Per l' osservazione I. le generatrici, l'asse, l'angolo conico della *superficie conica* corrispondono ai punti, al centro, al raggio della *circonferenza.*

Def. II. — *Cono indefinito* dicesi la parte di spazio determinata da tutti gli angoli conici della superficie conica.

Il cono dicesi anche *parte interna* della superficie conica, esclusa la superficie, e la parte di spazio rimanente, esclusa la superficie, dicesi *esterna.*

Teor. I. — *Un piano perpendicolare all'asse taglia il cono in un cerchio avente il centro sull'asse.*

Sia a l'asse del cono; VA, VA'.... le sue generatrici e π un piano perpendicolare all'asse (fig. 142); dico che il piano π interseca il cono in un cerchio avente il centro sull'asse. Infatti sia O il punto d'intersezione del piano π coll'asse a, e siano A e A' i punti d'intersezione di π con due generatrici qualunque del cono VA, VA'; i triangoli VAO, $VA'O$ sono eguali, perchè sono rettangoli in O, hanno un cateto comune VO, e gli angoli AVO, $A'VO$ eguali. Dunque $AO \equiv A'O$ vale a dire A' è sulla circonferenza di raggio OA.

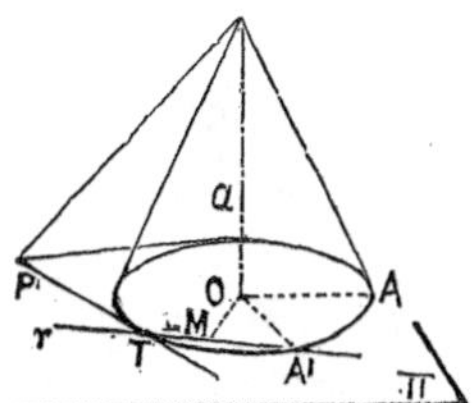

Fig. 142

Def. III. — La circonferenza nel caso del teor. II si dice *direttrice* del cono.

Def. IV. — Dicesi comunemente *cono* anche la parte del cono compresa tra il vertice e una sua direttrice che chiamasi in tal caso *base* del cono. La superficie conica compresa fra il vertice e la base dicesi anche *superficie laterale* del cono.

In questo cono chiamasi *altezza* il segmento dell'asse, limitato al vertice ed al centro, della *direttrice; apotema* il segmento di ogni generatrice, limitato al vertice ed alla direttrice.

Teor. II. — *Un piano passante pel vertice di una superficie conica, o ha in comune con essa due generatrici, o una sola generatrice, o non ha altro punto comune con essa, secondo che l'angolo di esso con l'asse é minore, eguale, o maggiore dell'angolo conico. E reciprocamente.*

Sia V il vertice π il piano della base del cono, Vr il piano passante pel vertice (fig. 142); sappiamo che la retta r ha in comune due, uno o nessun punto col circolo base, secondo che la retta r ha distanza da O minore, eguale o maggiore del raggio (t. II, 31). Siccome nella stella di centro V e piano direttore π, alla retta r, alla distanza di O dalla retta r, e al raggio della direttrice corrispondono rispettivamente il piano Vr, l'angolo che il piano Vr fa con l'asse, e l'angolo conico, ed ai punti d'incontro della retta r col cerchio di centro O corrispondono le rette del piano Vr comuni con la superficie conica; così il teorema, come anche il reciproco di esso, risulta di per sè manifesto.

Cor. I. — *Un piano passante pel vertice di un cono e che ha una retta interna al cono, incontra il cono in due rette.*

Cor. II. — *Una retta incontra la superficie conica o in due, o in uno o in nessun punto.*

Basta considerare il piano che congiunge la retta col vertice. I punti d'intersezione che la retta ha in comune con le generatrici del cono situate in questo piano, appartengono alla superficie conica; e inversamente

Def. V. — Piano *secante* di una snperficie conica dicesi quello che ha in comune con essa due generatrici distinte; piano *tangente* quello che ha in comune con essa una sola generatrice.

Cor. III. — *Per un punto di una superficie conica (che non sia il vertice) si può condurre un solo piano tan-*

gente; e per ogni altro punto esterno si possono condurre due piani tangenti alla superficie conica.

La congiungente il vertice col punto dato incontra il piano della direttrice in un punto, che nel primo caso è situato sulla direttrice. Ma per un punto di una circonferenza si può condurre una sola tangente; e per ogni punto esterno nel piano della circonferenza si possono condurre due di cotali rette, ed a queste rette corrispondono nella stella avente per centro il vertice, piani tangenti al cono.

Cor. IV. — *Il piano tangente secondo una generatrice del cono è perpendicolare al piano, che unisce la generatrice coll' asse.*

Teor. III. — *Un piano che non passa pel vertice di un cono può essere parallelo a due, a una, o a nessuna generatrice del cono.*

Sia π il piano dato, π' il piano ad esso parallelo passante pel vertice V del cono. Ogni generatrice del cono parallela a π è situata in π' (t. I, d. I, 42); ma il piano π' incontra il cono in due, una, o nessuna generatrice (t. II); dunque ecc.

Def. VI. — Ogni sezione piana della superficie conica che è un sistema lineare di punti (intuitivamente una linea, oss. emp. I, 5) dicesi *conica*. In particolare è una conica la circonferenza base del cono; e l' insieme di due rette generatrici del cono. Se il piano π di sezione non passa pel vertice del cono, nè è perpendicolare all' asse di esso, la conica dicesi *ellisse*, *parabola*, *iperbole* secondo che il piano π non è parallelo ad alcuna generatrice, oppure è parallelo ad una, o a due generatrici del cono (fig. 143, *a b c*).

Def. VII. — *Tronco di superficie conica o di cono* a basi parallele intendesi la superficie conica o di cono limitata da due piani perpendicolari all'asse, che tagliano una medesima falda.

Fig. 143 *a b c*

La distanza dei due piani dicesi *altezza del tronco;* la porzione di generatrice, limitata a questi piani, *apotema:* i due circoli sezione, le *basi* del tronco.

55. Def. I. — *Superficie cilindrica circolare retta*, o *superficie cilindrica*, dicesi un sistema di rette (*generatrici*, parallele che passano pei punti di una circonferenza (*direttrice*) e sono perpendicolari al piano di essa (fig. 144).

Def. II. — *Cilindro solido indefinito* o semplicemente *cilindro indefinito* intendesi la figura dei punti di una superficie cilindrica e dei punti interni di essa, dati dalle rette parallele all'asse che passano pei punti interni al cerchio direttore. *)

Per *asse* della superficie cilindrica s'intende la parallela alle generatrici, passante pel centro della direttrice. Chiamasi *cilindro* anche la parte di cilindro indefinito compresa fra due piani perpendicolari all'asse.

Altezza del cilindro dicesi in tal caso la distanza dei due piani (fig. 145)..

Teor. I. — *Un piano parallelo alle generatrici di una superficie cilindrica ha due, una o nessuna genera-*

---

*) Facendo uso degli elementi all'infinito si può dire che il cilindro è un cono col vertice all'infinito.

trice in comune con la superficie medesima, secondo che la sua distanza dall'asse è minore, eguale o maggiore del raggio della circonferenza direttrice. E reciprocamente.

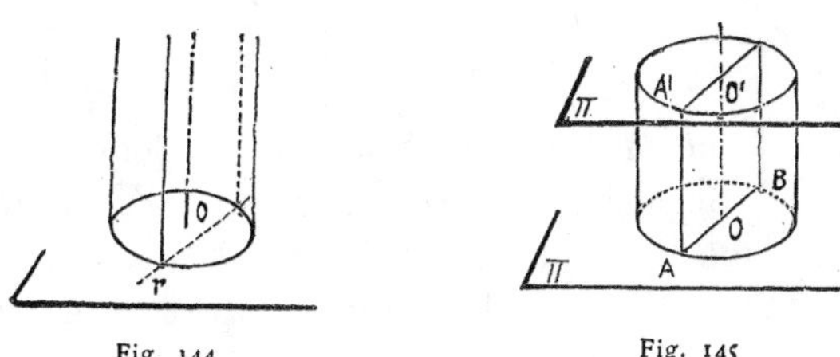

Fig. 144 Fig. 145

Infatti il piano parallelo ad una generatrice della superficie cilindrica taglia il piano del circolo base secondo una retta r (fig. 144); e secondo che questa retta r ha distanza dal centro del circolo base, maggiore, eguale, o minore del raggio, detto piano ha dall' asse distanza maggiore, eguale o minore del raggio (t. II, 46). E reciprocamente.

Def. III. — *Piano tangente* ad una superficie cilindrica dicesi il piano che ha in comune con essa una sola generatrice; *piano secante* quella che ne ha in comune due.

Cor. — *Per un punto di una superficie cilindrica si può condurre un solo piano tangente; e per un punto esterno ad una superficie cilindrica si possono condurre due piani tangenti.*

Dimostrazione analoga a quella del cono (c. III, t. II, 54).

Teor. II. — *Un piano perpendicolare all' asse incontra il cilindro in un circolo eguale alla base.*

Sia O' il punto d' intersezione del piano π' parallelo al piano della base π coll'asse (fig. 144), e si consideri il piano ABO che taglia la superficie cilindrica secondo le due generatrici AA', BB'. Dalla figura si ha:

$$AO \equiv A'O', \quad BO \equiv B'O'$$

ma $AO \equiv BO$, dunque

$$A'O' \equiv B'O'.$$

Variando il piano ABO intorno all'asse, i punti A' e B' descrivono una circonferenza di centro O', appartenente al piano π ed al cilindro.

Def. IV. — Nel cilindro limitato da due piani perpendicolari all'asse, la superficie cilindrica limitata da questi due piani dicesi *superficie laterale* del cilindro.

§ 10.

Sfera

56. Def. I. — Nella stella di centro O il sistema di punti X equidistanti da O di uno stesso segmento dicesi *superficie sferica* (fig. 146). Il punto O dicesi *centro*; il segmento OX, *raggio della superficie sferica*.

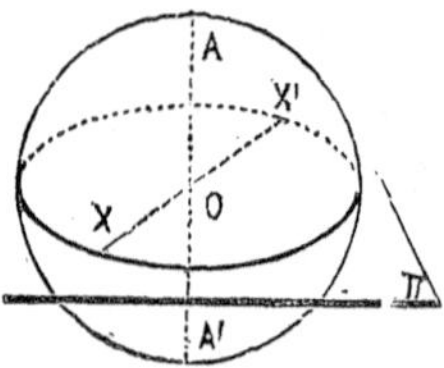

Fig. 146

Corda è il segmento che unisce due punti della superficie sferica. *Diametro* è una corda che passa pel centro. — Gli estremi del diametro chiamansi *punti opposti* od *antipodi* della sfera.

Def. II. — *Sfera solida* o semplicemente *sfera* si intende la figura determinata da tutti i raggi della superficie sferica. — La sfera, esclusa la superficie, dicesi *parte interna* della superficie sferica, la parte di spazio rimanente, esclusa la superficie, dicesi *esterna*.

Oss. — Un piano passante per il centro della sfera, incontra la superficie sferica in punti costituenti un circolo di raggio eguale a quello della sfera.

Def. III. — *Piano diametrale* dicesi il piano che passa pel centro della sfera. E *circolo massimo* dicesi il circolo d'intersezione della sfera con un piano diametrale.

Teor. I. — *Un piano diametrale divide la sfera in due parti eguali.*

Infatti le due parti della sfera di centro O (fig. 146) determinate da un piano diametrale sono figure corrispondenti nelle due parti eguali della stella O, opposte rispetto al punto O e determinate dallo stesso piano (t. I, 45 e t. II, 14).

Cor. — *Un circolo massimo divide la superficie sferica in due parti eguali.*

Perchè queste due parti sono figure corrispondenti nelle due parti della sfera, determinate dal piano del circolo massimo.

Def. IV. — Le due parti in cui un piano diametrale divide la superficie sferica o la sfera si chiamano *emisferi*.

Teor. II. — *Una retta incontra la superficie sferica in due, in uno o in nessun punto, secondo che la sua distanza dal centro è minore, eguale o maggiore del raggio.*

Infatti il piano diametrale che passa per una retta r (fig. 146) taglia la superficie in una circonferenza: i punti comuni della retta con questa circonferenza sono punti comuni della retta colla superficie sferica; ma la retta incontra la circonferenza in due o nessun punto, secondo che la sua distanza dal centro è minore, eguale o maggiore del raggio (t. II, 31), dunque ecc.

Def. V. — Retta *secante* della sfera dicesi una retta avente due punti in comune colla sfera; retta *tangente* quella che ha un solo punto comune colla sfera stessa.

Teor. III. — *Un piano qualunque taglia la sfera in un cerchio, o in un solo punto o in nessun punto, secondo la sua distanza dal centro è minore, eguale o maggiore del raggio della sfera.*

Sia O il centro della sfera, π il piano dato, r il raggio, S il piede della normale condotta da O al piano (fig. 147). Il segmento OS è il minore fra i segmenti determinati da O coi punti del piano π (t. I, 47). Se si fa passare per S un piano qualunque che taglia π secondo una retta SA, su questa retta vi sono due punti A, A_1 distanti da O del raggio della sfera, ed equidistanti da O, se $OA > OS$. Variando il piano intorno ad OS, il punto A descrive una circonferenza di centro S.

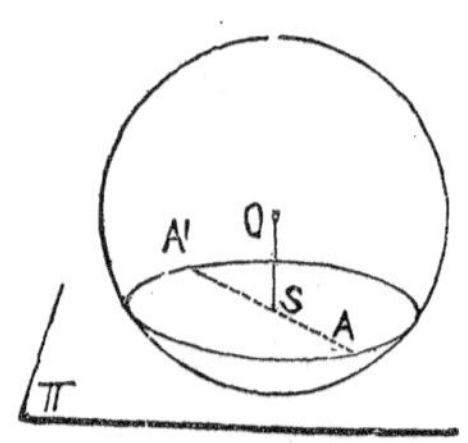

Fig. 147

Se invece è $OA \equiv OS$, la circonferenza si riduce al punto S.

E se è $OA < OS$, nel piano π non vi è alcun punto A distante da O del raggio della sfera.

Def. VI. — *Piano tangente* ad una sfera dicesi il piano che ha con la superficie sferica un solo punto in comune, che si chiama *punto di contatto* del primo. *Piano secante* dicesi il piano che ha in comune con la sfera un circolo.

Cor. — *Il piano tangente alla sfera è perpendicolare al raggio passante pel suo punto di contatto.*

Def. VII. — *Circolo minore* di una sfera, dicesi il circolo intersezione della sfera con un piano non passante pel centro.

Def. VIII. — 1) *Calotta* dicesi ciascuna delle porzioni di superficie sferica nelle quali la sfera viene divisa da un piano secante.

Il circolo comune alle due calotte dicesi *base*, e la porzione di diametro perpendicolare alla base, limitata da questa e dalla sfera, dicesi *altezza* della calotta.

2) *Zona* dicesi la porzione di superficie sferica limitata da due piani secanti e fra loro paralleli.

I due circoli sezioni dei piani con la sfera diconsi *basi*; e la distanza dei due piani medesimi *altezza* della zona.

Def. IX. — 1) *Fuso* dicesi la parte di superficie sferica limitata da due semipiani diametrali (fig. 148).

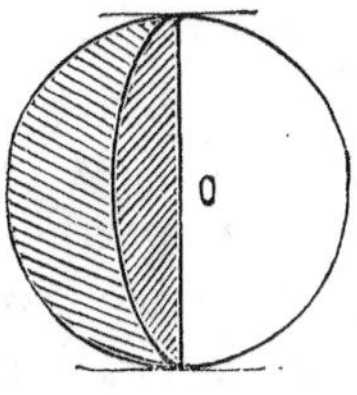

Fig. 148

2) *Spicchio* dicesi la parte di sfera limitata dal fuso, dai semircoli massimi passanti per uno stesso diametro.

Def. X. — *Angolo diedro* di un fuso (o di uno spicchio) dicesi l' angolo diedro dei semipiani, che determinano il fuso (o lo spicchio).

Teor. IV. — *Se due diedri sono eguali, sono eguali i fusi (o gli spicchi) corrispondenti. E reciprocamente.*

E se un diedro è maggiore di un altro diedro, il fuso (o lo spicchio) corrispondente al primo è maggiore del fuso (o dello spicchio) corrispondente al secondo. E reciprocamente.

Dimostrazione come per gli angoli al centro di uno stesso circolo e gli archi corrispondenti, facendo uso delle sezioni normali dei diedri.

Def. XI. — *Fusi opposti* diconsi due fusi della sfera compresi da diedri al centro opposti.

Cor. — *Due fusi opposti sono eguali.*

57. Def. I. — 1) *Fascio di circoli massimi* sulla sfera intendesi il sistema di circoli che passano per un punto della sfera, e quindi anche pel punto opposto ad esso.

2) *Angolo di due archi* di circoli massimi in uno dei loro punti d' intersezione dicesi la parte di fascio di circoli massimi limitata dai due archi.

Lati dell'angolo anzidetto diconsi gli archi stessi; *vertice* il loro punto comune. Se A è il vertice, e se AB, AC sono i lati dell'angolo, esso dinotasi con BAC o con CAB (fig. 149).

Def. II. — *Triangolo sferico* dicesi la figura determinata da tre punti pella superficie sferica non situati sulla medesima circonferenza massima, e dagli archi di circolo massimo minori di una semicirconferenza che li congiungono a due a due.

I punti ABC diconsi i *vertici*; gli archi AB, AC, BC i *lati*; gli angoli ABC, BAC, ACB gli *angoli* del triangolo sferico.

Oss. I. — Se si congiungono i vertici di un triangolo sferico ABC col centro della sfera, a cui appartengono, si ottiene un triedro. Ai lati del triangolo sferico si possono far corrispondere le facce di questo triedro; agli angoli le sezioni normali dei diedri del triedro stesso. E reciprocamente.

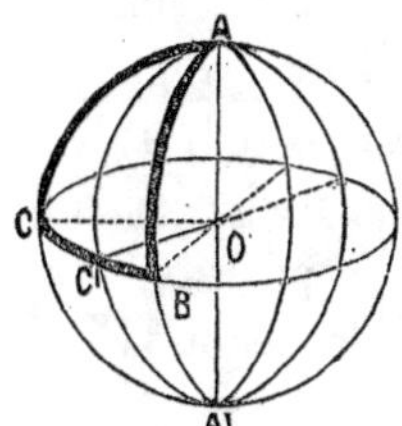

Fig. 149

Stabilita questa corrispondenza, a ciascuna proprietà delle facce e dei diedri del triedro, corrisponde l'analoga proprietà dei lati e degli angoli del triangolo sferico; basta perciò che si scambino rispettivamente le parole facce, angoli diedri, in lati, angoli.

A due raggi opposti p, p' della stella corrispondono due punti opposti P, P' della sfera; al piano perpendicolare a p e p' nella stella corrisponde un circolo massimo della sfera che si chiama *polare* dei punti P e P' che diconsi *poli* del circolo massimo.

Da ciò discendono senza alcuna difficoltà le proprietà dei lati, degli angoli di uno stesso triangolo sferico; i casi di eguaglianza di due triangoli sferici; ecc., da quelle già date dei triedri. *)

---

*) Così ad es. dai teor. I, 47, IV e V, 48 si ha: 1) Un lato di un triangolo sferico è minore della somma degli altri due. 2) La somma dei lati di un triangolo sferico è minore di un cir-

Oss. II. — Se si considera la figura determinata da n punti non situati tre a tre in un circolo massimo, si ha in modo analogo al piano (def. I, 29) un *poligono sferico* e corrispondentemente un angoloide di n lati nel centro della sfera come vertice. E alle proprietà delle facce o dei diedri dell'angoloide corrisponderanno le proprietà dei lati, degli angoli del poligono sferico.

La geometria della sfera è logicamente identica a quella della stella di raggi (o. III, 47), poichè si ottengono l'una dall'altra col semplice scambio di alcune parole, od ancora perchè le proposizioni fondamentali della prima valgono anche per la seconda, salvo lo scambio di alcune parole.

E siccome per la stella di raggi valgono tutte le proposizioni del piano indipendenti dal postulato delle parallele, lo stesso accade anche per la superficie sferica, quando ai punti e alle rette del piano si facciano corrispondere i punti e i circoli massimi della sfera. Solo si deve notare che, come si è visto per la stella di raggi, vi sono coppie di punti opposti che non determinano un circolo massimo, per modo che un tale circolo passando per un punto passa anche pel suo opposto. *)

---

colo massimo. 3) La somma degli angoli di un triangolo sferico è maggiore di due retti e minore di sei.

*) Per la costruzione del triangolo sferico dati i tre lati si può far uso del compasso nello stesso modo che per la costruzione del triangolo nel piano, e quindi si può ricondurre la costruzione del triedro date le facce o altri elementi alla costruzione di un triangolo sopra una sfera col centro nel vertice del triedro, dati i tre lati o gli elementi corrispondenti a quelli del triedro.

ESERCIZI

Libro terzo

Oss. — I problemi fondamentali della Stereometria elementare si riducono, oltre a quelli già segnalati nella Planimetria, ai seguenti:

Segnare un punto nello spazio. Costruire il piano determinato da tre punti non appartenenti ad una medesima retta (o da due rette parallele che si incontrano). Costruire la sfera, dati il centro ed il raggio; il cono circolare, dati la circonferenza direttrice e il vertice, oppure il vertice, l'asse e l'angolo conico; il cilindro, dati la circonferenza direttrice, una generatrice o l'asse. Costruire l'intersezione di una retta con un piano; di due e di tre piani; di un piano con un cono; di un piano con un cilindro; di un piano e di una sfera; di due sfere.

Per risolvere praticamente i problemi del piano abbiamo fatto uso della riga, del compasso e della squadra, mercè i quali si può con grande approssimazione e direttamente costruire le figure del piano in un campo limitato dell'osservazione, ad es. nel foglio del disegno. Per i problemi dello spazio non abbiamo invece istrumenti coi quali si possa porre direttamente un piano ed una sfera, ed è perciò che pei problemi dello spazio si deve dare qui la sola soluzione teorica, senza indicare i mezzi pratici atti a costruire effettivamente le figure dello spazio esteriore.

§ 1.

1. Più rette che si incontrano a due a due, senza essere situate in un medesimo piano, passano per un medesimo punto.
2. Una figura, che ha in comune con ogni retta dello spazio non appartenente ad essa un punto è un piano.

§ 2.

3. I piani di un fascio contengono tutti i punti dello spazio.
4. Le parti di un diedro o di due diedri, limitate da due sezioni normali, sono eguali.
5. Stabilire la corrispondenza di eguaglianza dello spazio intorno a due delle sue rette in modo che ad un piano passante per una retta corrisponda un piano dato passante per l'altra.

§ 3.

6. Condurre per un punto il piano perpendicolare ad una retta.
7. Condurre per un punto la retta perpendicolare ad un piano.
8. Condurre per una retta il piano perpendicolare ad un altro piano.
9. Condurre per un punto il piano perpendicolare a due piani.
10. Le perpendicolari condotte da un punto interno ad un diedro alle facce, formano un angolo supplementare a quello del diedro.
11. La perpendicolare condotta da un punto di una retta ad un piano fa colla retta un angolo complementare all'angolo che la retta data fa col piano.
12. I piani bissettori di due diedri adiacenti sono perpendicolari.
13. Per una retta condurre un piano che faccia con un altro piano un angolo dato.

§ 4.

14. Tre rette hanno infinite trasversali comuni, tali che per ogni punto di ciascuna delle tre rette ne passa una sola.
15. Condurre per un punto una retta che passi pel punto d'intersezione inaccessibile di due rette date.
16. Condurre per un punto un piano che passi per la retta d'intersezione inaccessibile di due piani.
17. Il fascio di piani si ottiene congiungendo l'asse, di esso coi punti di una retta qualsiasi che non incontra l'asse compreso il piano parallelo condotto per l'asse alla retta data.
18. Condurre per un punto il piano parallelo ad una retta data.
19. Condurre per un punto il piauo parallelo ad un piano dato.

20. Condurre per una retta parallela ad un piano il piano ad esso parallelo.
21. Condurre per una retta il piano parallelo ad un'altra retta.
22. I punti di mezzo dei lati di ogni quadrangolo sono vertici di un parallelogramma.
23. Due piani che passano per due rette parallele e non sono paralleli si intersecano in una retta ad esse parallela.
24. Se due figure situate in piani paralleli si corrispondono univocamente in modo che le rette dei punti corrispondenti sono parallele, le due figure sono eguali.
25. Condurre per un punto un segmento ad un punto di un piano dato α che sia parallelo ad un piano β e sia eguale ad un segmento dato.
26. Dati m segmenti $a\,b\,c$.... percorsi in un dato verso, se da un punto qualsiasi A' si conduce un segmento $A'B'$ parallelo, eguale e dello stesso verso di a, e da B' un segmento $B'C'$ parallelo, eguale e dello stesso verso di b, e così via; il segmento $A'M'$ che congiunge A' col secondo estremo dell'ultimo segmento così costruito è eguale al segmento che si ottiene allo stesso modo partendo da un altro punto indipendentemente dall'ordine in cui si considerano i segmenti.

Oss. — Il segmento $A'M'$ nel verso da A' ad M' si chiama la *risultante* degli m segmenti $a\,b\,c\,d$.... percorsi nei versi dati, i quali si chiamano *componenti*. *Comporre* più segmenti dati significa trovare la loro *risultante*; *decomporre* un segmento significa trovare dei segmenti di cui il dato sia la risultante.

27. La risultante di più segmenti dati non cambia quando ad alcuni di essi si sostituisce la loro risultante.
28. Data la risultante di due segmenti e uno di questi, costruire l'altro segmento.
29. Data una retta obliqua rispetto ad un piano, in questo piano esiste una sola retta perpendicolare alla data e passante pel punto d'incontro di questa col piano.

§ 5.

30. In quante regioni dividono tre piani lo spazio? In quante quattro piani a due a due paralleli?
31. Tagliare un angoloide tetraedro con un piano in modo che la sezione sia un parallelogramma.

§ 6.

32. Date le proiezioni degli estremi di un segmento sopra un piano e i segmenti proiettanti, costruire il segmento stesso.

33. Le proiezioni di due segmenti eguali ed egualmente inclinati sopra un piano sono eguali.

34. La proiezione di un segmento sopra un piano è eguale o minore del segmento, secondo che il segmento è parallelo o no al piano.

35. La figura che ha per proiezione sopra due piani due rette è una retta.

36. Se una retta è perpendicolare ad un piano, la sua proiezione sopra un altro piano è perpendicolare all' intersezione dei due piani.

37. Le oblique che passano per un punto e sono egualmente inclinate con un piano hanno i loro piedi sopra una circonferenza.

38. Luogo dei punti equidistanti da due piani.

39. Luogo dei punti equidistanti da due o tre punti dati.

40. Dati due punti e una retta, costruire sulla retta un punto che sia equidistante dai due punti dati (39).

41. Dati tre punti e un piano, costruire nel piano un punto che sia equidistante dai tre punti dati (39).

42. Le figure rettilinee determinate da due punti e da due piani sono eguali se i punti hanno rispettivamente la stessa distanza dai due piani.

43. Due segmenti eguali AC, BD che fanno angoli eguali col segmento AB fanno angoli eguali anche col segmento CD, e la retta che unisce i punti di mezzo dei lati opposti è perpendicolare ai segmenti AB e CD.

44. Condurre per un punto una perpendicolare a due rette sghembe.

45. Se due segmenti hanno i loro estremi rispettivamente in due rette sghembe e ad egual distanza dagli estremi del segmento normale, i due segmenti sono eguali e formano angoli eguali colle rette date.

46. L'angolo α della sezione normale di un diedro è il minimo fra gli angoli che uno dei suoi lati situato in una faccia del diedro fa colle rette dell'altra faccia.

47. Rette o piani paralleli fanno angoli eguali con un piano.

48. Determinare sopra una retta un punto tale, che la somma delle sue distanze da due piani che si incontrano sia minima.
49. Luogo dei punti tali, che la somma delle loro distanze da due piani sia eguale ad una distanza data.

§ 7.

50. Costruire un triedro dati:
    a) le tre facce.
    b) i tre diedri.
    c) due facce e il diedro da esse compreso.
    d) una faccia e i due diedri adiacenti.
51. Dato un piano e una retta che lo incontra in un punto P, costruire una retta del piano passante per P che formi colla retta data un angolo dato (50 *c*).
52. I piani bissettori di un triedro si incontrano in una retta.
53. I piani perpendicolari alle facce di un triedro e che passano per le bissettrici di esse facce si tagliano in una retta.
54. In ogni angoloide poliedro convesso di n spigoli ogni diedro aumentato di $2n - 4$ retti supera la somma degli altri diedri.
55. In ogni angoloide poliedro convesso di n spigoli la somma di tutti i diedri è minore di $2n$ retti e maggiore di $2n - 4$ retti.
56. I piani bissettori dei diedri di un tetraedro passano per uno stesso punto equidistante dalla facce del tetraedro.
57. I piani che dimezzano perpendicolarmente gli spigoli di un tetraedro passano per uno stesso punto che è equidistante dai vertici del tetraedro.
58. Le congiungenti i punti medî degli spigoli opposti del tetraedro si incontrano in un punto.
59. Le rette che congiungono i vertici di un tetraedro coi punti d'incontro della mediane delle faccie opposte si incontrano in uno stesso punto.

§ 8.

60. Le perpendicolari innalzate sulle facce di un tetraedro dai centri dei circoli circoscritti a queste facce si incontrano in un punto.
61. Tagliare un tetraedro con un piano in modo che la sezione sia un parallelogramma.

62. Tagliare un cubo con un piano in modo che la sezione sia un esagono regolare.
63. Se le diagonali di un prisma quadrangolare passano per uno stesso punto, il prisma è un parallelopipedo.
64. Due angoloidi sono eguali se hanno le facce e i diedri ordinatamente eguali.
65. Due piramidi sono eguali se sono eguali i loro poligoni, due triedri corrispondenti e gli spigoli laterali aventi un estremo nei loro vertici.
66. Un parallelopipedo è diviso da un piano diagonale in due prismi eguali.
67. Due prismi convessi sono eguali se hanno eguali i loro poligoni ed i loro spigoli laterali, e se un triedro del primo è eguale al triedro corrispondente del secondo.
68. Due perallelopipedi retti sono eguali se hanno basi ed altezze eguali.

§ 9.

69. Quali altri teoremi analoghi a quelli già dati pel cerchio si possono enunciare pel cono?
70. Una conica non può avere più di due punti in comune con una retta del suo piano.

Oss. — Una retta che ha un solo punto comune con una sezione conica si chiama *tangente*.

71. Per un punto del piano di una conica non si possono condurre più di due tangenti.

§ 10.

72. Costruire la sfera essendo dati il raggio e tre punti.
73. Ogni tetraedro è inscritto ad una sfera e circoscritto ad un'altra sfera.
74. Nella superficie sferica valgono le seguenti proposizioni:
    I. Un circolo massimo è un sistema lineare omogeneo chiuso.
    II. Un arco di circolo massimo ha un solo punto di mezzo.
    III. Esiste un solo circolo massimo che contiene due punti, purchè non siano opposti.

IV. Due circoli massimi che hanno in comune un punto, hanno in comune anche il punto opposto.

V. Due circoli massimi sono eguali.

VI. L'angolo sferico *ab* è eguale all'angolo sferico *ba*.

VII. Due circoli massimi si incontrano in due punti opposti.

Oss. — Per arco di due punti, se non si dice diversamente, si intende il minore fra i due archi da essi determinati sopra il circolo massimo che li contiene.

75. Tutti i punti della superficie sferica equidistanti da un punto della superficie stessa sono in una circonferenza (74).

76. Costruire il raggio di una sfera il cui centro è inaccessibile. (Presi due punti sulla sfera si costruiscano tre punti del circolo massimo perpendicolare, che passa pel punto di mezzo dell'arco massimo determinato dai due punti. Ottenuti questi tre punti e costruito nel piano un triangolo i cui lati siano eguali alle distanze dei tre punti, il raggio del circolo circoscritto a questo triangolo sarà anche il raggio della sfera).

LIBRO QUARTO

§ 1.

Continuità della retta

58. Oss. emp. 1. — Dato un segmento qualunque AB, vediamo, o imaginiamo, che esiste almeno un punto distinto dagli estremi (fig. 150). Dato inoltre in AB un punto P, esso divide AB in due segmenti AP, PB. Indicando i punti del segmento AP, tranne P, con la lettera comune X, e quelli del segmento PB, tranne P, con X', noi abbiamo due serie o classi di punti (X) e (X') tali, che per ogni segmento ε dato ad arbitrio è possibile segnare, ed in più modi, due punti X ed X', pei quali è $(XX') < \varepsilon$. Ciò si verifica praticamente, sempre che il segmento ε abbia gli estremi praticamente distinti. Tale osservazione giustifica la seguente:

Def. I. — Due serie o classi di punti (X) e (X') sulla retta si dicono *contigue* se i punti X precedono i punti X' (o i punti X' precedono i punti X) e se, dato un segmento ε ad arbitrio, esistono due punti X ed X' tali che il segmento XX' è minore di ε.

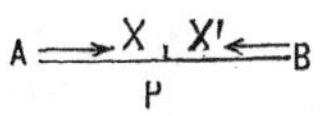

Fig. 150

Oss. I. — Se $XX' < \varepsilon$, scelto un segmento $\varepsilon_1 < \varepsilon$ vi saranno pure in (XX') punti $X_1\, X_1'$ tali, che è $X_1 X_1' < \varepsilon_1$. E così di seguito.

Quindi per la definizione precedente vi sono quanti si vogliano punti X e X', pei quali $XX' < \varepsilon$.

Oss. emp. II. — Dall'oggetto rettilineo della fig. 150 vediamo che se si hanno due serie contigue qualunque di punti (X) ed (X') tali che la (X) non ha un ultimo punto, e la (X') non ha un primo punto, fra esse esiste almeno un punto P, perchè quando X ed X' sono sufficientemente vicini, praticamente si confondono in un solo, che si assume come punto P. Porremo dunque il:

POST. VIII. — **In ogni segmento AB esiste almeno un punto distinto dagli estremi.**

Post. *) — *Fra due serie contigue di punti (X) e (X') sulla retta, che non hanno rispettivamente un ultimo e un primo punto, esiste almeno un punto della retta.*

Cor. — *Fra due serie contigue di punti sulla retta, le quali non hanno rispettivamente l'ultimo e il primo punto, esiste un solo punto.*

Infatti se esistessero due tali punti L ed L', non esisterebbe un segmento XX' minore del segmento LL', contro l'ipotesi che le serie siano contigue (def. I).

---

*) Nell'Ed. compl. questo postulato è enunciato in forma diversa, con l'uso cioè del linguaggio del movimento, ma con lo stesso significato. Lo si è indicato con carattere corsivo perchè nell'Appendice ho dimostrato che estendendo il concetto di punto si può teoricamente evitare il detto postulato, senza che sia necessario un nuovo postulato pratico. Però il postulato suddetto, quando si mantiene il concetto primitivo del punto, come accade in questo trattato, non si può dimostrare. Esso è dunque di natura differente da quelle proposizioni che sono date come postulati, e segnati con *) nei libri I e II, i quali sono dimostrabili.

Oss. II. — Per essere il fascio di raggi e il fascio di piani sistemi omogenei, sostituendo nelle classi contigue di punti al punto il raggio e il piano, e al segmento l'angolo e il diedro, avremo due classi contigue di raggi in un fascio di raggi, e due classi contigue di piani in un fascio di piani. Per avere poi due classi contigue di punti sulla circonferenza basterà sostituire al segmento l'arco.

Def. II. — Ogni sistema lineare omogeneo che soddisfa ai due precedenti postulati, salvo lo scambio di alcune parole, dicesi *continuo*.

Teor. I. — *Il fascio di raggi, il fascio di piani, e la circonferenza sono sistemi continui.*

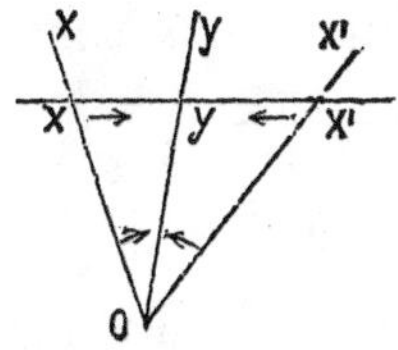

Fig. 151

a) Dato un angolo XOX' qualunque, esiste sempre in esso un raggio OY distinto dagli estremi. Basta infatti tagliare i lati dell'angolo con una retta XX' e unire un punto Y interno del segmento (XX') col punto O; il raggio OY è pure interno dell'angolo XOX' (fig. 151).

Siano ora (x) e (x') due serie contigue di raggi del fascio di centro O; esse tagliano sulla retta XX' due serie contigue di punti (X) ed (X'), perchè se fra le due serie esistesse un segmento a allora non vi sarebbe alcun angolo $(x\,x')$ minore dell'angolo che proietta

a da O, contro l' ipotesi che le due classi (x) ed (x') siano contigue. Ma fra le classi contigue di punti (X) ed (X') esiste un solo punto Y, e questo determina un solo raggio y, compreso fra le due classi contigue di raggi (x) ed (x'); quindi il fascio è un sistema continuo (d. II).

b) Per il fascio di piani la dimostrazione e analoga alla precedente.

c) Per la circonferenza, basta osservare che per la corrispondenza fra gli angoli al centro e gli archi di essa, a due serie contigue di raggi del fascio al centro corrispondono due serie contigue di punti sulla circonferenza, e che il raggio y compreso fra le due serie contigue di raggi determina un punto Y, compreso fra le due serie contigue di punti sulla circonferenza; sicchè anche la circonferenza è un sistema continuo.

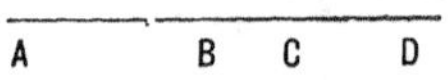

A B C D

Fig. 152

59. Oss. emp. — Dati due segmenti diseguali AB e CD $(CD < AB)$, se AB è multiplo di AD, cioè se $(CD)\,m \equiv AB$, è chiaro che ha luogo la proprietà $(CD)\,(m+1) > AB$, ossia vi è un multiplo del segmento minore che supera il maggiore. Lo stesso avverrebbe se CD fosse multiplo di un summultiplo di AB. Ma se AB e CD non hanno questa relazione, l'intuizione dei segmenti che *noi vediamo* (fig. 152) ci assicura che la proprietà suddetta sussiste egualmente, anche se nei limiti dell'osservazione non possiamo costruire il segmento $(CD)\,(m+1)$. Per assicurarsi della detta proprietà basta in questo caso verificarla per due summultipli di AB e CD secondo un numero n abbastanza grande, perchè se è

$$\frac{CD}{n}\,m > \frac{AB}{n}, \text{ è pure } (CD)\,m > AB.$$

POST. IX (d' Archimede). — Dati due segmenti diseguali della retta, esiste sempre un multiplo del minore che supera il maggiore.

Oss. — Questa proposizione vale anche per due segmenti qualunque di due rette (t. I, 13).

Def. — Due segmenti dati che soddisfano alla condizione del post. IX si chiamano *finiti fra loro*. E poichè i segmenti costanti della retta soddisfano tutti al post. IX essi si dicono *finiti*. *)

Cor. — *Se due segmenti sono diseguali e l'uno non è multiplo dell' altro, vi sono sempre due multipli consecutivi del minore AB che comprendono il segmento maggiore CD.*

Infatti vi sono in primo luogo numeri m, pei quali $(AB)m < CD$; essendo $AB < CD$, m sarà almeno eguale ad 1. E per il postulato d' Archimede vi sono anche numeri k maggiori di m pei quali: $(AB)k > CD$.

Se l' ultimo numero pel quale è $(AB)\,m < CD$ è n, il numero $n + 1$ sarà un numero k e si avrà

$$(AB)\,n < CD < (AB)\,(n + 1)$$

Teor. — *Dati due angoli, due archi di circonferenza o due angoli diedri, esiste un multiplo del minore che supera il maggiore.*

a) Siano α e β due angoli e sia $\alpha < \beta$; dico che esiste sempre un numero m tale che $\alpha m > \beta$.

Sia dapprima $B\widehat{A}C \equiv \beta$ acuto (fig. 153), e si con-

---

*) La retta in sè, tranne la proprietà di essere aperta, è lefinita dai post. II, VIII e IX; e la retta insieme con le altre igure viene determinata dai post. III e IV.

duca da un punto C del lato AC una retta CB perpendicolare al lato AB. Sia $B\widehat{A}D_1 \equiv \alpha$ e inoltre

$$BD_1 \equiv D_1D_2 \equiv D_2D_3 \equiv .... \equiv D_{m-1}D_m$$

e sia C compreso fra B e D_m, il che deve sempre accadere (post. IX). Si conduca per D_2 la parallela ad AB e si prolunghi AD_1 fino ad incontrare questa parallela in A'. I due angoli D_1AD_2, BAD_1 sono eguali come alterni interni della trasversale AA' colle due parallele AB, $A'D_2$ e quindi sono eguali i triangoli ABD_1, $A'D_1D_2$. Ma $AD_2 > AB$ epperò $AD_2 \equiv A'D_2$, dunque nel triangolo $A'AD_2$ si ha:

$$D_1\widehat{A}D_2 < D_1\widehat{A'}D_2$$

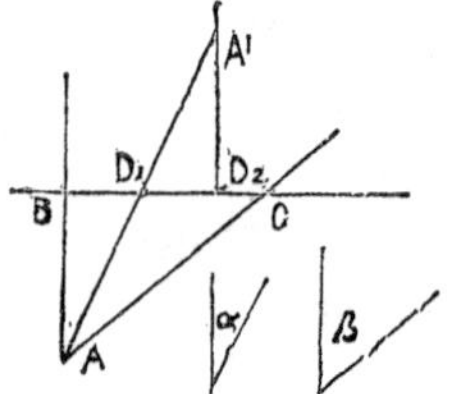

Fig. 153

Analogamente si dimostra che:

$$D_2\widehat{A}D_3 < D_1\widehat{A}D_2, ..., D_{m-1}\widehat{A}D_m < D_{m-2}\widehat{A}D_{m-1}$$

Ma è $B\widehat{A}C < B\widehat{A}D_m$, quindi sommando:

$$B\widehat{A}D_1\, m > B\widehat{A}C$$

Se gli angoli α e β non sono acuti, si potranno scomporre in angoli acuti. Valendo il teorema per questi angoli, varrà anche per la loro somma, e quindi pei due angoli qualunque dati.

a) Dati invece due archi a e b di una circonferenza (od anche di circonferenze eguali) siano α e β i rispettivi angoli al centro. Osservando che ad angoli al centro eguali o diseguali corrispondono archi eguali o diseguali e inversamente (t. I, 29 e c. t. I, 30), si avrà che ad un multiplo secondo il numero m di un angolo al centro corrisponde un arco multiplo secondo lo stesso numero dell'arco corrispondente. Dalla relazione $\alpha m > \beta$ si ricaverà dunque $a m > b$.

c) Per dimostrare il teorema per due angoli diedri basta osservare che fra gli angoli diedri e le loro sezioni normali sussiste la stessa corrispondenza, come fra gli archi e gli angoli al centro della circonferenza.

§ 2.

Generalità sulle figure equivalenti

60. Def. I. — 1) Se i perimetri di due poligoni convessi A e B hanno uno o più punti, od una parte in comune, e se i poligoni stessi oltre a ciò non hanno in comune alcun punto interno, i due poligoni diconsi *adiacenti*.

2) E dicesi *somma* dei due poligoni convessi adiacenti A e B, o di due poligoni ad essi eguali, la figura data dai poligoni adiacenti A e B.

Ad es. il parallelogramma è somma dei due triangoli in esso determinati da una sua diagonale (fig. 154).

3) Le parti interne dei poligoni adiacenti A e B e i punti comuni che non appartengono al perimetro della figura da essi determinata costituiscono la *parte interna* della loro somma.

4) Se i perimetri della somma dei poligoni A e B e di un terzo poligono convesso C hanno uno o più punti od una parte in comune, e se la somma di A e B

ed il poligono C oltre ciò non hanno in comune alcun punto interno, la figura che si ottiene, dicesi *somma dei tre poligoni* $A\,B\,C$, o di tre poligoni ad essi eguali. E così di seguito.

Def. II. — 1) *Figura poligonale* dicesi un poligono convesso od una figura somma di più poligoni convessi.

2) E per *parte poligonale* di una tale figura intendesi una figura poligonale che sommata ad altre figure poligonali determina la figura data.

Def. III. — 1) Se le superficie di due poliedri convessi A e B hanno uno o più punti, uno o più spigoli, od una parte di esso in comune, e se i poliedri stessi non hanno in comune oltre a ciò alcun punto interno, i due poliedri diconsi *adiacenti*.

2) *Somma* dei due poliedri convessi adiacenti A e B, o di due poliedri ad essi eguali, dicesi la figura data dai due poliedri A e B.

3) Le parti interne dei poliedri A e B adiacenti e i punti comuni che non appartengono alla superficie della figura da essi costituita costituiscono la *parte interna* della somma di essi.

Ad es. il parallelopipedo (fig. 155) è somma dei due prismi triangolari, che sono determinati in esso da un piano diagonale.

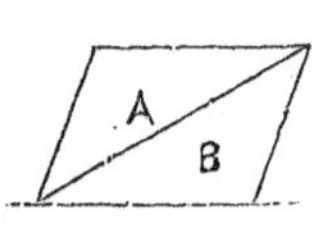

Fig. 154

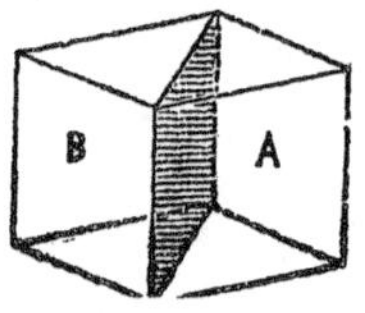

Fig. 155

4) Se le superficie della figura somma di A e B e di un poliedro convesso C hanno uno o più spigoli,

od una parte in comune, e se la somma di A, B ed il poliedro C oltre a ciò non hanno alcun punto interno, la figura che si ottiene dicesi *somma dei tre poliedri* $A\,B\,C$ o di tre poliedri ad essi eguali. E così di seguito.

Def. IV. — *Figura poliedrica* dicesi un poliedro convesso od una figura somma di più poliedri convessi.

2) E per *parte poliedrica* di una tale figura intendesi una figura poliedrica, che sommata ad altre figure poliedriche determina la figura data.

61. Def. I. — 1) La somma S di due figure A e B si indica scrivendo:

$$S = A + B$$

Le figure A e B diconsi *parti* di S; e si dice altresì che A è la *differenza* di B da S; B la *differenza* di A da S.

2) E se $B \equiv A$, S dicesi *doppia* di A e di B; e A dicesi *metà* di S.

3) La somma S delle tre figure A, B, C si indica similmente con

$$S = A + B + C$$

E se $B \equiv A$, $C \equiv A$, S dicesi *tripla* di A. E così di seguito.

Def. II. — Due poligoni (o poliedri) si dicono *equivalenti* se sono somme di triangoli (o di tetraedri) e quindi anche di parti poligonali (o poliedriche) rispettivamente eguali.

Ad es. i due parallelogrammi A, B determinati dalle somme degli stessi triangoli I e II, ma diversamente disposti, sono equivalenti (fig. 156).

Oss. I. — Per esprimere che due figure A e B sono equivalenti, si suole scrivere

$$A = B \quad \text{oppure} \quad B = A$$

Teor. I. — *Figure poligonali o poliedriche eguali sono equivalenti.*

Infatti date due figure eguali, ogni divisione in parti della prima, per la corrispondenza di eguaglianza delle figure date, può eseguirsi anche nella seconda, e in modo che le parti siano ciascuna a ciascuna eguali.

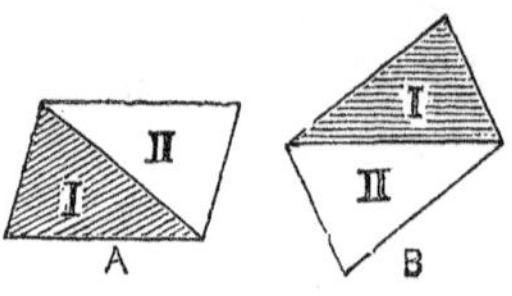

Fig 156

Teor. II. — *Somme di figure poligonali o poliedriche equivalenti sono equivalenti.*

Trattisi dapprima di figure poligonali.

Se $A = B$, ciò significa che A e B sono somme di triangoli $A'A''A'''$ .... $B'B''B'''$ .... rispettivamente eguali.

E se $C = D$, sono parimenti C e D somme di triangoli $C'C''C'''$.... $D'D''D'''$.... rispettivamente eguali. Ma la somma $A + C$ e la somma $B + D$ sono somme dei triangoli $A'A''$ ..., $C'C''$ ...., $B'B''B'''$ .... $D'D''D''''$ .... rispettivamente eguali; epperò: $A + C = B + D$.

Si procede in modo analogo, se trattasi di figure poliedriche.

Teor. III. — *Due figure poligonali equivalenti ad una medesima figura sono equivalenti fra loro.*

Siano $A = C$, $B = C$. Poichè $A = C$, A e C sono somme di triangoli $A'A''$...., $C'C''$.... rispettivamente eguali; e poichè $B = C$, sono pure B e C somme di triangoli $B'B''$...., $C_1'C_1''$.... ciascuno a ciascuno rispettivamente eguali. Se i triangoli $C'C''$.... $C_1'C_1''$....

sono ciascuno a ciascuno rispettivamente eguali, il teorema è dimostrato, cioè $A = B$. In caso diverso osserviamo che un triangolo qualsiasi C' del primo gruppo potrà trovarsi nelle seguenti posizioni rispetto ad un triangolo qualunque C_1' del secondo gruppo: 1) Il primo non ha alcun punto in comune col secondo, oppure ha col secondo solo dei punti del perimetro in comune, come LMQ, RON oppure LMQ, MQN (fig. 157); 2) il primo è contenuto nel secondo, oppure

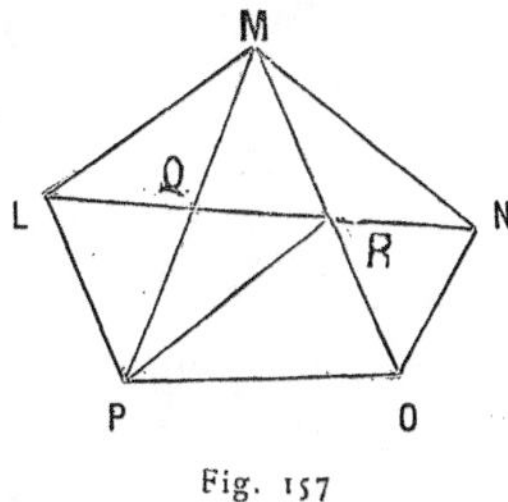

Fig. 157

questo contiene il primo, come QMR, PMO oppure LMN, LMQ; 3) il primo e il secondo hanno ciascuno dei punti interni e dei punti esterni l'uno rispetto all'altro, come QMN e MPR. Nel primo caso C' e C_1' non hanno alcuna parte comune; nel secondo caso o coincidono o l'uno è parte dell'altro; nel terzo caso uno almeno dei vertici di C' è esterno a C_1' e almeno uno dei lati di C' incontra il perimetro di C_1'. In tal caso la parte comune è il poligono determinato dalle intersezioni dei lati dei due triangoli. Il triangolo C' o non ha parte comune con alcuno dei triangoli C_1' C_1''.... ed allora appartiene esso stesso ad uno di questi triangoli; ovvero ha una parte comune con alcuni dei detti triangoli e in tal caso esso viene diviso da questi triangoli in parti. Le parti e i triangoli comuni ai due gruppi di triangoli suddetti costituiscono dunque la C e appartengono, rispettivamente ai triangoli $C'C''$..., $C_1'C_1''$... ; essi determinano dunque una nuova divisione in triangoli $D'D''$... di C, che appartengono tanto ai triangoli $C'C''$..., quanto ai triangoli $C_1'C_1''$...

Eseguendo quindi la suddivisione analoga nelle parti eguali di A e in quelle di B, si trova che A e B sono somme di parti ciascuna a ciascuna rispettivamente eguali a $D'D''$... e quindi anche fra loro. Anche in tal caso pertanto è $A = B$.

Oss. II. — Ad es. il quadrato C e il rettangolo A (fig. 158) sono equivalenti perchè somme di due rettangoli eguali e quindi dei quattro triangoli (12), (345), (678), (910) segnati nelle due figure a tratto continuo. Il quadrato C e il triangolo B sono pure equivalenti perchè composti di due triangoli rettangoli eguali, segnati a tratto discontinuo, cioè (145610), (23789).

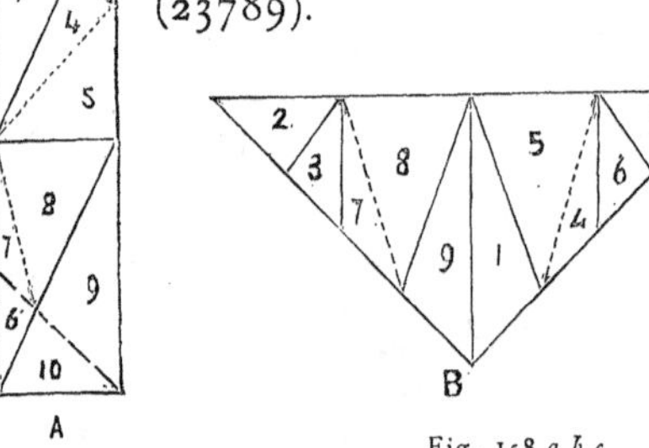

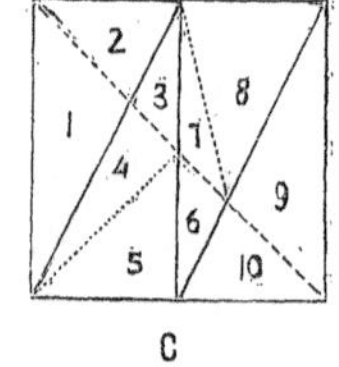

Fig. 158 *a b c*

I triangoli C' cioè (12), (345), (678), (910) e i triangoli C_1' cioè (145610), (23789) in C determinano la divisione in parti 1, 2, 3, (45), 6, (78), 9, 10 e quindi nei triangoli D' D'' cioè 1, 2, 3, 4, 5, 6, 7, 8, 9, 10.

Teor. IV. — *Due figure solide equivalenti ad una medesima figura sono equivalenti.*

La dimostrazione è la stessa, solo che in luogo di due serie di triangoli si hanno due serie di tetraedri.

§ 3.

Figure poligonali equivalenti

62. Teor. I. — *Parallelogrammi di egual base e di eguale altezza sono equivalenti.*

Consideriamo dapprima il caso che le basi eguali dei due parallelogrammi coincidano, e che i due parallelogrammi stessi siano in uno stesso piano e si trovino dalla stessa banda della base comune.

Poichè questi due parallelogrammi $ABCD$, $ABC'D'$ hanno eguali le altezze corrispondenti alla base comune, le rette CD, $C'D'$ per esser parallele alla AB e per aver eguale distanza dalla AB coincideranno. E sarà inoltre $CD \equiv C'D'$. Ciò posto:

a) Se C' coincide con C e D' con D i due parallelogrammi coincidono e quindi sono anche equivalenti.

b) Se le coppie di punti CD, $C'D'$ si separano, ad es. se C' è contenuto in CD, D' sarà fuori di CD (fig. 159 *a*) e in tal caso i due triangoli ACC'

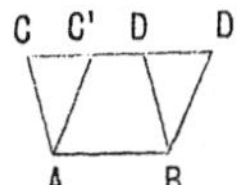

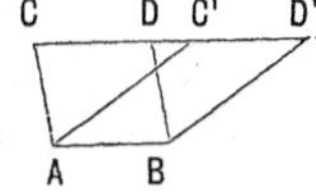

Fig. 159 *a b*

BDD' avendo i lati AC, AC' e l'angolo compreso CAC' rispettivamente eguali ai lati BD, BD' e DBD', saranno eguali, e si conchiuderà che i due parallelogrammi dati sono equivalenti, essendo l'uno somma dei poligoni ACC', $AC'DB$ e l' altro somma dei poligoni DBD', $AC'BD$ rispettivamente eguali. Se C' coincide con D il trapezio $AC'BD$ si riduce ad un triangolo, e i due parallelogrammi sono pure equivalenti.

c) E se le coppie di punti CD, $C'D'$ non si separano e sono disposte ad es. nell' ordine $CDC'D'$ (fig. 159 *b*), porteremo a cominciar da D e nello stesso verso di CD dei segmenti consecutivi eguali a CD finchè (pel post. d'Archimede) avremo ottenuto un segmento $CX \equiv (CD)\,n$, che termini in D' oppure in un punto fra C' e D'. Tutti i parallelogrammi di base AB che hanno per lati ad essa opposti i segmenti suddetti sono equivalenti al parallelogramma $ABCD$; l'ultimo di essi però, per i casi finora considerati *a) b)* é equivalente anche al parallelogramma $ABC'D'$. Adunque anche in questo caso $ABCD$ e $ABC'D'$ sono equivalenti.

d) Che se i due parallelogrammi dati non sono disposti come nella dimostrazione precedente, noi sappiamo costruire nel piano del primo $ABCD$ e dalla stessa banda rispetto ad AB un parallelogramma la cui base coincide con AB e che sia eguale a quello dato.

Cor. — *Un parallelogramma é equivalente ad un rettangolo della stessa base e della stessa altezza.*

Teor. II. — *Un triangolo è equivalente ad un rettangolo che ha per base la metà di un lato del triangolo e per altezza l'altezza corrispondente a questo lato; o ad un rettangolo che ha per base un lato del triangolo e per altezza la metà dell'altezza corrispondente.*

a) Siano ABC il triangolo, BC la base, AG l'altezza corrispondente (fig. 160). La parallela ad AB condotta dal punto di mezzo E di BC incontra AC

nel suo punto di mezzo D; e se AF è parallela a BC si ha: $AF = BE$ (c. I, t. VI, 27).

Ora, i triangoli ADF, EDC sono eguali per avere un lato e gli angoli rispettivamente eguali (t. II, 27), perciò il triangolo ABC e il parallelogramma $ABEF$ sono equivalenti come somme del trapezio $ADEB$ e dei triangoli eguali ADF, DEC. Adunque il triangolo ABC è equivalente al parallelogramma $ABEF$ della stessa altezza AG e di base BE eguale alla metà del lato BC; e perciò anche ad un rettangolo della stessa base ed altezza (c. t. I).

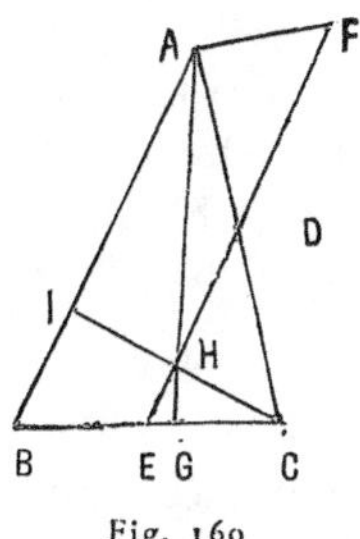

Fig. 160

b) Il triangolo ABC è equivalente al parallelogramma $ABEF$ e questo al rettangolo di base AB e di altezza IH, essendo IC l'altezza del triangolo ABC passante per C. Ma IH è la metà di CI (t. VI, 26) dunque il triangolo ABC è equivalente ad un rettangolo che ha per base un lato e per altezza la metà dell'altezza corrispondente del triangolo.

Cor. — *Due triangoli che hanno eguali una base e l'altezza corrispondente sono equivalenti.*

Essi sono infatti equivalenti ad uno stesso parallelogramma di eguale altezza e di base eguale alla metà delle basi eguali dei due triangoli.

Oss. — Per dividere un triangolo ABC in n triangoli equivalenti basta dividere un lato di esso, ad es. BC in n parti eguali e congiungerne gli estremi col vertice opposto A. Se ABC' è uno di questi triangoli si scriverà: $ABC' = (ABC)\,\frac{1}{n}$.

Teor. III. — *Un trapezio è equivalente ad un rettangolo che ha per base la semisomma delle basi del trapezio e per altezza la loro distanza.*

Dal punto medio F di uno dei lati non paralleli CB del trapezio $ABCD$ si conduca la parallela all' altro e si prolunghi la base minore (fig. 161). I due triangoli CGF, BHF sono eguali perchè sono opposti rispetto al punto F (t. III, 18), dunque il parallelogramma $AHGD$ è equivalente al trapezio $ABCD$. Ma sappiamo che la base AH di questo parallelogramma è la semisomma delle basi AB, CD del trapezio (t. VI, 28); oltre a ciò l' altezza del parallelogramma è la distanza dei lati paralleli del trapezio, e siccome questo parallelogramma è equivalente ad un rettangolo d' egual base e di eguale altezza, così si conchiude che il trapezio $ABCD$ è equivalente al rettangolo che ha per base la semisomma delle basi del trapezio e per altezza la loro distanza.

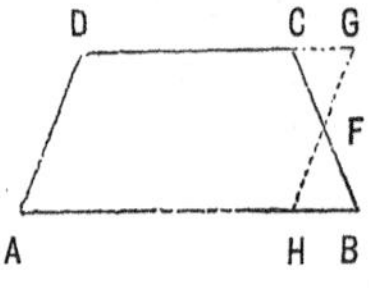

Fig. 161

Teor. IV. — *Un poligono convesso circoscritto ad un circolo è equivalente al rettangolo che ha per base il perimetro e per altezza la metà dell' apotema del poligono medesimo.*

Infatti il poligono dato è somma di triangoli che hanno per altezza l' apotema del poligono, vale a dire il raggio del circolo ad esso inscritto, e per basi rispettivamente i lati del poligono medesimo (fig. 162). Ma ciascuno di questi triangoli è equivalente al rettangolo della stessa base e di altezza eguale alla metà dell' altezza del triangolo stesso; segue da ciò che la somma di tutti questi rettangoli di eguale altezza è eguale ad un rettangolo unico della stessa altezza e che ha per base la somma delle basi dei rettangoli medesimi.

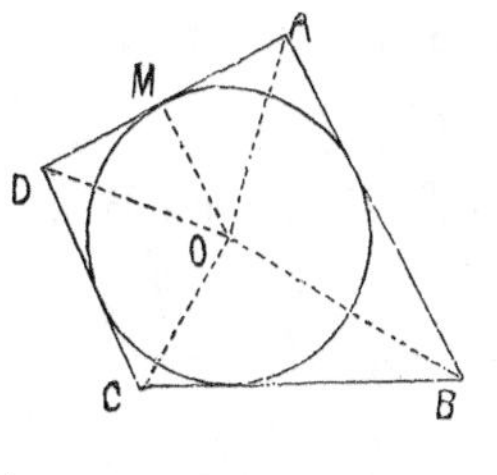

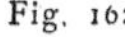
Fig. 162

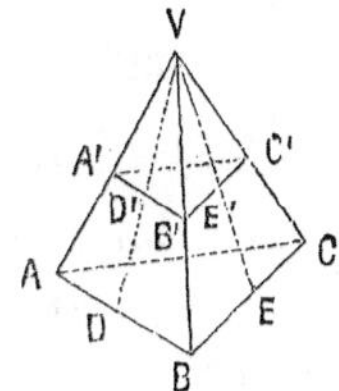

Fig. 163

Pertanto il poligono dato è equivalente al rettangolo he ha per base il perimetro e per altezza la metà ell' apotema del poligono stesso.

Teor. V. — *La superficie laterale di una piramide egolare è equivalente ad un rettangolo che ha per base il erimetro della base, e per altezza la metà dell' apotema ella piramide.*

Siano *V* il vertice, *A B C*... la base della piramide fig. 163). Poichè la piramide è regolare (d. II, 52), le acce di essa sono eguali, quindi il vertice avrà eguali istanze dai lati della base; ma queste distanze sono le ltezze dei triangoli costituenti la superficie laterale della iramide, ossia sono l' *apotema* della piramide; e poichè ognuno di questi triangoli è equivalente al rettangolo che ha la stessa base e per altezza la metà dell'altezza del triangolo, così la superficie laterale della piramide regolare sarà equivalente alla somma dei rettangoli le cui basi sono i lati AB, BC.... della base della piramide, e le cui altezze sono eguali alla metà dell'apotema della piramide stessa. La somma poi di questi rettangoli essendo eguale ad un rettangolo unico che ha per base la somma delle basi dei medesimi e per altezza l'altezza loro comune, ne consegue che la superficie laterale della piramide regolare è equivalente al rettangolo che ha per base il perimetro della base e per altezza la metà dell' apotema della piramide.

Teor. VI. — *La superficie laterale di un tronco di piramide regolare è equivalente al rettangolo che ha per base la semisomma dei perimetri delle basi e per altezza l'apotema del tronco.*

Sia $A'B'C'$ ABC il tronco di piramide (fig. 163). La superficie di esso si compone dei trapezi $ABA'B'$, $ACA'C'$, $BCB'C'$ che hanno la stessa altezza e sono equivalenti a rettangoli aventi per basi la semisomma delle basi dei trapezi e per altezza l'apotema del tronco; dunque resta dimostrato che la superficie ecc.

Teor. VII. — *La superficie laterale di un prisma è equivalente al rettangolo che ha per base il perimetro di una sezione normale e per altezza uno spigolo laterale.*

Siano $ABCD$.... $A'B'C'D'$..... le basi del prisma. $EFGH$ una sezione normale, cioè il poligono d'intersezione di un piano perpendicolare ad uno spigolo con le facce del prisma (fig. 164). Il parallelogramma $ABB'A$ è equivalente al rettangolo che ha per base EF e per altezza lo spigolo AA'; il parallelogramma $BCC'B'$ è pure equivalente al rettangolo di base FG e di altezza BB' che è eguale ad AA'; e così di seguito.

Ora da una parte la superficie laterale del prisma è la somma di tutti i parallelogrammi $ABB'A'$, $BCC'B'$...; d'altra parte la somma di tutti i rettangoli equivalenti rispettivamente a questi parallelogrammi è eguale al rettangolo che ha per base la somma delle basi, cioè il perimetro del poligono $EFGH$, e per altezza lo spigolo AA': pertanto la superficie laterale del prisma è equivalente al rettangolo che ha per base il perimetro della sezione normale e per altezza uno spigolo laterale.

Probl. I. — *Costruire un triangolo che sia equivalente ad altro triangolo dato, ed abbia un'altezza eguale ad un segmento dato.*

Siano a l'altezza data, ABC il triangolo dato. Si conduca una parallela r alla base CB del triangolo ABC e dalla stessa banda di C, la cui distanza da CD sia eguale ad a. Se la retta r passa per A, il triangolo cercato è ogni triangolo di base BC col vertice opposto sulla retta r. Se la retta r incontra in F il prolungamento del lato AC (fig. 165), si unisca F con B, da A

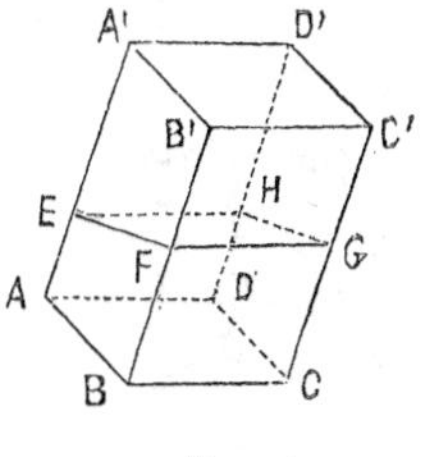

Fig. 164

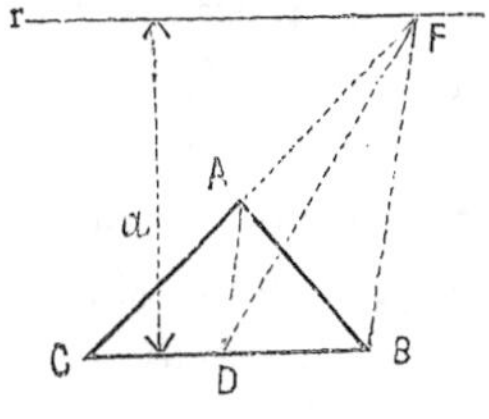

Fig. 165

si conduca la parallela AD alla retta FB e si congiunga F con D. I due triangoli ADF, ADB sono equivalenti, per avere la stessa base AD e la stessa altezza corrispondente, cioè la distanza delle due parallele AD, FB; per ciò le somme

$$ACD + ADF, \quad ACD + ABD$$

saranno pure equivalenti. Ma la prima somma è il triangolo CFD la cui altezza rispetto alla base CD è il segmento dato a, e la seconda somma è il triangolo ACB. Il triangolo FCD, e ognuno dei triangoli di base eguale alla CD e di altezza a, sarà il richiesto.

Se la r incontra invece il lato AC in un punto interno F, la dimostrazione è la stessa; in tal caso però i due triangoli ABC, FCD sono somme dei triangoli BCF, ABF; BCF, BFD.

Probl. II. — *Costruire un rettangolo di data altezza che sia equivalente ad un dato triangolo.*

Sia ABC il triangolo dato; si costruisca il triangolo FCD di altezza a equivalente ad ABC. Il rettangolo che ha per altezza a e per base la metà del segmento CD è quello richiesto.

Probl. III. — *Costruire un rettangolo di data altezza equivalente ad una figura poligonale data.*

Supponiamo anzitutto che la figura poligonale data sia un poligono convesso $ABCDF$ (fig. 166). Scelti tre vertici consecutivi ABC si tiri la diagonale AC, indi la parallela alla AC passante per B, la quale incontrerà il prolungamento del lato consecutivo a BC, cioè di DC, in un punto X; e si unisca A con X. I triangoli ABC, AXC sono equivalenti per avere la base AC in comune e l'altezza corrispondente eguale; quindi il poligono dato, che è somma di ACB col poligono $ACDE$... sarà equivalente al poligono $AXDE$... che è somma di ACX col poligono $ACDE$... Così il poligono dato è equivalente ad un altro poligono avente un lato di meno. Similmente da questo poligono se ne dedurrà un altro, avente un altro lato di meno; e seguitando la stessa costruzione, si perverrà ad un triangolo, equivalente al poligono proposto. Questo triangolo poi lo si trasformerà in un rettangolo di altezza data, conforme il problema precedente.

Se invece la figura data non è un poligono convesso, ma bensì una figura poligonale, e quindi come tale, somma di poligoni convessi (d. II, 58) si trasformerà come precedentemente ciascun poligono convesso in un rettangolo equivalente e di altezza data a, indi sopra una retta si prenderanno dei segmenti consecutivi e del medesimo verso eguali ciascuno a ciascuno alle basi dei rettangoli così ottenuti. Il rettangolo che ha per base la somma dei segmenti ora considerati e per altezza l'altezza data a sarà manifestamente il richiesto.

63. Def. I. — Ogni figura poligonale (o poliedrica) che è somma di un dato numero n di poligoni (o poliedri) convessi dicesi figura poligonale (o poliedrica) *finita*.

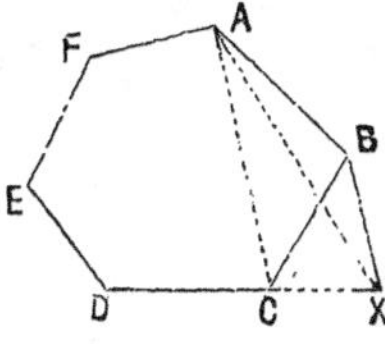

Fig. 166

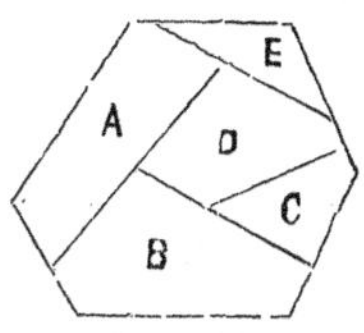

Fig 167

Oss. emp. — Dall'ispezione della figura 167 composta dei inque poligoni convessi A, B, C, D, E, risulta che tralasciando ι parte E colle parti rimanenti A, B, C, D non si può formare la fiura stessa; dunque diremo:

Post. *) — *Non è possibile dividere una figura poligonale finita in parti poligonali in guisa che trascurandone alcune, le parti rimanenti, anche se disposte in differente modo, costituiscano una figura equivalente alla data.*

Oss. I. — Dalla proposizione precedente risulta tosto che rettangoli, i quali hanno la stessa altezza e basi diverse non possono essere equivalenti; quindi i rettangoli della stessa altezza che sono equivalenti a figure equivalenti fra loro devono avere basi eguali.

Def. II. — La base di un rettangolo di altezza data h, equivalente ad una figura poligonale, dicesi *segmento associato* alla figura medesima *rispetto ad* h.

Teor. I. — *A due figure A, B poligonali finite equivalenti corrispondono due segmenti associati a e b eguali; e inversamente. E se B è equivalente ad una parte di A, b è eguale ad una parte di a; e inversamente.*

a) Infatti a due figure poligonali finite equivalenti sono equivalenti due rettangoli di altezza h, le basi dei quali saranno eguali (o. I).

Inversamente, date le basi dei rettangoli (d. I), sono determinati i due rettangoli di altezza h. Se le loro basi sono eguali, i rettangoli sono eguali e le figure ad essi equivalenti sono equivalenti.

b) Se B è equivalente ad una parte di A, il rettangolo di altezza h e di base b equivalente a B deve essere parte del rettangolo di altezza h e di base a equivalente ad A; chè altrimenti se fosse $a \overline{\leq} b$, il rettangolo equivalente ad A sarebbe equivalente a B o ad una parte di B, vale a dire A sarebbe equivalente ad una sua parte, contro il post. dell' equivalenza.

*) Anche questa proposizione può essere dimostrata (Vegasi l' Appendice dell' Ed. completa, nota XXVI).

Inversamente, per i casi precedenti se $a > b$, non può essere $A = B$, nè può essere A equivalente ad una parte di B; quindi B è equivalente ad una parte di A.

Def. III. — Se una figura poligonale finita A è equivalente ad una parte di altra figura poligonale B finita, si dice che la prima figura A è *maggiore* della seconda, o che la seconda è *minore* della prima, e si scrive: $A > B$, oppure $B < A$.

Cor. — *Se A e B sono figure poligonali finite ognuno dei tre casi: $A > B$, $A = B$, $A < B$ esclude gli altri due.*

Perchè tale proprietà vale anche pei segmenti associati a e b di A e B; mentre se: $a \gtreqless b$ si ha: $A \gtreqless B$.

Teor. II. — *Se da figure poligonali finite equivalenti si sottraggono figure poligonali equivalenti, si ottengono figure equivalenti.*

Siano $A = A'$, $B = B'$ e le figure poligonali A, B non siano equivalenti, e di più sia B parte poligonale di A. Indicando con a, a'; b, b' i segmenti rispettivamente associati alle figure A, A'; B, B' sarà:

$$a = a' \quad b = b', \text{ e sarà } a > b.$$

Segue da ciò che:

$$a - b = a' - b'$$

e quindi al rettangolo di altezza h e di base $a - b$ sono equivalenti $A - B$ ed $A' - B'$, vale a dire:

$$A - B = A' - B'$$

Teor. III. — *Una diagonale di un parallelogramma e le parallele condotte ai lati da uno dei suoi punti lo dividono in quattro triangoli ed in due parallelogrammi che sono equivalenti.*

Per un punto O della diagonale AC del parallelogramma $ABCD$ si conducano le parallele HG, EF ai lati (fig. 168); si otterranno così i triangoli ADC, AHO, EOC eguali rispettivamente ai triangoli ABC, AFO, OGC; ma sottraendo da figure equivalenti figure equivalenti si ottengono figure equivalenti; sarà dunque:

$$ADC - AOH - OEC \doteq ABC - AFO - OGC$$

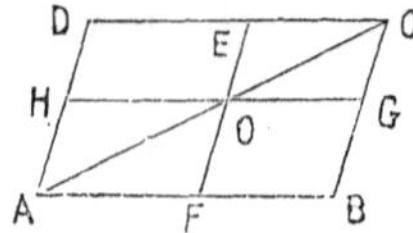

Fig. 168

ossia: $$HDEO \doteq OGBF.$$

§ 4.

Relazioni tra i lati del triangolo

64. Lemma I. — *Il quadrato di un cateto di un triangolo è equivalente al rettangolo dell'ipotenusa e della proiezione del cateto sull'ipotenusa.*

Sia ABC il triangolo rettangolo in A (fig. 169); dico che il quadrato $ABHI$ costruito sul cateto BA è equivalente al rettangolo $BDML$ che ha per lati $BD \equiv BC$ e BL proiezione di AB sull'ipotenusa BC.

Infatti essendo BAH e BAC angoli retti, i punti ACH sono in linea retta. I triangoli BCI, BDA sono eguali per avere eguali i lati BC, BD; BI, AB e gli angoli CBI, BDI eguali, essendo:

$$\widehat{IBC} \equiv \widehat{IBA} + \widehat{ABC}, \quad \widehat{ABD} \equiv \widehat{ABC} + \widehat{CBD}$$
$$\widehat{IBA} \equiv \widehat{CBD}$$

Il triangolo ABD è equivalente alla metà del rettangolo $BDML$, perchè ha la stessa base BD e per altezza la distanza delle rette BD, AM, cioè BL, che è l'altezza del rettangolo.

Così il triangolo BCI è equivalente alla metà del quadrato $ABIH$ avendo per base BI e per altezza AB; ma i due triangoli ABD, BCI sono eguali, dunque il rettangolo $BDML$ e il quadrato $ABIH$ essendo equivalenti al doppio di due triangoli eguali sono equivalenti.

Teor. I. — *In ogni triangolo rettangolo il quadrato dell'ipotenusa è equivalente alla somma dei quadrati dei cateti* (teor. di Pitagora).

Siano ABC il triangolo rettangolo, $ABIH$, $ACFG$, $BCED$ i quadrati costruiti sui cateti e sull'ipotenusa (fig. 169). Se da A si conduce la perpendicolare ALM

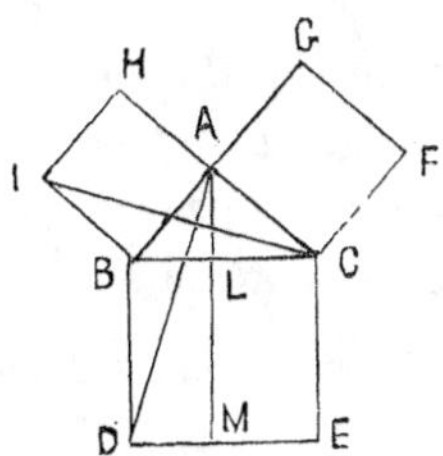

Fig. 169

sull'ipotenusa BC, si ha (l. I):

$$ABHI = BDLM; \quad ACFG = CELM$$

da cui sommando

$$ABHI + ACFG = BDLM + CELM$$
$$BDLM + CELM = BCDE;$$

dunque in ogni triangolo ecc.

Cor. — *Il quadrato di un cateto di un triangolo rettangolo è equivalente alla differenza dei quadrati dell'ipotenusa e dell'altro catetc.*

Probl. — *Costruire un quadrato equivalente ad un poligono dato.*

Trasformato il poligono in un rettangolo equivalente, il problema si riduce a descrivere un quadrato equivalente ad un dato rettangolo. Sia dunque $ABCD$ il rettangolo e sia $AB > AD$ (fig. 170). Si descriva su AB come diametro una semicirconferenza e sia $AE \equiv AD$ e si conduca la EF perpendicolare ad AB. Dico che AF è il lato del quadrato cercato.

Infatti il triangolo ABF è rettangolo in F (c. II, 33) e per ciò il quadrato di AF è equivalente al rettangolo di AB e di AE (l. I) ossia di AB e di AD, e quindi è anche equivalente al poligono dato.

Lemma II. — *Il quadrato della somma di due segmenti è equivalente alla somma dei quadrati di questi segmenti e del doppio del loro rettangolo.*

Siano AB, BC due segmenti eguali ai segmenti dati (fig. 171), e si costruiscano i quadrati $ACDE$, $BCHI$ di lati AC, BC. Manifestamente si ha:

$$EF \equiv GI \equiv AB \equiv DH \equiv EG \equiv FI,$$

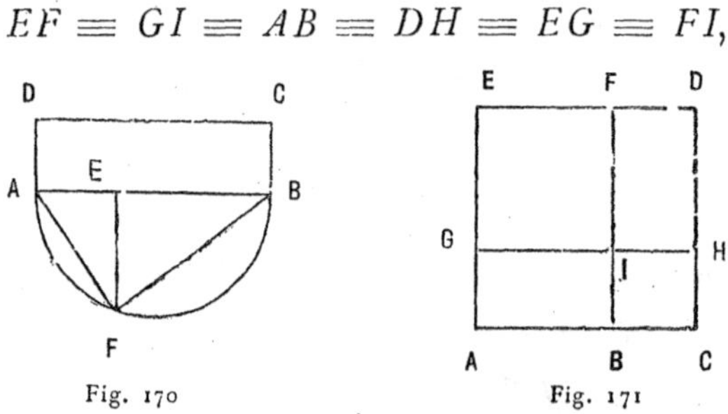

Fig. 170 Fig. 171

vale a dire il rettangolo $EFGI$ è il quadrato di lato EF eguale a quello di lato AB; dico che il quadrato di lato

AC è equivalente alla somma dei quadrati di lati AB, BC e del doppio del loro rettangolo. Infatti i due rettangoli $ABIG$, $IHDF$ hanno i lati rispettivamente eguali ai segmenti dati, e quindi sono eguali, dunque si ha:

$$ACDE = EFGI + BCIH + 2\ ABIG$$

come volevasi dimostrare.

Teor. II. — *In ogni triangolo ottusangolo il quadrato del lato opposto all'angolo ottuso è equivalente alla somma dei quadrati degli altri due lati, più il doppio rettangolo di uno di essi e della proiezione sovra esso dell'altro lato.*

Sia ABC l'angolo ottuso del triangolo ABC, AD la perpendicolare condotta da A al lato BC (fig. 172).

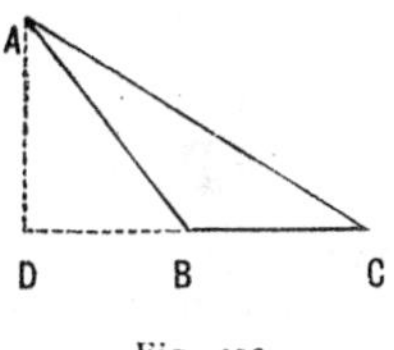

Fig. 172

Pel teorema di Pitagora il quadrato di lato AC è equivalente alla somma dei quadrati del lato AD e del segmento CD. Ma $CD \equiv BD + BC$, dunque il quadrato di CD è equivalente alla somma dei quadrati di lati BD, BC e del doppio del loro rettangolo (l. II); epperò il quadrato di lato AC è equivalente alla somma dei quadrati di lati AD, BD e BC e del doppio rettangolo di lati BC e BD. Ma la somma dei quadrati di lati AD e BD è equivalente al quadrato di AB, dunque il quadrato di lato AC è equivalente alla somma dei quadrati di AB e BC, aumentata del doppio rettangolo del lato BC e di BD che è la proiezione del lato AB sul lato CB.

Lemma III. — *Il quadrato della differenza di due segmenti è equivalente alla somma dei quadrati di questi segmenti diminuita del doppio del loro rettangolo.*

Siano AB e BC due segmenti eguali ai due segmenti dati (fig. 173) di cui AC è la differenza, e si costruiscano i quadrati di lati AC, BC e AB.

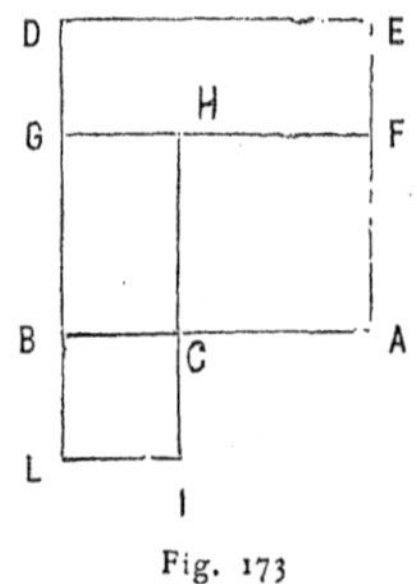

Fig. 173

Dalla figura stessa si ricava che i rettangoli $EFDG$, $HIGL$ hanno i lati eguali ai segmenti dati AB e BC, e quindi sono eguali, e per conseguenza la somma dei quadrati di AB e di BC ossia $ABDE + BCIL$ diminuita dei rettangoli $EFDG$, $HGIL$ è appunto il quadrato $ACFH$ di lato AC, c. v. d.

Teor. III. — *In ogni triangolo il quadrato del lato opposto ad un angolo acuto è equivalente alla somma dei quadrati degli altri due lati, diminuita del doppio del rettangolo di uno di essi lati e della proiezione sovra esso dell' altro lato.*

Sia ABC un angolo acuto del triangolo ABC, CD la perpendicolare condotta da C sul lato BA (fig. 174).

Il quadrato del lato AC opposto all'angolo acuto ABC è equivalente alla somma dei quadrati di lati AD

e CD. Nel caso che D sia interno di AB (fig. 174 *a*),

$$AD \equiv AB - BD$$

e per ciò il quadrato di AD è equivalente alla somma dei quadrati di lati AB e BD diminuita del doppio del loro rettangolo. Dunque il quadrato del lato AC è equivalente alla somma dei quadrati di lati CD, AB, BD diminuita del doppio del rettangolo di lati AB e BD. Ma la somma dei quadrati di lati CD e BD è equivalente al quadrato di lato BC; dunque il quadrato di lato AC è equivalente alla somma dei quadrati di lati AB, BC diminuita del doppio del rettangolo del lato AB e della proiezione dell' altro lato BC sul lato AB.

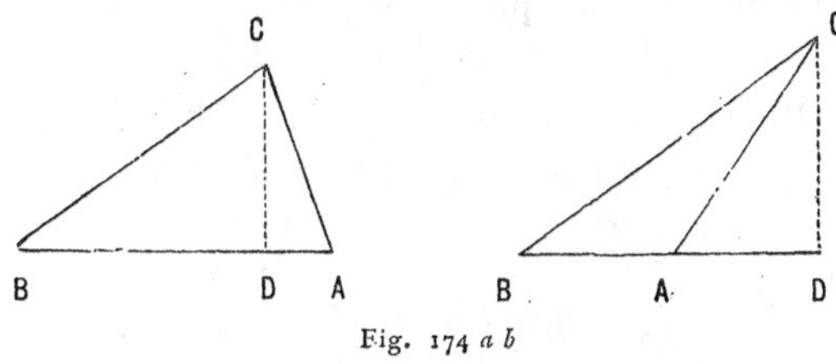

Fig. 174 *a b*

Nel caso invece che D sia esterno al lato AB (fig. 174 *b*) si ha $AD \equiv BD - AB$, il che non muta la dimostrazione. Finalmente se il triangolo ABC è rettangolo in A, D coincide con A, e si ricade nel teor. di Pitagora.

§ 5.

Figure poliedriche equivalenti

65. Teor. I. — *Due prismi triangolari, che abbiano le sezioni normali eguali e gli spigoli laterali eguali, sono equivalenti.*

Siano $ABCDEF$, $A'B'C'D'E'F'$ i prismi triangolari, tali che gli spigoli laterali siano eguali, cioè $AD \equiv A'D'$ ed eguali siano le sezioni normali GHK, $G'H'K'$ (fig. 175 *a b*). Un prisma triangolare eguale al prisma $A'B'C'D'E'F'$ e di cui uno spigolo laterale coincide con AD e nel punto G abbia la sezione normale coincidente col triangolo GHK sia $D'M'N'$ $A'M'N'$.

1) Se i due prismi $ABCDEF$, $AM'N'$ DMN oltre lo spigolo AD hanno in comune anche le altre coppie di spigoli laterali, i due prismi stessi, e quindi anche i due prismi dati, sono eguali.

2) Supponiamo ora che oltre AD i due prismi abbiano in comune una sola coppia di spigoli laterali, ad es. MM' ed FC (fig. 175 *a*), e che N sia interno al segmento EB. In tal caso i due tetraedri $DFEN$ e $ACBN'$ hanno gli spigoli paralleli, del medesimo verso ed eguali; quindi hanno le facce eguali, e perciò i due tetraedri stessi sono eguali (c. III, t. I, 53). Dal che si conchiude che il prisma $ABCDEF$ è equivalente al prisma $AM'N'DMN$ essendo l'uno e l'altro somme della figura poliedrica $DFNACB$ con uno dei due tetraedri stessi.

La dimostrazione vale anche nel caso che N cada in B. Se N cade fuori dello spigolo EB, ad es. nel prolungamento da E a B, e quindi anche N', allora si costruirà una serie di prismi cogli spigoli consecutivi sulla retta EB ed eguali ad EB in modo che per il post. di Archimede il secondo estremo dell'ultimo spigolo o coinciderà con N o N sarà un punto interno allo spigolo stesso. E siccome tutti i prismi così considerati sono equivalenti, e così l'ultimo di essi e il prisma $AM'N'DMN$, si conchiude che anche $ABCDEF$ e $AM'N'DMN$, sono equivalenti.

3) Supponiamo infine che oltre AD i due prismi non abbiano alcun' altra coppia di spigoli in comune (fig. 175 *b*). Congiungansi M con N, M' con N' I due prismi $ABCDEF$, $AM'BDME$ avendo due coppie di spigoli laterali in comune sono pel caso 2) equivalenti; per la stessa ragione sono equivalenti i due prismi $AM'BDME$, $AM'N'DMN$. Adunque sono equivalenti i due prismi $ABCDEF$ $AM'N'DMN$ e quindi tali anche i due proposti.

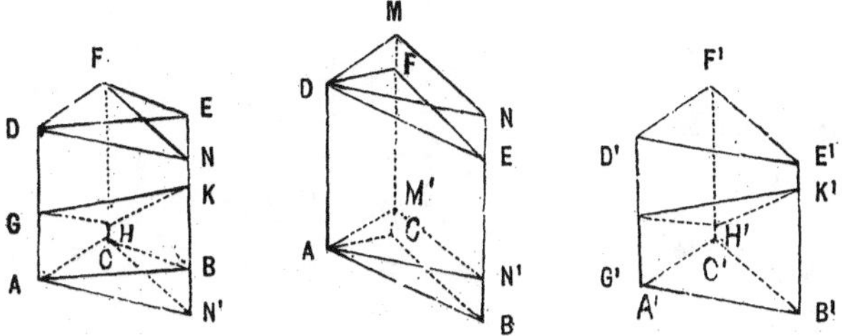

Fig. 175 *a b*

Teor. II. — *Due prismi che abbiano le sezioni normali equivalenti e gli spigoli laterali eguali sono equivalenti.*

Infatti le sezioni normali dei due prismi essendo equivalenti potranno scomporsi in parti poligonali e quindi anche in triangoli eguali. Se dai vertici di questi triangoli si conducono rispettivamente le parallele agli spigoli dei primi, fino ad incontrare le basi di essi, i due prismi resteranno scomposti in prismi triangolari cogli spigoli laterali e colle sezioni normali eguali; ma questi sono a due a due equivalenti, dunque anche i prismi dati sono equivalenti.

Teor. III. — *Due parallelopipedi che abbiano una faccia e la corrispondente altezza rispettivamente eguali sono equivalenti.*

Siano $ABCD$ $A'B'C'D'$ le basi eguali dei due parallelopipedi e le altezze corrispondenti a queste basi siano eguali (fig. 176). Le sezioni normali $EFGH$ $E'F'G'H'$ prodotte nei due parallelopipedi da piani perpendicolori a due lati eguali AB, $A'B'$ delle basi, sono due parallelogrammi, i quali avranno eguali i lati EF, $E'F'$ perchè altezze di parallelogrammi eguali, e le altezze, perchè eguali alle altezze dei parallelopipedi che sono fra loro eguali, e perciò le sezioni normali saranno equivalenti. Dunque i due parallelopipedi sono equivalenti (t. II).

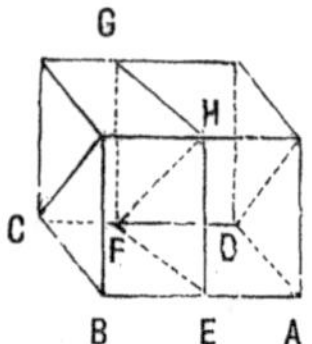

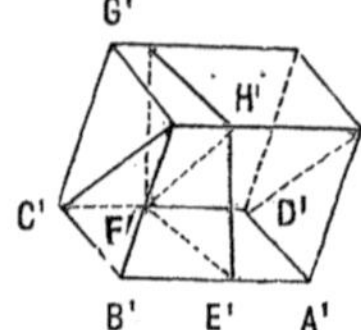

Fig. 176

Teor. IV. — *Due prismi triangolari se hanno basi eguali ed altezze eguali sono equivalenti.*

Siano $ABCDEF$ $A'B'C'D'E'F'$ i due prismi triangolari le cui basi ABC $A'B'C'$ sono eguali e le cui altezze sono pure eguali; dico che essi sono equivalenti (fig. 177).

La parallela ad AC passante per il punto medio O del lato CB e la parallela ad AB passante per C determinano un parallelogramma $APQC$ tale, che AP è la metà di AB. E nel parallelopipedo che ha per base $APQC$ e per altezza l'altezza del prisma dato, il prisma triangolare $COQFTS$ è eguale al prisma $POBRTE$, perchè essi hanno le basi eguali e gli spigoli eguali e paralleli (t. III, 53). Ma il parallelopipedo $APQCDRSF$

e il prisma triangolare *ABCDEF* si ottengono aggiungendo rispettivamente al poliedro *APOCDRFT* i prismi *COQFTS*, *POBRTE*; dunque essi sono equivalenti.

Similmente il parallelopipedo *A'P'Q'D'R'S'F'* costruito in modo analogo nel prisma *A'C'B'D'E'F'* è equivalente al prisma medesimo.

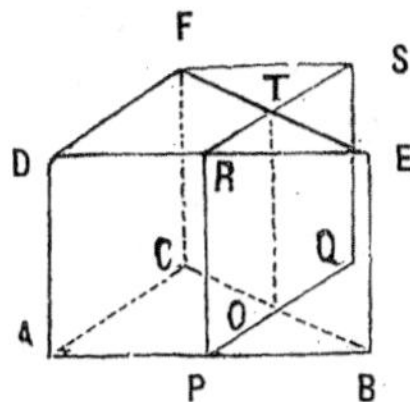

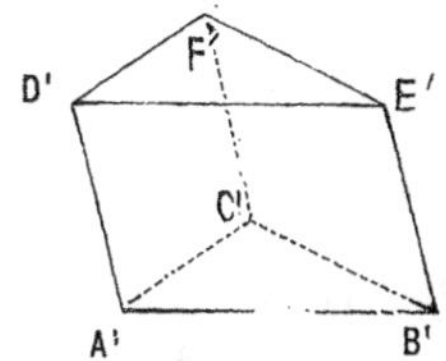

Fig. 177

Ma i due parallelopipedi sono equivalenti fra loro perchè hanno una faccia eguale, cioè i parallelogrammi *APQC*, *A'P'Q'C'* e l'altezza corrispondente eguale (t. III); saranno dunque equivalenti anche i due prismi triangolari considerati.

Cor. — *Due prismi che hanno basi equivalenti ed altezze eguali sono equivalenti.*

Le basi di due prismi essendo equivalenti possono essere divise in triangoli rispettivamente eguali. Ma il primo prisma si può dividere in prismi triangolari le cui basi sono i triangoli di divisione della sua base, ed aventi la stessa altezza; lo stesso dicasi del secondo prisma dato. I due prismi risultanti pertanto sono somme di prismi triangolari rispettivamente equivalenti; e quindi saranno equivalenti.

66. Def. I. — Siano *ABCD* un tetraedro, *ABC* una faccia, *DE* l'altezza corrispondente (fig. 178). Si divida DE in un numero qualunque n, ad es. in 4 parti eguali, DH, HG, GF, FE e per i punti di divisione conducansi dei piani paralleli ad ABC, i quali segheranno il tetraedro lungo i triangoli $A_1 B_1 C_1$, $A_2 B_2 C_2$, $A_3 B_3 C_3$ coi lati rispettivamente paralleli a quelli di ABC.

Indi tirando per $B_1 B_2 B_3$, per $C_1 C_2 C_3$ le parallele ad AD fino ad incontrare i lati del triangolo inferiore si costruiscano i prismi: $AXYA_1B_1C_1$, $A_1X_1Y_1A_2B_2C_2$, $A_2X_2Y_2A_3B_3C_3$. Questi prismi sono tutti interni al tetraedro.

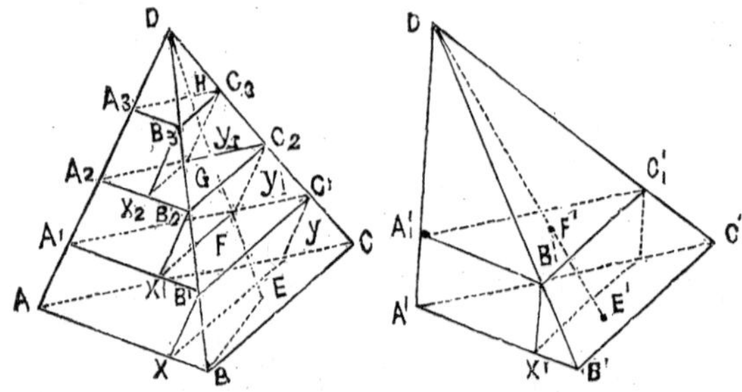

Fig. 178

Se si aumenta indefinitamente il numero delle parti in cui viene divisa l' altezza DE, si ha una serie indefinita di prismi tutti interni al tetraedro.

La figura data dalla somma di tutti questi prismi interni si chiama *scaloide inscritto* nel tetraedr o.

Oss. — Dal triangolo BDE, essendo le rette BE, B_1F, B_2G, B_3H parallele come intersezioni del piano BDE coi piani paralleli ABC, $A_1B_1C_1$ ecc. si ha

$$BB_1 \equiv B_2B_3 \equiv B_3D$$

(t. VI, 27); si ha dunque $BB_1 \equiv (BD)\,\frac{1}{4}$. Considerando il triangolo ABD si ha: $XB \equiv (AB)\,\frac{1}{4}$. Analogamente si ha $YC \equiv (AC)\,\frac{1}{4}$.

E in generale si ha:

$$(XB) \equiv (AB)\,\frac{1}{n} \qquad (YC) \equiv (AC)\,\frac{1}{n}$$

Lemma. — *La parte interna del tetraedro e quella di un suo scaloide inscritto coincidono.*

Basta dimostrare che ogni punto interno dello scaloide inscritto è interno del tetraedro; e reciprocamente.

Che ogni punto interno dello scaloide sia pure interno al tetraedro, risulta dalla def. I stessa. Reciprocamente se P è un punto interno del tetraedro $ABCD$ conducendo la retta PD essa incontra i piani dei triangoli ABC, $A_1B_1C_1$, ... $A_nB_nC_n$ in punti E, F, G, H.... Ma si può prender n abbastanza grande perchè E sia interno al triangolo AXY, F al triangolo $A_1X_1Y_1$.... e così via. Dunque i segmenti EF, FG, GH, ecc. in cui è divisa la DE ove trovasi P, sono interni allo scaloide, e quindi interno è anche il punto P stesso.

Teor. I. — *Due tetraedri sono equivalenti se lo sono due dei loro scaloidi inscritti.*

Infatti gli scaloidi essendo equivalenti, possono essere divisi in tetraedri rispettivamente eguali, i quali sono interni ai tetraedri dati. Ma questi tetraedri non hanno alcuna parte poliedrica fuori dei loro scaloidi inscritti (Lemma); dunque la divisione in tetraedri eguali dei due scaloidi dà anche una divisione in tetraedri eguali dei due tetraedri dati.

Teor. II. — *Due tetraedri che abbiano una faccia e la corrispondente altezza eguali sono equivalenti.*

Siano ABC $A'B'C'$ le facce eguali di due tetraedri e siano eguali le altezze corrispondenti DE, $D'E'$ (fig. 178); dico che essi sono equivalenti.

Dividiamo le due altezze in un certo numero n di parti eguali e siano $FE = F'E'$ due di queste parti eguali, e conduciamo per F ed F' i piani paralleli alle basi ABC, $A'B'C'$. Costruiamo i due prismi

$$AXYA_1B_1C_1 \qquad A'X'Y'A_1'B_1'C_1'.$$

Nel triangolo BDE le rette BE, B_1F sono parallele, ed essendo $EF \equiv (DE)\,\frac{1}{n}$ si ha

$$BB_1 \equiv (BD)\,\frac{1}{n}$$

e considerando il triangolo ABD si ha $XB \equiv (AB)\,\frac{1}{n}$, quindi, $AXY \equiv \left(\frac{n-1}{n}\right)^2 ABC$ (o. 62). Analogamente è $A'X'Y' \equiv \left(\frac{n-1}{n}\right)^2 A'B'C'$; ma

$$ABC \equiv A'B'C' \quad \text{e} \quad A_1B_1C_1 \equiv AXY,$$
$$A_1'B_1'C_1' \equiv A'X'Y'$$

dunque i triangoli AXY, $A'X'Y'$ sono equivalenti. I due prismi

$$A_1B_1C_1AXY, \quad A_1'B_1'C_1'A'X'Y'$$

hanno perciò basi equivalenti e altezze eguali dunque sono equivalenti (c. t. IV, 63).

Lo stesso dicasi dei due prismi le cui basi inferiori sono rispettivamente $A_1B_1C_1$, $A_1'B_1'C_1'$; e così di seguito. Questa proprietà verificandosi qualunque sia il numero n delle parti in cui è stata divisa l' altezza nei due tetraedri, gli scaloidi inscritti nei due tetraedri, come somme di prismi equivalenti sono equivalenti. E per il teorema precedente, tali saranno anche i tetraedri stessi.

Teor. III. — *Due piramidi che abbiano basi equivalenti ed altezze eguali sono equivalenti.*

Basta supporre le basi divise in triangoli rispettivamente eguali, ed applicare il teorema precedente.

Teor. IV. — *Ogni prisma è somma di tre piramidi equivalenti, una delle quali ha per base e per altezza la base e l'altezza del prisma.*

Consideriamo dapprima un prisma triangolare $ABCDEF$ di base ABC (fig. 179). Il piano delle due rette DA, DC lo divide in due piramidi l'una di base ABC e della stessa altezza del prisma, l'altra di base $AFEC$ e di vertice D. Il piano delle rette DA, DE divide poi la piramide di base $AFEC$ e vertice D, in due altre piramidi l'una di base AFE e di vertice D, l'altra di base ACE eguale alla base AFE e di vertice D; queste due piramidi avendo basi ed altezze eguali sono equivalenti (t. IV). Ma il tetraedro $ABCD$ ed il tetraedro $FDEA$ hanno basi eguali ed altezze eguali e quindi sono equivalenti.

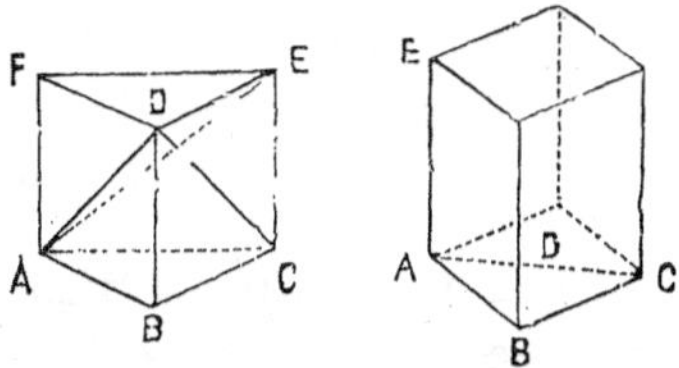

Fig. 179

Adunque il prisma triangolare $ABCDEF$ è somma di tre tetraedri equivalenti uno dei quali ha la stessa base e la stessa altezza del prisma.

Sia ora dato un prisma di base qualunque $ABCD$.... (fig. 179 b). Per uno dei vertici della base ad es. per A si conducano le diagonali AC.., che decomporranno la base in triangoli aventi il vertice comune A e determineranno nel prisma altrettanti prismi triangolari ciascun dei quali è equivalente a tre piramidi equivalenti. Ma la piramide di base $ABCD$ e di altezza eguale a quella del prisma è somma di tanti tetraedri, quanti sono i prismi triangolari; e le basi e le altezze di questi tetraedri sono eguali rispettivamente alle basi ed alle altezze dei prismi medesimi. Pertanto il prisma è equivalente alla somma di tre piramidi, una delle quali ha la stessa base e la stessa altezza del prisma.

Teor. V. — *Un tetraedro è la terza parte di un parallelopipedo che ha base equivalente a quella del tetraedro e la stessa altezza.*

Sia $ABCD$ il tetraedro (fig. 180). Esso è equivalente ad un prisma che ha la stessa altezza e per base

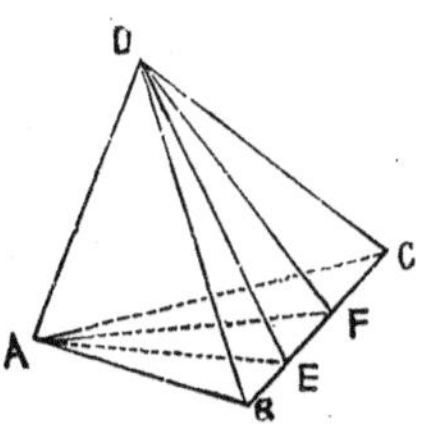

Fig. 180

il triangolo ABE che è la terza parte del triangolo ABC (t. IV). Ma il prisma che ha per base ABC e per spigolo AD è equivalente ad un parallelopipedo, che ha la base equivalente a quella del prisma e lo stesso spigolo AD (c. t. IV, 63), dunque un tale parallelopipedo è il triplo del tetraedro $ABCD$, c. v. d.

67. Post. *). — *Non è possibile dividere una figura poliedrica finita in parti poliedriche in guisa che trascurandone alcune, le parti rimanenti, anche se disposte in differente modo, costituiscano una figura equivalente alla data.*

Oss. — Dal postulato precedente segue tosto che parallelopipedi retti, che hanno per base un quadrato di lato a e diverse altezze non possono essere equivalenti ; e quindi parallelopipedi retti che hanno per base lo stesso quadrato e sono equivalenti a figure equivalenti devono avere altezze eguali.

Def. I. — L' altezza di un parallelopipedo che ha per base un quadrato di lato dato a, equivalente ad una figura poliedrica dicesi *segmento associato* alla figura medesima, rispetto al detto quadrato.

Così la base di un rettangolo equivalente alla superficie di una figura poliedrica e di data altezza dicesi *segmento associato* alla superficie stessa.

Teor. I. — *A due figure poliedriche A e B finite equivalenti corrispondono due segmenti associati a e b eguali.*

E se B è equivalente ad una parte di A, b è eguale ad una parte di a; e inversamente.

Dimostrazione analoga a quella del teor. I, 63.

Def. II. — Se una figura poliedrica A è equivalente ad una parte di altra figura poliedrica B, si dice che la prima A è *maggiore* della seconda B, e si scrive : $A > B$.

E se $A > B$, si dice anche che B è *minore* di A e si scrive : $B < A$.

---

*) Anche questa proposizione può essere dimostrata. Veggasi la nota XXVII dell' appendice dell' Ed. completa.

Cor. — *Ognuno dei tre casi* $A > B$, $A = B$, $A < B$ *esclude gli altri due.*

Dimostrazione come per le figure piane (c. t. II, 63).

Teor. II. — *Se da figure poliedriche finite equivalenti si sottraggono figure poliedriche equivalenti si ottengono figure poliedriche equivalenti.*

Dimostrazione come per le figure piane (t. II, 63).

ESERCIZI

Libro quarto

§ 1.

1. Date due serie di segmenti AX e AX' in un segmento AB l'una crescente l'altra decrescente, tali che ogni punto di AB sia un punto X o un punto X' e sia sempre $AX < AX'$, vi è sempre un (e quindi infiniti) segmento XX' minore di ogni segmento dato.

§ 2.

2. Se una figura finita poligonale A è maggiore o minore di un'altra figura poligonale B, essa è maggiore o minore di un'altra figura poligonale C equivalente a B.

§ 3.

3. Costruire un triangolo equivalente a un poligono regolare che abbia per altezza l'apotema del poligono.
4. Determinare un punto del triangolo tale che le rette congiungenti questo punto coi vertici del triangolo lo dividano in tre parti equivalenti.
5. Dividere il trapezio in n parti equivalenti (Colla sola scomposizione mediante rette che incontrino le basi).
6. La somma dei quadrati di due segmenti in cui viene diviso un segmento dato è minima quando i due segmenti sono eguali.
7. Se sopra un diametro di un cerchio si prendono due punti equidistanti dal centro, la somma dei quadrati delle loro distanze da un punto della circonferenza è costante.

8. Luogo dei punti dello spazio pei quali la somma dei quadrati delle loro distanze da due punti dati è costante (8).
9. Il rettangolo avente per lati la somma e la differenza di due segmenti è equivalente alla differenza dei quadrati dei due segmenti.

§ 4.

10. Costruire un quadrato equivalente alla somma o alla differenza di due quadrati dati.
11. Se in un triangolo il quadrato di un lato è equivalente alla somma dei quadrati degli altri due, il triangolo è rettangolo.
12. Costruire un quadrato doppio di un quadrato dato.
13. Costruire un quadrato metà di un quadrato dato.
14. Il quadrato dell' altezza di un triangolo equilatero è triplo del quadrato della metà del lato.
15. Costruire un quadrato triplo di un quadrato dato.
16. Costruire un quadrato che sia la terza parte di un quadrato dato.
17. In ogni parallelogramma la somma dei quadrati dei lati è equivalente alla somma dei quadrati delle diagonali.
18. Luogo dei punti pei quali la differenza dei quadrati delle loro distanze da due punti dati è costante.
19. Costruire il triangolo, dati a, A e $b^2 - c^2$ (19).
20. Se da un punto qualunque si conducono le perpendicolari ai lati di un poligono, la somma dei quadrati dei segmenti non consecutivi dei lati è equivalente alla somma dei quadrati degli altri segmenti. (Si consideri un punto nel piano del poligono e poi un punto fuori di esso piano).
21. Se un triangolo è equivalente ad un quadrato, il perimetro del triangolo è maggiore di quello del quadrato.

§ 5.

22. Trasformare un prisma in un altro equivalente che abbia per faccia un poligono dato.
23. Trasformare una piramide in un' altra equivalente che abbia una data altezza.
24. Un prisma triangolare è equivalente alla metà di un parallelopipedo avente per base una faccia laterale del prisma e per altezza la distanza della faccia dallo spigolo opposto.

25. Il quadrato di una diagonale di un parallelopipedo rettangolo è equivalente alla somma dei quadrati dei tre spigoli concorrenti in un vertice.

26. I piani che congiungono lo spigolo di un tetraedro coi punti che dividono lo spigolo opposto in n parti eguali dividono il tetraedro in n parti eguali.

27. Un piano passante per la retta che congiunge i punti medî di due spigoli opposti di un tetraedro lo divide in due parti equivalenti (27).

28. Trasformato un tetraedro $ABCD$ in un altro equivalente $A'B'C'D'$ di altezza a e di base $B'C'D'$ tale che l'altezza di questo triangolo relativa al lato $B'C'$ sia pure eguale ad a, il tetraedro $ABCD$ è equivalente ad un parallelopipedo che ha per base il quadrato di lato a e per altezza la sesta parte di $B'C'$ (Si trasformi il tetraedro $A'B'C'D'$ in un prisma di spigolo $A'B$ e poi il prisma in un prisma retto della stessa altezza a e questo in un parallelopipedo retto di altezza a e questo in un altro parallelopipedo, che abbia una faccia quadrata di lato a).

LIBRO QUINTO

§ 1.

Grandezze omogenee

68. Oss. I. — Le proprietà fin qui studiate per la retta ed i suoi segmenti, pel fascio di raggi ed i suoi angoli, per la circonferenza ed i suoi archi, pel fascio di piani ed i suoi diedri, riguardano le relazioni di *tutto* e *parte*, di *ordine*, e di *posizione*.

Ad es. la proposizione: $AB < CD$ (d. IV, 7), è una relazione fra i segmenti AB, CD di tutto e di parte; la prop.: i due segmenti AB e CD sono dello stesso verso o di verso opposto (d. I, 6 e 2), è una relazione d'ordine; la prop.: i due segmenti AB, CD sono in linea retta, è una relazione di posizione.

Def. I. — *Grandezze geometriche*, o semplicemente grandezze, diconsi le figure considerate rispetto a tutte o ad alcune di queste relazioni.

Def. II. — 1) La grandezza che si ottiene da una figura, facendo astrazione dalla relazione di tutto e di parte, si chiama *grandezza estensiva*, o *forma* della figura stessa. Ad es. due triangoli qualunque hanno *forma triangolare*.

2) La grandezza geometrica che si ottiene da una figura, facendo astrazione dalla posizione delle sue parti, dicesi invece *grandezza intensiva*, o *quantità* della figura stessa.

Oss. II. — Nell' eguaglianza delle grandezze intensive non si tien dunque conto della posizione delle parti delle figure, mentre invece se ne tien conto nell' eguaglianza delle figure stesse.

Def. III. — 1) La grandezza intensiva del segmento rettilineo chiamasi *distanza* dei suoi estremi.

E la grandezza intensiva dell'angolo formato da due rette chiamasi pure *angolo*.

2) La grandezza intensiva dei segmenti rettilinei, degli archi di circolo, o di altri sistemi lineari di punti che possono riferirsi alla retta, si chiama in generale *lunghezza*. Così la distanza di due punti è anche la *lunghezza* del segmento determinato dai due punti *).

3) La grandezza intensiva di una figura piana, o di una figura composta di figure piane, dicesi *area* della figura medesima.

4) Una figura che non è composta nè di sole rette nè di soli piani dicesi *figura solida*. La grandezza intensiva di una figura solida dicesi *volume* della figura stessa.

---

*) Mentre prima la parola *distanza* è stata usata per via di locuzione, ora invece essa acquista un significato preciso e distinto da quello di segmento. La distanza (o cammino) percorsa da A a B è eguale a quella percorsa da C a D, più quella da E a F, se il segmento AB è somma di due segmenti eguali a CD ed EF; mentre il segmento AB e la figura dei due segmenti CD ed EF non sono in generale eguali.

69. Def. I. — Se più grandezze A, B, C... si possono far corrispondere univocamente a segmenti a, b, c... della retta, in modo che se a è eguale a b, è pure A eguale a B; se a è eguale ad una parte di b, A è pure eguale ad una parte di B; se $c \equiv a + b$, alla somma c corrisponde una grandezza C costituita dalle due grandezze A e B; e reciprocamente: le grandezze A, B, C,.. si dicono *grandezze omogenee*, e il loro insieme chiamasi *sistema lineare omogeneo.*

Oss. I. — Ad es. nel piano tutti i rettangoli di egual base e di differenti altezze costituiscono un sistema lineare omogeneo di rettangoli.

Nello spazio tutti i parallelopipedi retti di egual base e di altezze differenti costituiscono un sistema lineare omogeneo di parallelopipedi.

Def. II. — *Somma* di due o più grandezze ABC... del sistema intendesi la grandezza che corrisponde al segmento $a + b + c + ...$ che si ottiene sommando i segmenti a, b, c..., corrispondenti alle grandezze date ABC...

Multipla di una grandezza A secondo il numero m si intende la grandezza che corrisponde al segmento multiplo secondo lo stesso numero m del segmento a, che corrisponde alla grandezza data.

La somma ed i multipli di grandezze omogenee si indicheranno con gli stessi segni usati per i segmenti.

L' *eguaglianza* di due grandezze geometriche A, B viene indicata dalla scrittura: $A \equiv B$ oppure $A = B$.

E se un segmento a è maggiore di b o, ciò che è lo stesso se c è un segmento per cui $a \equiv b + c$, si dirà delle grandezze corrispondenti A, B, C che A è *maggiore* di B e si scriverà $A > B$, oppure $A \equiv B + C$.

Che se $a < b$, si dirà che A è *minore* di B e si scriverá $A < B$.

Cor. I. — *Da:* $A = B$ *segue* $B = A$. *E da:* $A = B$ $B = C$ *segue pure:* $A = C$.

Cor. II. — *Da:* $A > B$ $B = C$ *come pure da:* $A > B$ $B > C$ *segue:* $A > C$.

Cor. III. — *E delle tre relazioni* $A > B$, $A = B$, $A < B$ *fra due grandezze, una ha necessariamente luogo, e questa esclude ciascuna delle altre due.*

La dimostrazione di queste prime proposizioni discende di per sè dalle proposizioni analoghe pei segmenti.

Def. III. — 1) *Differenza* di due grandezze A e B (la prima maggiore della seconda), dicesi la grandezza C tale, che $C + B = A$.

2) *Summultipla* di una grandezza A secondo il numero n, intendesi la grandezza del sistema, il cui multiplo secondo lo stesso numero è A.

La differenza di due grandezze e i summultipli di una grandezza si indicheranno con gli stessi segni usati per i segmenti.

Def. IV. — Diremo che due classi di grandezze omogenee sono *contigue* quando le grandezze dell'una sono tutte minori di quelle dell'altra, ed esistono due grandezze appartenenti rispettivamente alle due classi tali, che la loro differenza è minore di una grandezza ad esse omogenea, data ad arbitrio.

Def. V. — Se le grandezze di un sistema omogeneo corrispondono univocamente ai segmenti della retta, il sistema dicesi *continuo*.

Oss. II. — Pel sistema continuo di grandezze omogenee della def. V vale anche il postulato d'Archimede, cioè: *Se* $A < B$ *vi è un numero* m *tale, che è*

$Am > B$. E noi parlando in genere di sistema lineare continuo di grandezze intenderemo che esso sia assoggettato a questo postulato.

Fra due classi contigue di grandezze in un sistema continuo di cui la prima non abbia una grandezza massima, e l' altra una grandezza minima, esiste una ed una sola grandezza del sistema. Ciò deriva dal post. del n. 58, e dalla corrispondenza fra le grandezze del sistema e i segmenti della retta. Le proprietà di questi si estendono così senz'altro alle grandezze di un sistema lineare continuo. Così ad es.: *Ogni grandezza di un tal sistema è divisibile in un numero n qualunque di parti eguali.*

Secondo che una grandezza è maggiore, eguale o minore di un' altra, ogni grandezza multipla della prima è maggiore, eguale o minore di una grandezza equimultipla della seconda.

Teor. I. — *Secondo che il numero m è maggiore, eguale o minore di n, la grandezza $A\frac{m}{n}$ è maggiore, eguale o minore di A; e reciprocamente.*

Sia $m > n$ e quindi: $m = n + p$. Sarà $A\frac{m}{n}$ la somma di n volte $A\frac{1}{n}$ e di altre p volte $A\frac{1}{n}$; e poichè la somma di n volte $A\frac{1}{n}$ non è altro che A, sarà $A\frac{m}{n}$ eguale ad A più un'altra grandezza, cioè $A\frac{m}{n} > A$. Se poi $m = n$ si conchiude tosto che $A\frac{m}{n} = A$.

Analogamente per $m < n$.

I casi reciproci di questi tre si verificano facilmente mediante riduzione ad assurdo.

Teor. II. — *La parte ennesima di una grandezza, quando n è abbastanza grande, è minore di ogni grandezza data, omogenea alla prima.*

In altre parole se A e B sono due grandezze omogenee date arbitrariamente, esiste un numero n tale che è:

$$\frac{A}{n} < B.$$

Infatti se $A \leq B$ si ha: $\frac{A}{n} < B$, qualunque sia $n > 1$; e se $A > B$, per il post. d'Archimede esiste un intero n tale, che $nB > A$ e quindi: $\frac{A}{n} < B$.

Teor. III. — *Il multiplo secondo il numero m dell'ennesima parte di una grandezza data è eguale alla ennesima parte del multiplo della grandezza stessa secondo il numero m.*

Basterà dimostrare il teor. per i segmenti. Sia AB un segmento; dico che

$$\frac{AB}{n}\, m \equiv \frac{(AB)\, m}{n}.$$

Infatti se si divide AB in n parti eguali, la somma di $n.m$ o di $m.n$ di queste parti dà il multiplo $(AB)\, m$, e quindi la somma di m di queste parti medesime è la ennesima parte di $(AB)\, m$, cioè appunto:

$$\frac{AB}{n}\, m \equiv \frac{(AB)\, m}{n} \qquad (1)$$

Se la grandezza data C non è un segmento, e nel sistema a cui essa appartiene è (AB) il segmento corrispondente per l'oss. II, dalla (1) trarremo

$$\frac{C}{n} \cdot m = \frac{C\, m}{n}$$

Teor. IV. — *Date due grandezze omogenee B e C, se C non è un multiplo di un summultiplo di B, vi sono due classi contigue formate dai multipli di summultipli di B fra le quali è compresa la grandezza C.*

In luogo di due grandezze omogenee possiamo considerare due segmenti AB e AC di una stessa retta (oss. II, 69). Se non è $AC \equiv (AB)\,\frac{m}{n}$, il punto C sarà compreso in una ennesima parte di AB, dovendovi essere un numero m tale che:

$$\frac{AB}{n}\,m < AC < \frac{AB}{n}\,m + 1 \text{ (post. IX)}$$

ossia:

$$AB\,\frac{m}{n} < AC < AB\,\frac{m+1}{n}$$

Indichiamo con $(AB)\,h$ la classe dei multipli di summultipli di AB, minori di AC e con $(AB)\,h'$ la classe di quelli maggiori di AC; dico che le due classi $(AB)\,h$, $(AB)\,h'$ sono contigue, e che per ciò fra esse esiste il solo segmento AC.

Infatti la differenza dei due segmenti $\frac{AB}{n}\,(m+1)$ e $\frac{AB}{n}\,m$ è $\frac{AB}{n}$, e quindi per n abbastanza grande $\frac{AB}{n}$ è minore di ogni segmento dato (t. II) epperò il teorema è dimostrato (oss. II).

Oss. III. — Pel teor. ora dimostrato, date le classi Bh, Bh' la grandezza C è pienamente determinata; perciò scriveremo: $B(hh') = C$. Oltre a ciò, data la classe Bh, la classe Bh' è pure pienamente determinata, essendo costituita da tutti i multipli di summultipli di B maggiori di C; perciò possiamo anche scrivere: $Bh = C$ intendendo con ciò che per costruire C si costruisce la classe Bh, e poi la classe Bh', e che C è la grandezza esistente fra Bh e Bh'. Diremo anche che eseguendo su B le costruzioni indicate dal simbolo h si ottiene C.

Lemma. — *Se A e B sono grandezze omogenee, secondo che le grandezze $A\frac{m}{n}$ della classe Ah sono maggiori, eguali o minori delle grandezze $B\frac{m}{n}$ della classe Bh, la grandezza $A' = Ah$ è maggiore, eguale o minore della grandezza $B' = Bh$.*

Infatti nel primo caso vi deve essere una grandezza $B\frac{p+1}{q}$ della classe Bh' minore di una grandezza $A\frac{m}{n}$ della classe Ah, altrimenti tutte le grandezze $B\frac{p+1}{q}$ della classe Bh' sarebbero eguali o maggiori delle grandezze $A\frac{m}{n}$. Ma le grandezze $B\frac{p+1}{q}$ non possono essere eguali a grandezze $A\frac{m}{n}$ perchè scelte due tali grandezze in modo che sia

$$A\frac{m'}{n'} = B\frac{p'+1}{q'}$$

un'altra grandezza $B\frac{p+1}{q} < B\frac{p'+1}{q'}$ di Bh' sarebbe minore di $A\frac{m'}{n'}$, contro l' ipotesi. E nemmeno tutte le $B\frac{p+1}{q}$ di Bh' possono essere maggiori di qualunque $A\frac{m}{n}$ di Ah, perchè o le $B\frac{p+1}{q}$ apparterrebbero tutte alla classe Ah' e in tal caso la classe

$B\,h'$ coinciderebbe con $A\,h'$ e così $B\,h$ con $A\,h$, oppure vi sarebbero grandezze $A\,\frac{m+1}{n}$ minori di tutte le $B\,\frac{p+1}{q}$ ed allora vi sarebbero pure grandezze $B\,\frac{p}{q}$ di B h comprese fra due di dette grandezze $A\,\frac{m+1}{n}$ e $B\,\frac{p+1}{q}$; lo che contraddice al dato che le grandezze di $A\,h$, che sono minori delle grandezze di $A\,h'$ e quindi di $A\,\frac{m+1}{n}$, siano maggiori di quelle della classe $B\,h$.

Essendovi dunque una grandezza $B\,\frac{p+1}{q}$ minore di una grandezza $A\,\frac{m}{n}$ sarà $B\,\frac{p+1}{q} < A'$, poichè A' è maggiore di tutte le grandezze $A\,\frac{m}{n}$. Ma $B\,\frac{p+1}{q} > B'$, dunque: $B' < B\,\frac{p+1}{q} < A'$, e quindi $A' > B'$.

Da ciò risulta anche il terzo caso del lemma, e quindi anche il secondo.

Oss. IV. — Se le grandezze $A\,\frac{m}{n}$ di una classe $A\,h$ sono maggiori, eguali o minori delle grandezze $B\,\frac{m}{n}$ di un' altra classe $B\,h$ si scriverà:

$$A\,h \gtreqless B\,h.$$

Teor. V. — *Se A e B sono grandezze omogenee, e $A' = A\,h$, $B' = B\,h$, secondo che $A \gtreqless B$ è pure $A' \gtreqless B'$. E reciprocamente.*

Se $A\,h$ è un multiplo di A, secondo il numero m, secondo che $A \gtreqless B$, si ha: $A\,h \gtreqless B\,h$ (t. I, 10).

Se $A h$ è un multiplo di un summultiplo di A, se è cioè della forma $A \frac{m}{n}$ si ha pure: $A h \gtreqless B h$.

Se $A h$ e $B h$ non sono nei casi precedenti, e le grandezze $A \frac{m}{n}$, $B \frac{m}{n}$ appartengono alle classi $A h$, $B h$, da: $A \frac{m}{n} \gtreqless B \frac{m}{n}$ si ha: $A h \gtreqless B h$ e quindi (lemma) $A' \gtreqless B'$.

Teor. VI. — *Se $A = B h$, $C = D h$ e se $B = A k$, è pure $D = C k$.*

Se A è multiplo di B secondo un numero m, B è summultiplo di A secondo lo stesso numero, e quindi anche D di C, vale a dire:

$$B = A \frac{1}{m} \qquad D = C \frac{1}{m}$$

Se A è multiplo di B secondo il numero m della ennesima parte di B, B è summultiplo secondo il numero n della parte emmesima di A; e la stessa relazione ha luogo fra D e C, vale a dire:

$$B = A \frac{n}{m} \qquad D = C \frac{n}{m}$$

Se A è determinato da due classi contigue di multipli di summultipli di B sopra descritte, se ad es. si ha:

$$B \frac{m}{n} < A < B \frac{m+1}{n} \qquad (1)$$

si ha pure:

$$D \frac{m}{n} < C < D \frac{m+1}{n}$$

La grandezza B non può essere un multiplo di ur

summultiplo di A, ad es. $B = A \frac{m_1}{n_1}$ perchè si avrebbe: $A = B \frac{n_1}{m_1}$ contro il supposto.

Per formare le classi contigue Ak, Ak' fra le quali è compresa B, osserviamo che dalle due diseguaglianze:

$$B \frac{m}{n} < A \qquad A < B \frac{m+1}{n} \text{ si ha:}$$

$$A \frac{n}{m+1} < B < A \frac{n}{m} \qquad (2)$$

quindi $A \frac{n}{m+1}$ appartiene alla classe Ak, e $A \frac{n}{m}$ alla classe Ak'.

Reciprocamente, dati due multipli successivi di un multiplo di A fra cui sia compresa la B si ottengono con lo stesso metodo due multipli di summultipli di B che appartengono alle due classi Bh, Bh' di A.

Ciò significa che considerando tutti i multipli successivi di summultipli di B, fra i quali è compresa A, da essi si ottengono dei multipli di summultipli di A che costituiscono le classi Ak e Ak' che determinano B. Siccome le relazioni (1) e (2) valgono anche per le grandezze C e D, per essere $C = Dh$ ne consegue che le classi Ck e Ck' determinano la grandezza D, e quindi $D = Ck$.

Oss. V. — Se $Ah = A'$, la classe $A'k$ si indica anche con Ahk.

Teor. VII. — *Se X è una grandezza, la grandezza determinata dalla classe Xhk coincide colla grandezza determinata dalla classe Xkh, cioè:*

$$Xhk = Xkh.$$

Possiamo rappresentare la grandezza X con un segmento AX (oss. II., 69); si vuol dimostrare che:

$$(AX)\,hk \equiv (AX)\,kh\,.$$

1) Se $(AX)\,hk$ è multiplo secondo il numero intero n del multiplo secondo m del segmento (AX) la relazione:

$$(AX)\,mn \equiv (AX)\,nm$$

è conseguenza della proprietà commutativa della somma dei segmenti. Ad es. $(AX)\,3.\,2 \equiv (AX)\,3 + (AX)\,3 \equiv (AX) + (AX) + (AX) + (AX) + (AX) + (AX) \equiv (AX)\,2 + (AX)\,2 + (AX)\,2 \equiv (AX)\,2.\,3$.

2) Se $(AX)\,hk$ è $\frac{m}{n}$ del multiplo secondo il numero intero l di AX si ha:

$$(AX)\,l.\,\frac{m}{n} \equiv \frac{(AX)\,l}{n}\,m \equiv \frac{(AX)\,lm}{n} \equiv \frac{(AX)\,ml}{n} \equiv (AX)\,\frac{m}{n}\cdot l$$

Similmente si ha:

$$(AX)\frac{m}{n}\,l \equiv \frac{(AX)}{n}\,m\cdot l \equiv \frac{(AX)\,ml}{n} \equiv \frac{(AX)\,lm}{n} \equiv (AX)\,l\cdot\frac{m}{n}$$

3) Si ha inoltre:

$$(AX)\,\frac{m}{n}\cdot\frac{p}{q} \equiv \frac{(AX)m}{n}\cdot\frac{p}{q} \equiv \frac{(AX)\,m}{nq}\cdot p \equiv \frac{(AX)mp}{nq}$$

$$\equiv \frac{(AX)\,pm}{qn} \equiv (AX)\,\frac{p}{q}\cdot\frac{m}{n}$$

4) Sia ora $(AX)h \equiv AB$ e non sia AB multiplo di un summultiplo di AX; allora se $(AX)\,\frac{m}{n}$ indica un multiplo qualsiasi di un summultiplo di AX appartenente alla classe $(AX)h$ e $(AX)\,\frac{m+1}{n}$ un multiplo ap-

partenente alla classe contigua $(AX)k'$ (oss. III) si ha:

$$(1) \quad (AX)\frac{m}{n} < AB < (AX)\frac{m+1}{n}$$

Sia k della forma $\frac{p}{q}$, si ha:

$$(AX)\frac{m}{n}\,\frac{p}{q} < (AB)\,\frac{p}{q} < (AX)\,\frac{m+1}{n}\,\frac{p}{q}$$

od anche:

$$(AX)\,\frac{p}{q}\,\frac{m}{n} < (AB)\,\frac{p}{q} < (AX)\,\frac{p}{q}\,\frac{m+1}{n}\,.$$

Ripetendo ciò per ogni segmento $(AX)\,\frac{m}{n}$ della classe $(AX)h$ si ha

$$(AX)\,h\,\frac{p}{q} \equiv (AX)\,\frac{p}{q}\,h$$

Se invece $((AX)h)k = AC$ non è un multiplo di un summultiplo di AB si avrà

$$(AX)h\,\frac{m_1}{n_1} < AC < (AX)h\,\frac{m_1+1}{n_1}$$

ossia

$$(AX)\,\frac{m_1}{n_1}\,h < AC < (AX)\,\frac{m_1+1}{n_1}\,h$$

Ciò avendo luogo per ogni segmento della forma $(AX)h\,\frac{m_1}{n_1}$ della classe $(AX)hk$ si conchiuderà:

$$(AX)hk \equiv AC \equiv (AX)\,kh$$

c. d. d.

§ 2.

Grandezze proporzionali

70. Def. I. — Se quattro grandezze A e B, A' e B' le prime due omogenee, e le altre due omogenee tra loro, ma non necessariamente con le prime, sono tali che la prima e la terza sono multipli secondo lo stesso numero rispettivamente di due summultipli della seconda e della quarta secondo lo stesso numero, o la prima e la terza sono comprese fra due classi contigue determinate dagli stessi multipli di eguali summultipli rispettivamente della seconda e della quarta, si dirà che: *il rapporto della prima alla seconda è eguale al rapporto della terza alla quarta;* oppure che *la prima sta alla seconda come la terza alla quarta*; od ancora che: *le quattro grandezze date sono proporzionali, o in proporzione nell'ordine in cui si sono considerate.* E si scriverà:

$$A : B = A' : B'.$$

Le grandezze $A\,A'$ diconsi *antecedenti;* e le $B\,B'$ *conseguenti* della proporzione: $A : B = A' : B'$.

Oss. I. — La definizione precedente dice in sostanza che l'essere $A, B\ A', B'$ proporzionali vuol dire che si verifica o l'uno o l'altro dei seguenti casi, e cioè:

$$A = B\frac{m}{n} \quad A' = B'\frac{m}{n}$$

oppure: $\quad A = B\,(h\,h'), \quad A' = B'\,(h\,h')$

o, ciò che è lo stesso

$$A = B\,h \quad A' = B'h.$$

Oss. II. — Dalla def. precedente si ha che, tanto nel caso in cui $A = B\frac{m}{n}\ \ A' = B'\frac{m}{n}$, quanto nel caso $A = Bh$ $A' = B'h$, la prima e la terza si deducono rispettivamente dalla seconda e dalla quarta colla operazione geometrica indicata dallo stesso simbolo h.

Oss. III. — Dalla def. medesima emergono senza altro alcune facili conseguenze, fra le quali le principali sono:

1) $A : B = A : B$

2) Se $A : B = A' : B'$, si ha che:

$$A' : B' = A : B$$

3) Se $A = A'$, e $B = B'$ si ha che:

$$A : B = A' : B'$$

4) Se $A : B = C : D$ e se $A = A'$ e $B = B'$, si ha che: $A' : B' = C : D$ ecc.

Def. II. — Nella proporzione $A : B = A' : B'$, B e A' si chiamano *medî*, A e B' *estremi;* e la grandezza B' dicesi *quarta proporzionale* dopo le tre grandezze $A\,B\,A'$.

Nella proporzione $A : B = B : B'$, B' dicesi la *terza proporzionale* dopo le due grandezze A, B, prese nell' ordine $A\,B$. E nella stessa proporzione

$$A : B = B : B'$$

la B dicesi *media proporzionale* o *media geometrica* delle due grandezze A, B.

Ad es.: qualunque grandezza B è media proporzionale fra un multiplo $B\,m$ e un summultiplo secondo lo stesso numero $B\,\frac{1}{m}$ di essa: in altre parole se:

$$A = B\,m \qquad B' = B\,\frac{1}{m}$$

si avrà $A = B\,m$, $B = B'm$ e per ciò $A : B = B : B'$ (d. I).

Media aritmetica delle due grandezze A e B dicesi invece la metà della somma $A + B$.

Teor. I. — *Nel piano due rettangoli di egual base sono proporzionali alle rispettive altezze.*

Sia AB la base comune di due rettangoli posti in un medesimo piano e giacenti da una stessa banda di esso rispetto ad AB; e siano AC', AC le rispettive altezze e $AC < AC'$ (fig. 181).

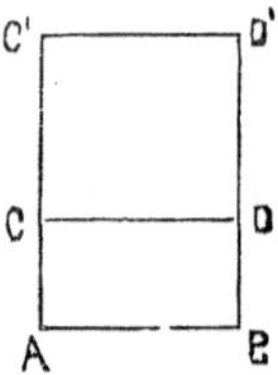

Fig. 181

Se $AC' \equiv (AC)\,m$, conducendo dai punti di divisione di AC' in m segmenti eguali ad AC le parallele alla base AB, e ricordando che i rettangoli di egual base e di eguali altezze sono eguali, si avrà: $AC'D'B \equiv (ACDB)\,m$, da cui: $AC'D'B : ACDB = AC' : AC$ (d. I). Se $AC' \equiv (AC)\,\frac{m}{n}$, nel qual caso AC' è somma di m segmenti AX eguali alla parte ennesima di AC, si avrà analogamente $AC'D'B \equiv (ACDB)\,\frac{m}{n}$, da cui:

$$AC'D'B : ACDB = AC' : AC.$$

Se infine $AC' \equiv (AC)\,h$, basterà osservare che al segmento generico: $(AC)\,\frac{m}{n}$ appartenente alla classe $(AC)\,h$, corrisponde il rettangolo: $(ACDB)\,\frac{m}{n}$ e quindi alla classe $(AC)h$ corrisponde la classe di rettangoli $(ACDB)h$, che determina il rettangolo $AC'D'B$. Pertanto anche in questo caso:

$$AC'D'B : ACDB = AC' : AC.$$

Cor. — *Le aree delle figure piane poligonali sono proporzionali alle basi dei rettangoli di eguale altezza e ad esse equivalenti.*

Teor. II. — *Nello spazio due parallelopipedi retti di egual base sono proporzionali alle rispettive altezze.*

Dimostrazione analoga alla precedente.

Cor. — *I volumi delle figure solide poliedriche sono proporzionali alle altezze dei parallelopipedi che hanno la stessa base e sono ad esse equivalenti.*

71. Teor. I. — *Se due rapporti sono eguali ad un terzo rapporto, i due rapporti sono eguali.*

In altra forma: da $A : B = A' : B'$ e $A' : B' = A'' : B''$, si deduce: $A : B = A'' : B''$.

Infatti se è $A = Bh$ in causa della proporzione: $A : B = A' : B'$, è pure $A' = B'h$; ed in causa della proporzione: $A' : B' = A'' : B''$, è pure $A'' = B''h$. Pertanto $A : B = A'' : B''$ (oss. I, 70).

Cor. — *Se* $A : B = A' : B'$ *e* $A : B = A'' : B'$ *è* $A' = A''$.

Infatti si ha $A' : B' = A'' : B'$, epperò A' e A'' sono dedotte da B' colla stessa operazione, e quindi $A' = A''$.

Teor. II. — *Non può esistere più di una quarta proporzionale dopo tre grandezze date.*

Siano ABA' le tre grandezze date; dico che non può esistere che una sola grandezza B' tale che:

$$A : B = A' : B'.$$

Infatti se h è il simbolo esprimente l' operazione con cui da A si ottiene B, cosicchè $B = Ah$ e se esiste la grandezza $B' = A'h$, da $A = Bk$ si trae (teor. VI, 69) $A' = B'k$ epperò:

$$A : B = A' : B'.$$

Per un' altra quarta proporzionale B'' si avrebbe pure:
$A : B = A' : B''$ da cui $B'' = A'h$ e quindi $B'' = B'$

Teor. III. — *Se quattro grandezze sono proporzionali, permutando gli antecedenti coi conseguenti si ottengono quattro grandezze proporzionali.*

Sia la proporzione $A : B = A' : B'$; dico che

$$B : A = B' : A'.$$

Infatti essendo: $A = Bh \quad A' = B'h$, posto che sia: $B = Ak$ pel teorema VI, 69 avremo: $B' = A'k$ quindi:

$$B : A = B' : A'.$$

Teor. IV. — *Se quattro grandezze sono proporzionali, secondo che la prima è maggiore, eguale, minore della seconda, anche la terza é maggiore, eguale, minore, della quarta.*

Sia la proporzione $A : B = A' : B'$; dico che secondo che $A \gtreqless B$ è $A' \gtreqless B'$.

Sia dapprima $A > B$. Se $A = B\frac{m}{n}$ si avrà $m > n$ e quindi dovendo essere $A' = B'\frac{m}{n}$ si avrà anche $A' > B'$.

Se invece: $B\frac{m}{n} < A < B\frac{m+1}{n}$, essendo per ipotesi $B < A$ si avrà $B < B\frac{m+1}{n}$, cioè $m \geq n$. Segue da ciò che $B' \frac{m}{n} \geq B'$ ed essendo in causa della proporzione data: $B' \frac{m}{n} < A' < B' \frac{m+1}{n}$ sarà: $A' > B'$.

Sia ora $A = B$, o ciò che è lo stesso $A = B \frac{n}{n}$; dalla proporzione data si avrà $A' = B' \frac{n}{n}$ cioè $A' = B'$.

Sia infine $A < B$. Per provare che $A' < B'$ basta scrivere (teor. III) la proporzione data così:

$$B : A = B' : A'$$

ed applicare il risultato ottenuto nel primo caso.

Teor. V. — *Se quattro grandezze sono proporzionali, sostituendo a ciascun antecedente la somma di esso e del proprio conseguente (o la differenza di esso ed il proprio conseguente se questo è minore del primo) si ottengono quattro grandezze proporzionali.*

In altra forma, se $A : B = A' : B'$ si ha:

$$A + B : B = A' + B' : B'$$

e se $A > B$ si ha: $A - B : B = A' - B' : B'$.

Infatti poichè $A : B = A' : B'$, se h è il simbolo esprimente l'operazione con cui da B si trae A, si ha: $A = Bh$, $A' = B'h$, epperò $A + B$ ed $A' + B'$ si deducono rispettivamente da B, B' con la stessa operazione, cioè $A + B = B(1 + h)$, $A' + B' = B'(1 + h)$. Lo stesso di $A - B$, $A' - B'$, quando $A > B$. Adunque: $A + B : B = A' + B' : B'$, e quando $A > B$ $A - B : B = A' - B' : B'$.

Teor. VI. — *Se quattro grandezze omogenee sono proporzionali, scambiando i medî (o gli estremi) fra loro si ottengono quattro grandezze proporzionali.*

Difatti da: $A : B = C : D$ si ha: $A = Bh$, $C = Dh$. Ora se $A = Ck$, si ha: $A = Dhk = Dkh$ (t. VII, 69) epperò: $Bh = Dkh$, cioè $B = Dk$ (t. VI, 69); dunque $A : C = B : D$.

Teor. VII. — *Se quattro grandezze omogenee sono proporzionali, secondochè la prima è maggiore, eguale o minore della terza, la seconda è maggiore, eguale o minore della quarta.*

Infatti dalla proporzione $A : B = C : D$ si ricava: $A : C = B : D$ (t. VI) quindi per il teor. IV secondochè $B \gtreqless D$ è $A \gtreqless B$; e reciprocamente.

Teor. VIII. — *Se due proporzioni hanno gli stessi conseguenti (antecedenti), gli antecedenti (i conseguenti) sono proporzionali.*

Siano le proporzioni

$$A : B = C : D$$
$$E : B = F : D;$$

dico che: $A : E = C : F$.

Infatti si ha

$$A : C = B : D; \quad E : F = B : D \quad \text{(t. VI)}$$

da cui $A : C = E : F$

e per ciò $A : E = C : F$.

Se invece sono eguali gli antecedenti, scambiando nelle due proporzioni gli antecedenti coi conseguenti (t. III) si ricade nel caso precedente.

Teor. IX. — *Se due proporzioni hanno gli stessi medî, il primo estremo della prima sta al primo estremo della seconda come il secondo estremo della seconda sta al secondo estremo della prima.*

In altra forma se $A : B = C : D$, $E : B = C : F$ si ha $A : E = F : D$.

Infatti dalle relazioni

$$A = Bh \quad C = Dh, \quad B = Ek \text{ si ha}$$
$$A = Ekh, \quad F = Ck = Dhk = Dkh$$

donde $$A : E = F : D.$$

Cor. — *Non può esistere che una grandezza media proporzionale tra due date.*

Infatti se fosse:

$$A : B = B : C \qquad A : X = X : C$$

se ne trarrebbe:

$$B : A = C : B \qquad X : A = C : X$$

e quindi $$B : X = X : B.$$

Ora non può essere $B > X$; perchè la terza grandezza di questa proporzione dovendo esser maggiore della quarta, se ne trarrebbe $X < B$; nè può essere $B < X$ per la stessa ragione. Sarà dunque $B = X$.

Teor. X. — *Se più rapporti di grandezze omogenee sono eguali, la somma degli antecedenti, la somma dei conseguenti, un antecedente qualunque ed il suo conseguente sono proporzionali.*

Siano $A_1 : B_1 = A_2 : B_2 = A_3 : B_3$..... Anzitutto da $A_1 : B_1 = A_2 : B_2$ si ha $A_1 : A_2 = B_1 : B_2$ e quindi:

$$A_1 + A_2 : A_2 = B_1 + B_2 : B_2$$

e da questa proporzione e dalla $A_2 : B_2 = A_3 : B_3$ si ha similmente:

$$A_1 + A_2 : B_1 + B_2 = A_3 : B_3$$

donde

$$A_1 + A_2 + A_3 : B_1 + B_2 + B_3 = A_2 : B_2.$$

E così di seguito.

Cor. — *Il rapporto di due grandezze è eguale al rapporto di due equimultipli o di due equisummultipli delle grandezze date:*

Cioè $A : B = Am : Bm \quad A : B = \frac{A}{m} : \frac{B}{m}$.

72. Def. — Date due serie di grandezze: $A\,B\,C...$, $A'B'C'...$ in corrispondenza univoca e tale che rispetto a due grandezze corrispondenti $A\,A'$ (*fondamentali*) altre due grandezze corrispondenti qualunque BB' formano una proporzione, cioè:

$B : A = B' : A'$, oppure: $B : A = A' : B'$

si dice che le due serie di grandezze sono in *corrispondenza di proporzionalità*. Nel primo caso la proporzionalità dicesi *diretta*, nel secondo, *inversa*.

Teor. I. — *Due grandezze qualunque corrispondenti di due serie proporzionali possono essere considerate come grandezze fondamentali.*

Difatti si abbia:

$$B : A = B' : A' \qquad C : A = C' : A';$$

dico che B e B' possono essere considerate come grandezze fondamentali.

Dalla prima si ha $A : B = A' : B'$ (t. III, 70) e dalla prima e dalla seconda si ha $B : C = B' : C'$ (t. VIII, 70) donde $C : B = C' : B'$.

Ma B e B' sono due grandezze qualunque corrispondenti dei due sistemi direttamente proporzionali; dunque esse possono essere assunte come fondamentali.

Se la proporzionalità fosse inversa si avrebbe:

$$B : A = A' : B' \qquad C : A = A' : C'$$

da cui $\qquad B : C = C' : B'$

od anche $\qquad C : B = B' : C'$.

Teor. II. — *Se le grandezze di due serie direttamente proporzionali sono omogenee, il rapporto di due grandezze corrispondenti è costante.*

Difatti se $A A'$, $B B'$ sono due coppie qualunque di grandezze corrispondenti, si ha:

$$A : B = A' : B'$$

da cui appunto: $A : A' = B : B'$ (t. VI, 71).

Teor. III. — *Se due serie di grandezze sono direttamente proporzionali, e la differenza di due grandezze dell'una può essere minore di ogni grandezza omogenea alle prime, data ad arbitrio, lo stesso ha luogo della differenza delle grandezze corrispondenti della seconda serie.*

Se $X Y$, $X' Y'$ sono due coppie di grandezze delle due serie si ha:

$$X : Y = X' : Y'.$$

Supporremo $X > Y$ e quindi anche $X' > Y'$.

Siccome X e Y possono essere scelte in modo che $X - Y$ sia minore di ogni grandezza data omogenea ad X ed Y, possiamo supporre che sia:

$$Y < X < Y\left(1 + \frac{1}{n}\right)$$

di guisa che la differenza $X - Y$ sia minore di $Y \frac{1}{n}$ perchè $Y \frac{1}{n}$ è per n abbastanza grande minore di ogni grandezza data omogenea a Y (t. II, 69). Analogamente si avrà per la supposta proporzionalità:

$$Y' < X' < Y'\left(1 + \frac{1}{n}\right)$$

cioè la differenza $X' - Y'$ sarà minore di $Y' \frac{1}{n}$. Ma si può sempre scegliere n in modo che $Y' \frac{1}{n}$ sia minore di ogni grandezza data omogenea alle X', Y'; pertanto anche la differenza $X' - Y'$ può esser più piccola di ogni grandezza data, c. c. d.

§ 3.

Segmenti proporzionali

73. Teor. I. — *Nel piano due rette sono divise da un fascio di parallele in due serie di segmenti direttamente proporzionali* (teor. di Talete).

Se le rette date $r\ r'$ sono parallele (fig. 182 *a*), i segmenti dell'una sono rispettivamente eguali ai segmenti corrispondenti dell'altra (t. IV, 18), cioè:

$$AB \equiv A'B' \quad BC \equiv B'C'$$

e quindi $$AB : BC = A'B' : B'C'.$$

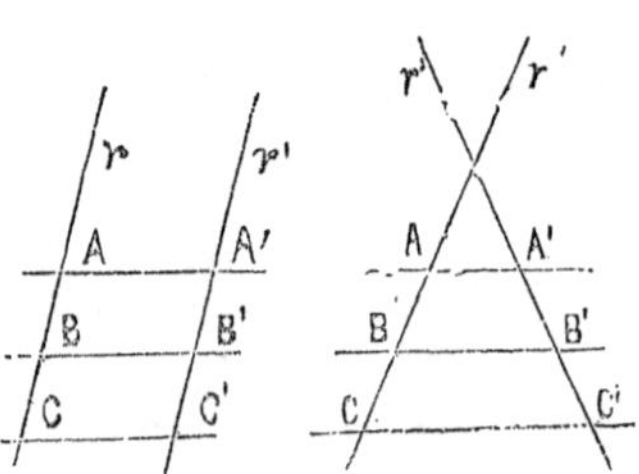

Fig. 182 *ab*

Se le rette $r\ r'$ si incontrano nel punto O (fig. 182 *b*) e se AB, AC sono due segmenti qualisivogliano della prima serie, $A'B'$, $A'C'$, i segmenti corrispondenti della seconda, basterà dimostrare che:

$$AB : AC = A'B' : A'C'.$$

Sia $AB \equiv (AC)m$ e si conducano dai punti di divisione di AB le parallele alle rette del fascio. Per il teor. VI, 27 il segmento $A'B'$ risulta eguale ad $(A'C')m$; donde $AB : AC = A'B' : A'C'$.

Nel caso che $AB \equiv (AC)\frac{m}{n}$, come pure nel caso che sia $AB \equiv (AC)h$ in generale, la dimostrazione è la stessa che pel teor. I del num. 70.

Abbiamo dunque in ogni caso:

$$AB : AC = A'B' : A'C'.$$

Cor. — *In ogni triangolo la parallela ad un lato divide gli altri due lati in parti rispettivamente proporzionali.*

Se DE è la parallela al lato BC (fig. 183), condotta da A la parallela FG alla BC, le due rette AB, AC sono divise dal fascio delle parallele FG, DE, BC in due serie di segmenti direttamente proporzionali; epperò:

$$AD : DB = AE : EC$$

donde: $$AD : AE = DB : EC.$$

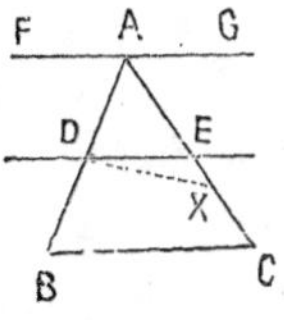

Fig. 183

Teor. II. — *Nello spazio due rette sono divise da un fascio di piani paralleli in due serie di segmenti direttamente proporzionali.*

Siano AA', BB', CC'... i punti nei quali i piani $\alpha\beta\gamma$... incontrano le due rette date $r\,r'$ (fig. 184). Condotta per A' la parallela r'' alla r, e detti $B''C''$...

i punti d'incontro di essa con questi piani, le rette AA'', BB'', CC''... saranno parallele, come rette di intersezione di piani paralleli $\alpha\beta\gamma$... col piano delle due rette $r r''$; e così pure le rette $B'' B'$, $C'' C'$... saranno parallele, come intersezioni degli stessi piani col piano delle rette $r'' r'$.

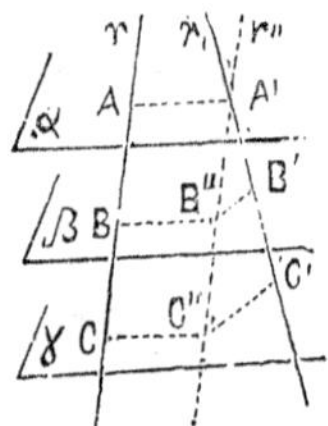

Fig. 184

Segue da ciò: $AB \equiv A'B''$ $BC \equiv B''C''$
ma $A'B'' : B''C'' = A'B' : B'C'$ quindi:

$$AB : BC = A'B' : B'C'$$

Teor. III. — *La retta che divide due lati di un triangolo in parti rispettivamente proporzionali é parallela al terzo lato.*

Nel triangolo ABC (fig. 183) la retta DE divida il lato AB in due parti rispettivamente proporzionali alle parti in cui divide il lato AC; cioè sia:

$$AD : AE = DB : EC.$$

Se la parallela al lato BC passante per D non fosse la DE ma la DX, si avrebbe (c. t. I)

$$AD : AX = DB : XC.$$

Ma dalle due proporzioni precedenti si ricava (t. VIII, 70)

$$AE : AX = EC : XC;$$

ora secondoche è $AE \gtrless AX$, dalla figura si trae $EC \lesseqgtr XC$, mentre invece dalla proporzione si trae: $EC \gtrless XC$ (t. IV, 70); dunque X deve coincidere con E.

Teor. IV. — *In triangoli equiangoli i lati opposti ad angoli eguali sono proporzionali.*

Siano ABC, $A'B'C'$ i due triangoli equiangoli, tali cioè che gli angoli in A, B, C sono rispettivamente eguali agli angoli in A', B', C'; dico che:

$$AB : A'B' = AC : A'C' = BC : B'C'.$$

Infatti siano $AB'' \equiv A'B'$, $AC'' \equiv A'C'$ (fig. 185); i triangoli $AB''C''$ $A'B'C'$ saranno eguali per avere due lati e l'angolo compreso eguali, dunque $\widehat{AB''C''} \equiv \widehat{A'B'C'} \equiv \widehat{ABC}$ e per ciò le rette BC, $B''C''$ sono parallele (t. I, 23). Per conseguenza

$$AB'' : B''B = AC'' : C''C \quad \text{(t. I)}$$

od anche $\quad B''B : AB'' = C''C : AC'' \quad$ (t. III, 70)

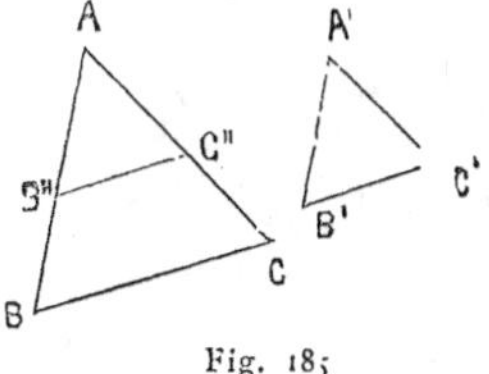

Fig. 185

donde (t. V, 70) $AB : AB'' = AC : AC''$;

ma $\quad AB'' \equiv A'B'$, $AC'' \equiv A'C'$, dunque

$$AB : A'B' = AC : A'C'$$

Nello stesso modo si prova che

$$AC : A'C' = BC : B'C'$$

$$BC : B'C' = AB : A'B'.$$

Cor. I. — *Due triangoli che hanno due coppie di lati proporzionali e l'angolo da esse compreso eguale, sono equiangoli.*

Siano ABC, $A'B'C'$ i due triangoli (fig. 185) e sia

(1) $AB : A'B' = AC : A'C'$ e $\widehat{BAC} \equiv \widehat{B'A'C'}$
dico che:

$$\widehat{ABC} \equiv \widehat{A'B'C'}$$

Infatti sia come prima $AB'' \equiv A'B'$, $AC'' \equiv A'C'$; i due triangoli $A'B'C'$, $AB''C''$ saranno eguali. Dalla (1) però si ha:

$$AB : AB'' = AC : AC''$$

ed essendo $B''C''$, BC parallele (t. II) i due triangoli ABC, $AB''C''$ e perciò anche ABC, $A'B'C'$ sono equiangoli.

Cor. II. — *Due triangoli che hanno i lati proporzionali sono equiangoli.*

Siano ABC, $A'B'C'$ i due triangoli e sia:

(1) $AB : A'B' = AC : A'C' = BC : B'C'$;

dico che i due triangoli sono equiangoli. Sia come prima $AB'' \equiv A'B'$, $AC'' \equiv A'C'$; si ha pure dalle (1)

$$AB : AB'' = AC : AC'';$$

vale a dire le rette $B''C''$, BC sono parallele. Si ha pure (c. I)

$$AB : AB'' = BC : B''C''$$

ossia $AB : A'B' = BC : B''C''$;

ma è per dato:

$$AB : A'B' = BC : B'C'$$

dunque $B'C' \equiv B''C''$

vale a dire i triangoli $AB''C''$, $A'B'C'$ per avere rispettivamente eguali i tre lati sono eguali; e siccome

ABC, $AB''C''$ sono equiangoli, così anche ABC, $A'B'C'$ sono equiangoli.

Probl. I. — *Dati tre segmenti costruire il quarto proporzionale.*

Siano a, b, c i tre segmenti dati (fig. 186). Sopra i lati di un angolo qualsiasi non piatto, di vertice O si prendano consecutivamente $OA \equiv a$ $AB \equiv b$; sul primo lato e sopra l'altro lato il segmento $OC \equiv c$, quindi da B si conduca la parallela alla retta AC e sia D il punto d'incontro di questa parallela col lato OC; si avrà:

$$a : c = b : CD \qquad a : b = c : CD$$

e sarà CD il segmento richiesto.

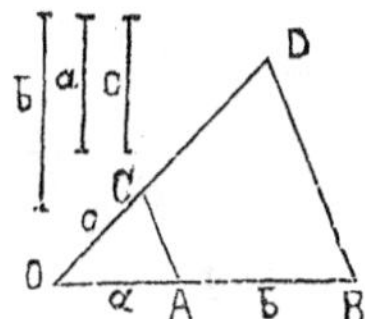

Fig. 186

Comunque sia scelto poi l'angolo di vertice O il segmento quarto proporzionale ai tre dati a b c sarà sempre eguale a CD (t. II, 70).

Probl. II. — *Dati due segmenti* a b *costruire il terzo proporzionale dopo* a *e* b.

Si costruisca il segmento quarto proporzionale dopo a b b, con la regola precedente.

Probl. III. — *Dividere un segmento in parti proporzionali a più segmenti dati.*

Se il segmento dato che si vuol dividere è AB si conduca da A un raggio qualunque che non sia sulla retta AB, e si prendano su di esso i segmenti AA_1, A_1B_1 B_1C_1, C_1D_1 eguali ai segmenti dati a, b, c, d (fig. 187).

Si unisca D_1 con B e dai punti intermedi $A_1 B_1 C_1$ si conducano le parallele a D_1B. Detti LMN i punti di incontro di esse con AB si avrà:

$$AL : AA_1 = LM : A_1B_1 = MN : B_1C_1 = NB : C_1D_1$$

(t. I, 70), cioè:

$$AL : a = LM : b = MN : = NB : d$$

Oss. -- Questo problema fu già risolto colla stesso metodo nel caso in cui $a \equiv b \equiv c \equiv d$ (probl. VIII, 35).

Probl. IV. — *Dati due punti trovare sulla loro retta un terzo punto le cui distanze dai punti dati siano proporzionali a due segmenti dati.*

Siano A e A' i punti, m e n i segmenti dati (fig. 188). Si conduca per A una retta qualunque e si prenda

$$AL \equiv m \quad LM \equiv LM' \equiv n$$

e si uniscano M e M' con A', e da L si conducano LB e LB' parallele a MA' e $M'A'$; i due punti B e B' soddisfano alle condizioni richieste dal Problema.

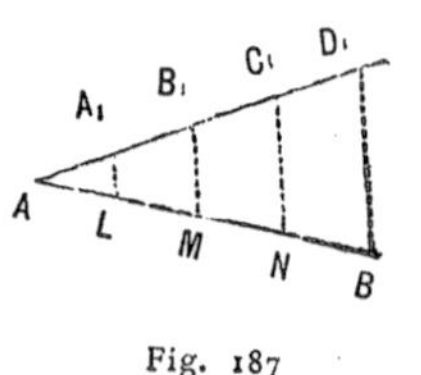

Fig. 187

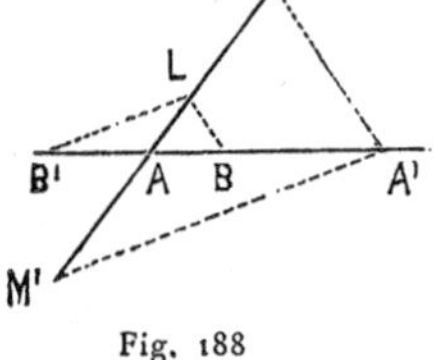

Fig. 188

Difatti pel teor. di Talete applicato ai triangoli ALB, AMA'; ALB', $AM'A'$ si ha:

$$AB : A'B = AL : LM = m : n$$

$$AL : AM' = AB' : AA', \quad AL : LM' = AB' : A'B'$$

donde $$AB' : A'B' = m : n$$

74. Teor. — *Se due corde di un cerchio, prolungate o no, si incontrano, i segmenti dell'una a partire dal punto d'incontro, sono inversamente proporzionali ai segmenti dell'altra.*

Infatti siano AB, CD due corde che si incontrano in un punto O interno o esterno al cerchio (fig. 189); dico che si ha:

$$OA : OD = OC : OB$$

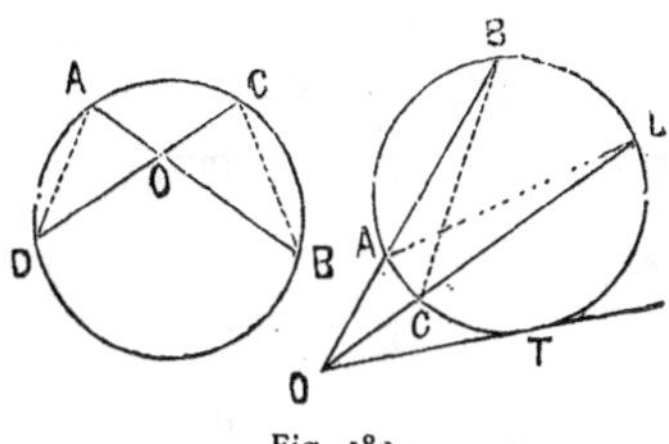

Fig. 189

Si congiungano i punti A e D, B e C; si ottengono così i due triangoli ADO, BCO i quali hanno gli angoli AOD, BOC eguali, perchè opposti al vertice o perchè coincidono, e gli angoli OAD, BCO eguali perchè essi o i loro adiacenti sono inscritti nel medesimo arco BD (teor. 33); dunque i due triangoli avendo gli angoli eguali hanno i lati opposti agli angoli eguali proporzionali (t. IV, 73) e per ciò:

$$OA : OD = OC : OB, \text{ c. v. d.}$$

Cor. I. — *Se da un punto esterno ad un circolo si conduce una tangente ed una secante, il segmento compreso fra il punto dato e quello di contatto della tangente è medio proporzionale fra tutta la secante e la sua parte esterna.*

La dimostrazione del teorema precedente sussiste ancora nel caso che le rette AB e CD si incontrino in un punto O esterno al cerchio e quando i due punti C e D coincidano in un punto T; basta considerare i due triangoli OAT, OTB i quali per avere l'angolo in O comune, e gli angoli OTA, OBT (t. 33) eguali avranno i lati opposti agli angoli eguali proporzionali, e cioè:

$$OA : OT = OT : OB.$$

Cor. II. — *In ogni triangolo rettangolo l'altezza relativa all'ipotenusa è media proporzionale fra le due proiezioni dei cateti sull'ipotenusa.*

Sia ABC il triangolo rettangolo in A (fig. 190).

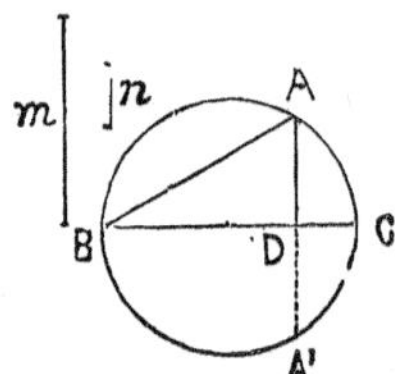

Fig. 190

Esso è inscritto in una circonferenza di diametro BC (c. III, t. 33). Sia AD l'altezza relativa all'ipotenusa e A' l'ulteriore suo punto d'intersezione con la circonferenza. Dal teor. si ha:

$$BD : AD = A'D : DC \text{ e perciò}$$

$$BD : AD = AD : DC$$

Probl. I. — *Dati due segmenti, costruire il segmento medio proporzionale ad essi.*

Se mn sono i due segmenti dati, presi sopra una retta i segmenti BD DC consecutivi e rispettivamente eguali ai segmenti dati (fig. 190) e poi sul segmento BC come diametro, descritto un semicerchio, si conduca da D la perpendicolare DA alla BC sino ad incontrar in A il semicircolo stesso; AD è il segmento richiesto. Poichè gli angoli inscritti in un semicerchio sono retti, il triangolo BAC sarà rettangolo in A, dunque

$$BD : DA = DA : DC \quad \text{(c. II)}$$

cioè

$$m : DA = DA : n$$

Probl. II. — *Dato un segmento, dividerlo in due parti tali che la maggiore sia media proporzionale fra la minore e l'intero segmento dato.*

Sia AB il segmento dato (fig. 191). Da B si conduca la perpendicolare ad AB e si prenda $BC \equiv AB \frac{1}{2}$ indi si descriva il circolo di centro C e raggio CB, il quale riuscirà tangente alla retta AB nel punto B. Congiungasi A con C e si prolunghi AC fino ad incontrar in E la circonferenza; infine si prenda su AB il segmento AF eguale alla parte esterna AD della secante AE. Il segmento AF è il richiesto. Infatti abbiamo

$$AE : AB = AB : AD \quad \text{(c. I)}$$

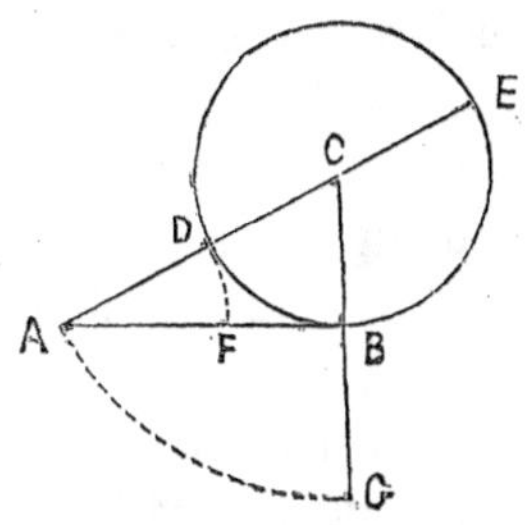

Fig. 191

donde:

$$AE - AB : AB = AB - AD : AD \quad \text{(t. V, 71)}.$$

e per essere

$$DE \equiv (BC)2 \equiv AB, AD \equiv AF$$

è $AE - AB \equiv AF$, dunque $AF : AB = FB : AF$ e quindi, permutando gli antecedenti coi conseguenti (t. III, 71)

$$AB : AF = AF : FB$$

Def. — Il segmento medio proporzionale tra un segmento dato e la differenza fra questo ed il primo dicesi la *sezione aurea* del segmento dato.

Il segmento AF del problema precedente è medio proporzionale fra il segmento dato AB e $AB - AF$ che è FB; esso è dunque la sezione aurea di AB.

Oss. — Descrivendo con raggio CA l'arco AC' fino ad incontrare CB in C' si ha: $BC' \equiv AF$. Per ottenere la sezione aurea, costruito il triangolo ABC basta portare CA in CC': il segmento BC sarà il richiesto.

§ 4.

Figure simili

75. Def. I. — Due figure rettilinee (def. I, 13) si dicono *simili* quando si può stabilire fra i loro punti una corrispondenza univoca tale che i segmenti corrispondenti sono proporzionali.

E due figure non rettilinee si dicono *simili* quando sono figure corrispondenti in figure rettilinee simili.

Questa corrispondenza fra due figure chiamasi *corrispondenza di similitudine.*

Cor. — *Due figure eguali sono simili.*

Siano F e F' due figure rettilinee eguali, a, a'; b, b' due coppie di segmenti corrispondenti qualunque; si ha: $a \equiv a'$, $b \equiv b'$ donde:

$$a : a' = b : b'$$

epperò F e F' sono simili.

Se F e F' non sono rettilinee, esse sono figure corrispondenti in figure rettilinee simili (d. 14) dunque esse sono simili (d. I).

Teor. I. — *Due figure simili ad una medesima figura sono simili fra loro.*

Infatti se la figura $ABC... XY...$ è simile alla figura $A'B'C'... X'Y'...$ e questa è simile alla figura $A''B''C''... X''Y''...$ egli è chiaro anzitutto che i punti della prima e quelli della terza figura si corrispondono univocamente. Oltre a ciò, siccome dalle ipotesi:

$$AB : XY = A'B' : X'Y', \; A'B' : X'Y' = A''B'' : X''Y''$$

si conchiude che:

$$AB : XY = A''B'' : X'Y''$$

anche i segmenti della prima figura sono proporzionali ai segmenti che congiungono i punti corrispondenti della terza. Perciò la prima figura è simile alla terza.

Teor. II. — *Se tre punti di una figura sono in linea retta e si seguono in un dato ordine, i tre punti omologhi di una figura simile alla prima sono pure in linea retta e si seguono nel medesimo ordine.*

Siano ABC $A'B'C'$ i punti corrispondenti di due figure simili; ed ABC siano in linea retta (fig. 192).

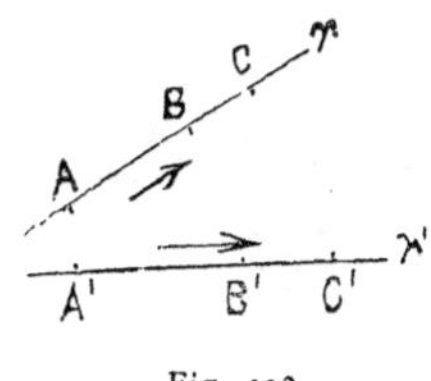

Fig. 192

Si ha:

$$AB : BC = A'B' : B'C'$$
$$AB + BC : BC = A'B' + B'C' : B'C'$$

ossia $AC : BC = A'B' + B'C' : B'C'$;
ma si ha anche

$$AC : BC = A'C' : B'C' \qquad (1)$$

dunque $A'B' + B'C' \equiv A'C'$
quindi A', B', C' sono in linea retta, chè altrimenti si avrebbe un triangolo $A'B'C'$ in cui un lato sarebbe eguale alla somma degli altri due. Inoltre se B è compreso nel segmento AC, AB e BC sono minori di AC e quindi dalla (1) e da

$$AC : AB = A'C' : A'B'$$

si ricava che $A'B'$ e $B'C'$ sono minori di $A'C'$, ossia che B' è interno di $A'C'$. Dunque se i tre punti ABC si seguono nell'ordine ABC anche i corrispondenti $A'B'C'$ si seguono nell'ordine $A'B'C'$.

Teor. III. — *Se quattro punti di una figura sono in un piano, i quattro punti omologhi di una figura simile alla prima sono pure in un piano.*

Siano AA', BB', CC', DD' quattro coppie di punti corrispondenti di due figure simili, e siano $ABCD$ posti in uno stesso piano (fig. 193). Al punto X d'incontro dei lati AC e BD della prima figura corrisponde un sol punto X' della seconda; e siccome AXC sono in

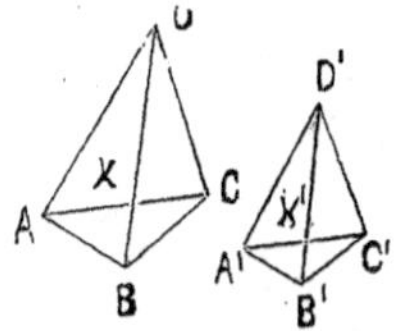

Fig. 193

linea retta, così $A'X'C'$ saranno in linea retta; similmente i tre punti $D'X'B'$ saranno in linea retta. I quattro punti $A'B'C'D'$ giacciono pertanto nel piano individuato dalle due rette $A'C'$, $B'D'$ incontrantisi in X'.

Oss. — La corrispondenza di similitudine fra due figure differisce dalla corrispondenza di eguaglianza (d. 14) per il solo fatto che i segmenti corrispondenti sono proporzionali anzichè essere eguali. E se in due figure simili due segmenti corrispondenti sono eguali le due figure sono eguali.

Teor. IV. — *Gli angoli corrispondenti di due figure simili sono eguali.*

Siano ABC, $A'B'C'$ due angoli corrispondenti di due figure simili; i triangoli ABC, $A'B'C'$ hanno i lati proporzionali (d. I) dunque sono equiangoli (c. II, t. IV, 73) vale a dire $\widehat{ABC} \equiv \widehat{A'B'C'}$, come volevasi dimostrare.

Teor. V. — *I diedri, i triedri e gli angoloidi corrispondenti di due figure stereometriche simili sono eguali.*

a) Siano da prima $V \cdot ABC$, $V' \cdot A'B'C'$ due triedri corrispondenti di due figure simili F e F', ove ai punti $VABC$ corrispondono i punti $V'A'B'C'$. Le facce corrispondenti dei due triedri sono eguali (t. IV), dunque i triedri sono eguali (t. VIII, 47).

b) Dati due diedri $\alpha\beta$, $\alpha'\beta'$ corrispondenti di spigoli r e r', al punto V di r corrisponde il punto V' di r', e a due rette a e b passanti per V in α e β corrispondono due rette a' e b' passanti per V' in α' e β'; ma i triedri abr, $a'b'r'$ sono eguali; dunque i diedri arb, $a'r'b'$ ossia $\alpha\beta$, $\alpha'\beta'$ sono eguali.

c) Finalmente due angoloidi corrispondenti di F e F' sono eguali perchè hanno le facce e i triedri da esse compresi ordinatamente eguali.

Teor. VI. — *La corrispondenza di similitudine di due figure piane simili è determinata da due angoli corrispondenti e dai lati proporzionali che li comprendono.*

La dimostrazione è la stessa di quella del teorema analogo per le figure eguali (t. I, 53), solo che in luogo dei segmenti corrispondenti eguali bisogna considerare dei segmenti proporzionali.

Cor. I. — *La corrispondenza di similitudine di due figure simili é determinata da due triangoli corrispondenti.*

La dimostrazione è analoga a quella del cor. I del teor. I, 53.

Cor. II. — *Due triangoli che hanno i lati proporzionali sono simili.*

Cor. III. — *Due triangoli equiangoli sono simili.*

Perchè i due triangoli hanno i lati proporzionali (c. II, t. IV, 73).

Cor. IV. — *Due triangoli che hanno un angolo eguale e i lati che lo comprendono proporzionali sono simili.*

Infatti essi hanno anche i rimanenti lati proporzionali. (c. I).

Cor. V. — *Due poligoni qualunque sono simili se hanno i lati rispettivamente proporzionali e gli angoli compresi da lati omologhi eguali.*

Siano $ABCD...M$, $A'B'C'D'...M'$ i due poligoni (fig. 194). I due triangoli ABC, $A'B'C'$ avendo gli an-

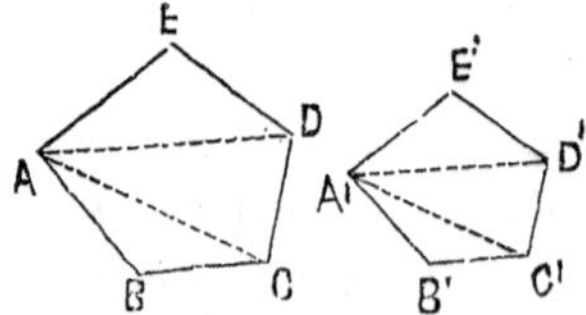

Fig. 194

goli in B e B' eguali e i lati che li comprendono proporzionali determinano una corrispondenza di similitudine nei piani dei due poligoni. Al lato CD corrisponde, dalla parte ove si trova D' un segmento CD' che forma con BC' l'angolo $B'C'D'_1 \equiv BCD_1 \equiv B'C'D'$ dunque D_1' coincide con D'. Analogamente a E corrisponde E' ecc. a M il punto M'. Dunque i due poligoni sono figure corrispondenti in figure rettilinee simili e per ciò sono simili (d. I, 75).

Teor. VII. — *La corrispondenza di similitudine di due figure stereometriche è determinata da due triedri corrispondenti, cogli spigoli che li comprendono proporzionali.*

La dimostrazione è la stessa di quella del t. I, 53 sostituendo ai segmenti corrispondenti eguali segmenti corrispondenti proporzionali.

Cor. I. — *La corrispondenza di similitudine fra due figure stereometriche è determinata da due tetraedri corrispondenti.*

La dimostrazione è la stessa del cor. I del t. I, 53 delle figure eguali, colla avvertenza precedente.

Cor. II. — *Due tetraedri aventi gli spigoli proporzionali sono simili.*

Cor. III. — *Due tetraedri che hanno un triedro eguale e gli spigoli che lo comprendono rispettivamente proporzionali sono simili.*

Cor. IV. — *Due tetraedri aventi i quattro triedri rispettivamente eguali sono simili.*

Siano $ABCD$, $A'B'C'D'$ i due tetraedri. Per essere i due triedri $A \cdot BCD$, $A' \cdot B'C'D'$ eguali, le facce di essi sono eguali. Lo stesso accade per le altre coppie di triedri che hanno i loro vertici nei punti B e B' C e C', D e D'; di guisa che le facce corrispondenti dei due tetraedri sono triangoli equiangoli; dunque gli spigoli corrispondenti dei due tetraedri sono proporzionali, e per conseguenza i due tetraedri sono simili (c. II).

Cor. V. — *Due poliedri qualunque che hanno gli spigoli ordinatamente proporzionali e i triedri da essi compresi eguali sono simili.*

La dimostrazione è analoga a quella del cor. IV del teor. VI ove in luogo di considerare due triangoli si considerano due tetraedri corrispondenti.

Cor. VI. — *Due cubi qualunque sono simili.*

76. Probl. I. — *Costruire un poligono simile ad un altro poligono, essendo dato un lato che corrisponda ad un lato del poligono dato.*

Dati il poligono $ABCDEM$ e il segmento $A'B'$ sopra una retta che corrisponda ad AB, si conduca l'unica retta $B'C'$ che da una parte di $A'B'$ formi con $A'B'$ un angolo eguale all'angolo ABC, e sia questo $A'B'C'$ (fig. 195). Indi si prenda su $B'C'$ un segmento $B'C'$ quarto proporzionale dopo AB, $A'B'$, BC.

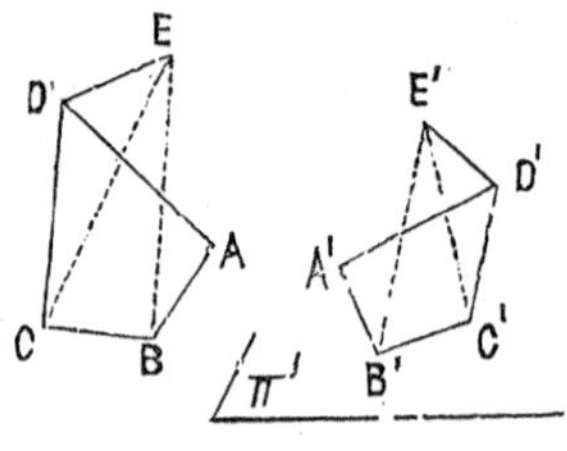

Fig. 195

Il triangolo $A'B'C'$ sarà simile al triangolo ABC (c. I, t. IV, 73) epperò avrà i lati proporzionali a quelli di ABC e gli angoli corrispondenti eguali. I due triangoli ABC $A'B'C'$ determinano una corrispondenza di similitudine nei piani dei due poligoni (che possono anche coincidere) e i punti $D'E'$... corrispondenti a DE... saranno gli altri vertici del poligono cercato. Per costruire i punti DE... si ripete la stessa costruzione del punto

C', vale a dire si costruisce il triangolo $A'C'D'$ simile al triangolo ACD e in modo che l'angolo $B'C'D'$ contenga il segmento $A'C'$ come BCD contiene AC; così seguitando si costruiscono gli altri punti $E'F'...M$.

Probl. II. — *Costruire un poliedro simile ad un altro essendo dato il piano ed un lato di una faccia che corrisponde ad una faccia del poliedro dato.*

Sia $ABCD... M$ il poliedro dato, π' il piano e $A'B'$ il lato di una faccia del poliedro da costruirsi. Sia ad es. ABC la faccia del poliedro dato che corrisponde alla faccia situata nel piano π' e AB lo spigolo che corrisponde ad $A'B'$ (fig. 195). In π' si costruisca un poligono $A'B'C'...$ simile ad $ABC....$ (probl. I). Si costruisca inoltre da una parte del piano π' il triedro $D' \cdot B'C'E'$ eguale al triedro $D \cdot BCE$ e si prenda $D'E'$ quarto proporzionale dopo BD, $B'D'$, DE.

I due tetraedri $BCDE$, $B'C'D'E'$ sono simili (c. III, t. VII) e quindi determinano nello spazio una corrispondenza di proporzionalità nella quale agli altri vertici $F... M$ del poliedro dato corrispondono in modo unico i punti $F'... M'$ del poliedro da costruirsi. Ripetendo la costruzione analoga alla precedente e badando che a punti situati da una stessa parte o da parti opposte di un piano corrispondono punti situati dalla stessa parte o da parti opposte rispetto al piano corrispondente, si ottiene il poliedro richiesto.

77. Teor. I. — *Due poligoni convessi sono simili se hanno i lati ordinatamente proporzionali e gli angoli ordinatamente eguali, eccetto* 1) *due lati consecutivi e l'angolo da essi compreso;* 2) *due angoli consecutivi ed il lato ad essi comune;* 3) *tre angoli consecutivi.*

Dimostrazione come pel teorema analogo dei poligoni eguali (t. VII, 28). Basta in quella dimostrazione sostituire ai segmenti corrispondenti eguali segmenti proporzionali.

Teor. II. — *Due piramidi sono simili se hanno un angoloide eguale compreso da facce simili.*

Come pel teorema analogo sulle piramidi eguali (t. II, 53).

Teor. III. — *Due prismi sono simili se hanno un triedro eguale compreso da facce simili.*

Come pel teorema analogo pei prismi eguali. (t. III, 53).

§ 5.

Altre proprietà di poligoni e di poliedri simili od equivalenti.

78. Teor. I. — *Se quattro segmenti sono proporzionali, il rettangolo dei medî è equivalente al rettangolo degli estremi. E se due rettangoli sono equivalenti, due lati consecutivi del primo sono gli estremi e due lati consecutivi del secondo sono i termini medî di una proporzione.*

Siano $a\ b\ c\ d$ quattro segmenti tali che:

(1) $$a : b = c : d$$

Sopra due rette perpendicolari incontrantisi nel punto O si prendano i segmenti OA, OB, OC, OD rispettivamente eguali ad $a\ b\ c\ d$, e dai punti $ABCD$ si tirino le parallele alle rette medesime, le quali determineranno un rettangolo $PQRS$ (fig. 196).

I due triangoli DOQ, SOC sono simili per avere due lati rispettivamente proporzionali, e cioè per essere: $SC : DQ = OC : OD$ e l'angolo da essi compreso eguale; epperò saranno equiangoli e sarà l'angolo $DOQ \equiv SOC$. Segue da ciò che questi due angoli hanno i lati opposti, e quindi le due rette SO OQ sono per diritto, vale a dire SQ è la diagonale del rettangolo $PQRS$. I due rettangoli $PAOD$, $OCRB$ poi sono equivalenti (t. III, 63); ma il rettangolo $PAOD$ ha per lati consecutivi gli estremi, e $OCRB$ i medî della proporzione (1), dunque il rettangolo dei medî ed il rettangolo degli estremi sono equivalenti.

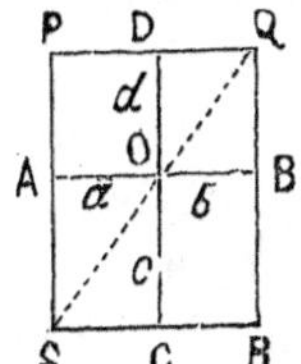

Fig. 196

Reciprocamente, siano a, b due lati consecutivi di un rettangolo, c, d due lati consecutivi di un altro rettangolo equivalente al primo; è facile dimostrare che ha luogo necessariamente l'una o l'altra delle due proporzioni: $a : c \equiv d : b$, $a : d \equiv c : b$.

Sia x il quarto proporzionale dopo i tre segmenti a, c, d; sarà $a : c \equiv d : x$, e per ciò che si è dimostrato sopra, il rettangolo i cui lati consecutivi sono a ed x è equivalente al rettangolo i cui lati consecutivi sono $c\,d$. Ma questo è per ipotesi equivalente al rettangolo dei lati $a\,b$; dunque il rettangolo dei lati a ed x è equivalente al rettangolo dei lati a e b; epperò $b \equiv x$ (o. I 63). Avremo dunque: $a : c \equiv d : b$.

Analogamente, se si fosse detto y il quarto proporzionale dopo $a\,d\,c$ si dimostrerebbe che $y \equiv b$.

Cor. I. — *Le altezze e le basi dei rettangoli equivalenti formano due sistemi di grandezze inversamente proporzionali.*

Infatti se a, a', a'', ecc. b, b', b''.... sono le altezze e le basi di rettangoli equivalenti si ha:

$$a : a' = b' : b$$
$$a'' : a' = b' : b''$$
$$a : a'' = b'' : b \text{ ecc.}$$

Cor. II. — *Se due parallelopipedi rettangoli equivalenti hanno un spigolo comune, gli altri spigoli di essi sono inversamente proporzionali.*

Siano P e P' i due parallelopipedi dati, a il lato comune, bc, $b'c'$ gli altri spigoli. Essi hanno l'altezza a comune e per ciò i rettangoli basi di lati b, c; b', c' devono essere equivalenti, chè altrimenti non sarebbero equivalenti i due parallelopipedi (o. 67). Dunque:

$$b : b' = c' : c \quad \text{(c. I)}$$

Cor. III. — *Il rettangolo di due segmenti è equivalente al quadrato del medio proporzionale.*

Cor. IV. — *Se due corde di un cerchio si tagliano il rettangolo dei segmenti dell'una è equivalente al rettangolo dei segmenti dell' altra.*

Infatti i due segmenti della prima sono inversamente proporzionali ai due segmenti corrispondenti della seconda (t. I, 72).

Cor. V. — *Se da uno stesso punto sono condotte ad un cerchio una tangente ed una secante, il quadrato della tangente è equivalente al rettangolo della secante e della sua parte esterna.*

Infatti la tangente è media proporzionale fra la secante e la sua parte esterna (c. I, 74).

Cor. VI. — *Il quadrato dell'altezza di un triangolo rettangolo, corrispondente all'ipotenusa, è equivalente al rettangolo dei due segmenti in cui l' altezza medesima divide la ipotenusa.*

Infatti l'altezza in discorso è media proporzionale fra le parti che essa determina sull'ipotenusa (c. II, 74).

Cor. VII. — *Il quadrato della sezione aurea di un segmento è equivalente al rettangolo del segmento e dell' altra parte di esso* (d. 74.)

Probl. I. — *Costruire il rettangolo equivalente ad un altro rettangolo, data l' altezza (o la base).*

Sia $ABCD$ il rettangolo dato, e sia AD' eguale all' altezza data (fig. 197). Si conduca da D la parallela alla retta BD' fino ad incontrare AB in B'; dico che il rettangolo $AB'C'D'$ di lati AD', AB' è quello richiesto. Infatti dai triangoli simili $AB'D$, ABD' si ha:

$$AB : AD' = AB' : AD$$

epperò i rettangoli $ABCD$, $A'B'C'D'$ sono equivalenti (t. I).

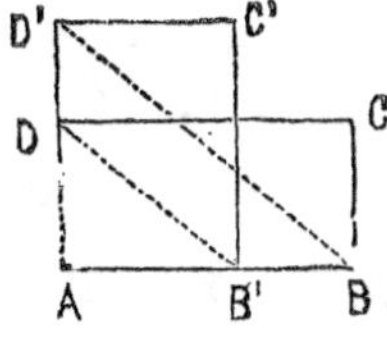

Fig. 197

Probl. II. — *Costruire il quadrato equivalente ad un poligono dato.*

Basta trasformare il poligono dato in un rettangolo ad esso equivalente (pr. III, 62), e costruire il segmento medio proporzionale fra i lati del rettangolo. Il quadrato di questo segmento sarà il richiesto.

Teor. II. — *Se un quadrangolo convesso è inscritto in un cerchio, il rettangolo delle diagonali è equivalente alla somma dei rettangoli dei lati opposti* (t. di Tolomeo).

Sia $ABCD$ un quadrangolo convesso inscritto in un cerchio; dico che il rettangolo delle diagonali AC, BD è equivalente alla somma dei rettangoli dei lati opposti (fig. 198). Conduciamo la retta AE in modo che siano eguali gli angoli DAE, CAB. I triangoli ADE, CAB avendo eguali gli angoli DAE, CAB per costruzione e ADB e ACB perchè insistenti sullo stesso arco saranno equiangoli e quindi simili dunque:

$$DE : BC = DA : AC$$

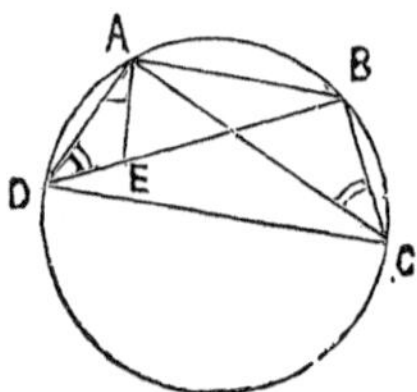

Fig. 198

epperò il rettangolo dei segmenti BC, DA sarà equivalente al rettangolo dei segmenti DE, AC. Ma i triangoli EAB, DAC hanno gli angoli in B e C eguali per dato e gli angoli in A eguali essendo:

$$\widehat{EAB} \equiv \widehat{EAC} + \widehat{CAB} \text{ e } \widehat{DAC} \equiv \widehat{DAE} + \widehat{EAC}$$

per conseguenza essi sono simili; epperò si avrà analogamente che il rettangolo dei segmenti DC, AB sarà equivalente al rettangolo dei segmenti EB, AC. Adunque la somma dei rettangoli dei lati opposti del quadrangolo è equivalente alla somma del rettangolo dei segmenti DE, AC col rettangolo dei segmenti EB, AC e quindi al rettangolo unico delle diagonali DB, AC.

79. Teor. I. — *Se due piramidi hanno eguali altezze e basi equivalenti, due sezioni parallele alle basi e da esse equidistanti sono equivalenti.*

Consideriamo dapprima il caso in cui le basi delle due piramidi siano triangoli eguali ABC, $A'B'C'$ (fig. 199). Siano DEF, $D'E'F'$ le sezioni fatte con piani paralleli alle basi ed equidistanti da queste. Sappiamo che i due triangoli DEF ABC avendo i lati rispettivamente paralleli sono simili e che per ciò:

$$DE : AB = FE : CB = DF : AC$$

e similmente che

$$D'E' : A'B' = F'E' : C'B' = D'F' : A'C'.$$

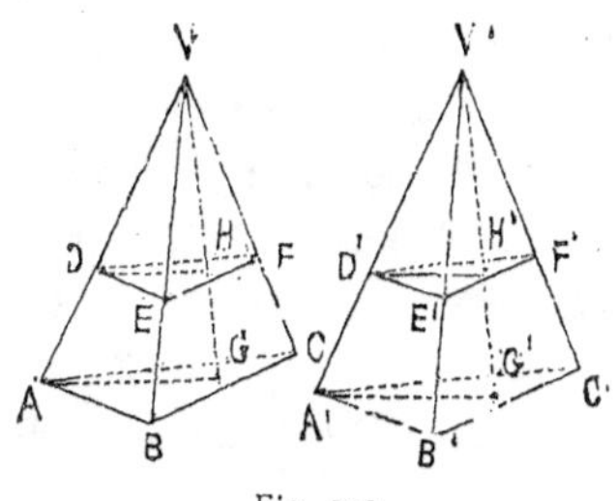

Fig. 199

Ma il rapporto fra DE ed AB è eguale al rapporto fra VD e VA, e questo è eguale al rapporto fra la parte VH e tutta l' altezza VG, essendo AG parallela a DH; dunque:

$$DE : AB = VH : VG.$$

Similmente: $D'E' : A'B' = V'H' : V'G'$.

Ma poichè per ipotesi:

$$VH \equiv V'H' \qquad VG \equiv V'G' \qquad AB \equiv A'B'$$

così ne consegue: $D'E' \equiv DE$

ed i due triangoli simili DEF, $D'E'F'$ sono anche eguali.

Considerando ora il caso in cui le basi delle due piramidi siano poligoni equivalenti, basterà osservare che esse possono considerarsi come somme di parti e quindi anche di triangoli ciascuno a ciascuno rispettivamente eguali. Ne consegue che le piramidi date si possono considerare divise in egual numero di tetraedri i quali hanno basi rispettivamente eguali ed eguali altezze. E poichè le sezioni fatte in ciascuna delle coppie di tetraedri corrispondenti da piani equidistanti dalle basi sono eguali fra loro, le sezioni fatte nelle piramidi da piani equidistanti dalle basi, sono somme di triangoli rispettivamente eguali e quindi sono equivalenti.

Teor. II. — *Un tronco di piramide a basi parallele è equivalente alla somma di tre piramidi, le quali hanno la stessa altezza del tronco, e per basi rispettive le due basi del tronco e la media proporzionale tra esse.*

Sia $ABCDEF$ un tronco di tetraedro a basi triangolari parallele (fig. 200). Il piano BCD divide il tronco nel tetraedro $DABC$ e nella piramide $DBCFE$, che ha per vertice D e per base il trapezio $BCFE$. Questa piramide è divisa dal piano DBF nei tetraedri $DBCF$,

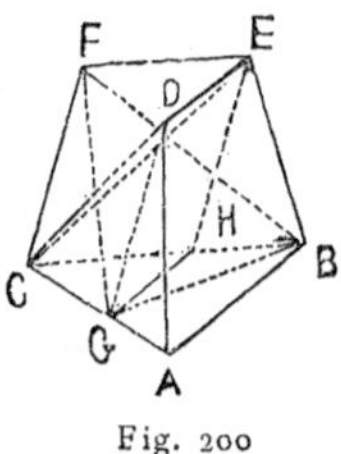

Fig. 200

$DBEF$. Ma $DBCF$ è equivalente al tetraedro di base BCF e col vertice nel punto G in cui la parallela da D alla FC incontra AC, poichè ha comune con esso la base BCF e l'altezza (t. I, 66). Quindi il tronco è equivalente alla somma dei tre tetraedri $DABC$, $DBEF$ $GBCF$ i quali hanno per comune altezza quella del tronco, e per basi rispettive i triangoli ABC, DEF, BCG. E poichè i triangoli ABC, DEF sono le due basi del tronco, resta a provare che il triangolo BCG è medio proporzionale fra essi. A tal fine osserviamo che i triangoli ABC BCG hanno comuni il vertice B e l'altezza, quindi:

$$ABC : BCG = AC : CG$$

Inoltre conducendo EH parallela ad FC fino ad incontrare BC in H e tirando GH si ha:

$$BCG : CGH = BC : CH$$

Ma per essere GH parallela a DE e quindi ad AB:

$$AC : CG = BC : CH$$

Adunque:

$$ABC : BCG = BCG : CGH$$

e poichè il triangolo CGH è uguale al triangolo DEF così:

$$ABC : BCG = BCG : DEF$$

ossia BCG è medio proporzionale tra ABC e DEF.

Siano ora $ABCD$..., $A'B'C'D'$.... le basi parallele di un tronco di una piramide a base poligonale qualunque. Si scompongano le due basi in triangoli, di guisa che il tronco riesca così scomposto in tronchi di tetraedri a basi parallele. Applicando dunque a questi il teorema per essi già dimostrato e sommando, il teorema risulta pure dimostrato per la loro somma e quindi anche pel tronco di piramide $ABCD$.... $A'B'C'D'$....

80. Teor. I. — *I perimetri di due poligoni simili stanno fra loro come due lati omologhi.*

Siano $ABCD....$ $A'B'C'D'....$ i due poligoni simili; avranno luogo le proporzioni:

$$AB : A'B' = BC : B'C' = CD : C'D' \text{ ecc.}$$

e per il teor. X, 71

$$AB + BC + CD + \cdots : AB$$
$$= A'B' + B'C' + C'D' + \cdots : A'B'$$

da cui:

$$AB + BC + CD + \cdots :$$
$$A'B' + B'C' + C'D' + \cdots = AB : A'B'$$

Dich. I. — Un rettangolo di lati consecutivi a e b si indica anche con $r\,(ab)$. Un quadrato di lato a si indica con $q\,(a)$.

Dich. II. — Un parallelopipedo retto avente per base il rettangolo $r\,(ab)$ e lo spigolo laterale c si indica anche con $p\,(abc)$. Un cubo di lato a si indica con $c\,(a)$.

Teor. II. — *Due triangoli simili stanno fra loro come i quadrati di due lati omologhi.*

Siano dati due triangoli simili ABC, $A'B'C'$; dico che essi stanno fra loro come i quadrati di due lati omologhi, ad es. di AB, $A'B'$ (fig. 201). Siano h e h' le

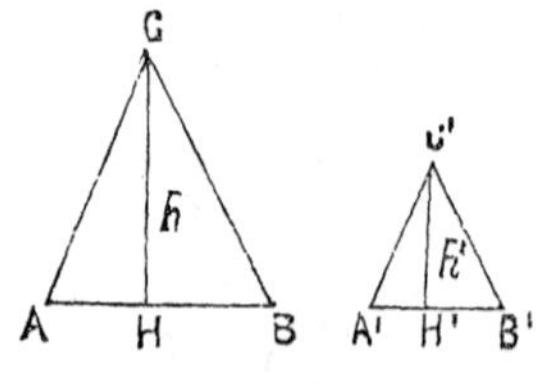

Fig. 201

altezze dei vertici C e C'. Le rette CH e CH' sono rette corrispondenti nei due triangoli simili ABC, $A'B'C'$

dunque i loro piedi sono punti corrispondenti, e quindi sono segmenti corrispondenti le altezze h e h', epperò:

$$AB : A'B' = h : h' \qquad (1)$$

I rettangoli di basi AB, $A'B'$ e di altezze h e h' sono equivalenti ai doppi dei triangoli dati, dunque:

$$ABC : A'B'C' = r(AB \cdot h) : r(A'B' . h') \qquad (2)$$

Il quadrato di lato AB e il rettangolo (AB, h) avendo la stessa base AB stanno fra loro come le altezze, AB e h', dunque:

$$q(AB) : r(AB \cdot h) = AB : h \qquad (3)$$

E analogamente:

$$q(A'B') : r(A'B' \cdot h') = A'B' : h' \qquad (4)$$

da queste e dalla (1) si ha.

$$q(AB) : q(A'B') = r(AB \cdot h) : r(A'B' \cdot h')$$

e da questa e dalla (2):

$$ABC : A'B'C' = q(AB) : q(A'B')$$

come volevasi dimostrare.

Teor. III. — *Due tetraedri simili stanno fra loro come i cubi di due spigoli omologhi.*

Siano $ABCD$, $A'B'C'D'$ i due tetraedri simili; dico che stanno fra loro come i cubi di due lati omologhi, ad es. di AB e $A'B'$ (fig. 202). Come per le altezze CH e $C'H'$ nei triangoli simili ABC, $A'B'C'$ si dimostra che le altezze DH e $D'H'$ sono segmenti corrispondenti nella corrispondenza di similitudine determinata dai due tetraedri. I parallelopipedi

$$p(AB, CH', DG) \qquad p(A'B', C'H', D'G')$$

sono equivalenti a sei volte i tetraedri $ABCD$, $A'B'C'D'$ dati (t. V, 66), dunque:

$$ABCD : A'B'C'D' = p(AB, CH, DG) : p(A'B', C'H', D'G')$$

Si trasformi il primo in un altro parallelopipedo retto equivalente che abbia per base un quadrato di lato AB e che perciò avrà una certa altezza h; si avranno così due parallelopipedi rettangoli equivalenti aventi lo spigolo comune AB e rispettivamente gli altri spigoli CH, DG; AB e h. Si ha quindi:

$$CH : DG = h : AB$$

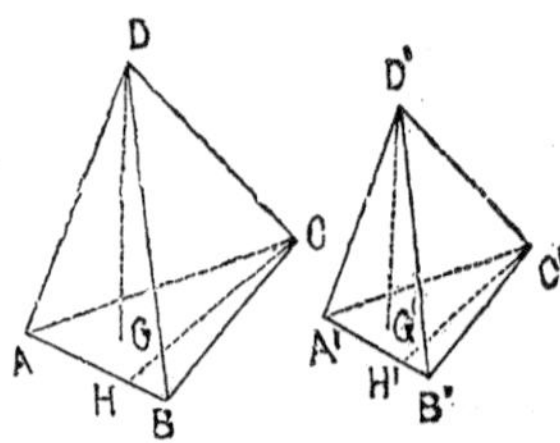

Fig. 202

Analogamente indicando con h' l'altezza del parallelopipedo retto che ha per base un quadrato di lato $A'B'$ equivalente al parallelopipedo p ($A'B'$, $C'H'$, $D'G'$) si avrà:

$$C'H' : D'G' = h' : A'B'$$

ma CH, $C'H'$; DG, $D'G'$ sono segmenti corrispondenti vale a dire:

$$CH : C'H' = DG : D'G'$$

dunque: $$h : AB = h' : A'B'$$

ossia $$AB : A'B' = h : h' \qquad (1)$$

La dimostrazione procede ora nello stesso modo della dimostrazione del teorema precedente dopo la proporzione (1), solo che in luogo dei rettangoli di basi AB, $A'B'$ e di altezze h e h' e dei quadrati di lati AB, $A'B'$ bisogna considerare i parallelopipedi retti aventi per base i quadrati di lati AB, $A'B'$ e di altezze h e h' e i cubi di lati AB, $A'B'$.

Teor. IV. — *In figure simili, i triangoli corrispondenti sono proporzionali.*

Siano F e F' le due figure simili, e siano dati dapprima due triangoli di F, ABC, BCD aventi un lato comune BC (fig. 203). I triangoli corrispondenti $A'B'C'$, $B'C'D'$ in F' avranno in comune il lato $B'C'$ corrispondente a BC. I triangoli ABC, $A'B'C'$ e i triangoli BCD, $B'C'D'$ stanno fra loro come i quadrati dei lati BC, $B'C'$ (t. II); dunque si ha:

$$ABC : A'B'C' = BCD : B'C'D'$$

donde $$ABC : BCD = A'B'C' : B'C'D' \qquad (2)$$

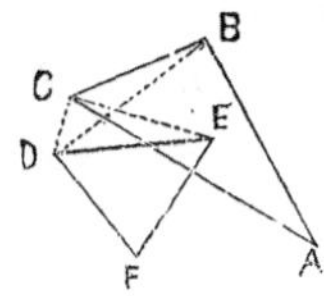

Fig. 203

Se sono dati invece due triangoli ABC DEF qualunque di F, e se si considera la serie de' triangoli ABC, BCD, CDE, DEF nella quale due triangoli successivi hanno un lato comune e si considerano inoltre i triangoli corrispondenti, si avrà da (1)

$$ABC : A'B'C' = BCD : B'C'D'$$
$$BCD : B'C'D' = CDE : C'D'E'$$
$$CDE : C'D'E' = DEF : D'E'F'$$

da cui $$ABC : A'B'C' = DEF : D'E'F'$$

ossia $$ABC : DEF = A'B'C' : D'E'F'$$

come volevasi dimostrare.

Cor. I. — *In figure simili i poligoni corrispondenti sono proporzionali.*

Infatti si scompongano i due poligoni P e P' in triangoli corrispondenti; indicando con $\Delta_1\ \Delta_2 \ldots\ \Delta_m$; $\Delta_1'\ \Delta_2'\ \Delta'_m$ le due serie di questi triangoli si ha:

$$\Delta_1 : \Delta_2 \ldots : \Delta_m = \Delta_1' : \Delta_2' \ldots : \Delta'_m \text{ e perciò:}$$
$$P : P' = \Delta_1 : \Delta_1'.$$

Cor. II. — *Due poligoni simili stanno fra loro come i quadrati di due lati omologhi.*

Se P e P' sono due poligoni simili, AB, $A'B'$ due lati omologhi e ABC, $A'B'C'$ due triangoli corrispondenti di essi, si ha:

$$P : P' = ABC : A'B'C' \text{ (c. I)}$$
$$P : P' = q\ (AB) : q\ (A'B') \text{ (t. II)}.$$

Cor. III. — *Le superficie di due poliedri simili stanno fra loro come i quadrati di due lati omologhi.*

Se $P_1\, P_2 \ldots\ P_n$, $P_1'\, P_2' \ldots\ P_n'$ sono le facce dei due poliedri si ha:

$$P_1 : P_2 \ldots : P_n = P_1' : P_2' \ldots : P_n'$$

e quindi

$$P_1 + P_2 + \cdots + P_n : P_1 = P_1' + P_2' + \cdots + P_n' : P_1'$$

ossia indicando con S e S' le superficie dei due poliedri

$$S : S' = P_1 : P_1' = q\ (AB) : q\ (A'B')$$

essendo AB, $A'B'$ due spigoli dati di P_1 e P_1'.

Cor. IV. — *Se due figure poligonali simili sono proporzionali ad altre due figure poligonali simili, i loro lati omologhi presi nello stesso ordine sono proporzionali.*

Siano P, P'; $P_1\ P_1'$ le due coppie di figure poligonali simili, tali dunque che (1) $P : P_1 = P' : P_1'$. Siano inoltre AB, CD; $A'B'$, $C'D'$ i lati omologhi di essi; dico che si ha:

$$AB : CD = A'B' : C'D'.$$

Infatti le figure poligonali P e P' determinano una corrispondenza di similitudine fra i loro piani, sicchè scelto un segmento $C_1 D_1 \equiv CD$ nel piano di P e costruito in esso una figura Q col lato $C_1 D_1$ eguale alla figura P_1, ad essa corrisponderà una figura simile Q' col lato $C_1' D_1'$ omologo a $C_1 D_1$. Si avrà:

$$P : Q = P' : Q' \text{ (c. I)},$$

ossia $$P : P_1 = P' : Q'$$

donde per la (1) $$P_1' = Q'$$

dunque $$C_1' D_1' \equiv C'D'.$$

Ma: $$AB : C_1 D_1 = A'B' : C_1' D_1'$$

e perciò $$AB : CD = A'B' : C'D'.$$

Cor. V. — *Due figure poligonali simili ed equivalenti sono eguali.*

Infatti se P e P' sono le due figure, e a e a' due lati corrispondenti qualunque di esse si ha:

$$P : P' = q\,(a) : q\,(a') \text{ (c. II)}.$$

Ma $P = P'$, dunque $q\,(a) = q\,(a')$ cioè $a \equiv a'$ e per ciò le due figure P e P' sono eguali.

Teor. V. — *In figure stereometriche simili i tetraedri corrispondenti sono proporzionali.*

Dati due tetraedri $ABCD$, $EFGH$ si possono formare cogli stessi vertici i tetraedri $ABCD$, $BCDE$, $CDEF$, $DEFH$, $EFHG$, tali che due successivi hanno una faccia in comune. Ciò premesso, la dimostrazione di questo teorema procede nello stesso modo che quella del teor. IV, tenendo conto del teor. III.

Cor. I. — *Due poliedri simili stanno fra loro come i cubi di due lati omologhi.*

La dimostrazione è analoga a quella del cor. II del teor. IV; basta scomporre i poliedri in tetraedri.

Cor. II. — *Se due figure poliedriche simili sono proporzionali ad altri due poliedri simili, i loro spigoli omologhi presi nello stesso ordine sono proporzionali.*

La dimostrazione è la stessa del cor. IV del t. IV, solo che in luogo dei poligoni si considerano i poliedri.

Cor. III. — *Due figure poliedriche simili ed equivalenti sono eguali.*

La dimostrazione è la stessa del cor. V del t. IV.

Probl. — *Costruire un poligono che sia simile ad un poligono dato ed equivalente ad un altro poligono dato.*

Siano A e B i due poligoni dati, X il poligono richiesto, che sia cioè equivalente a B e simile ad A. Si costruiscano anzitutto i quadrati A', B' rispettivamente equivalenti ai poligoni A, B e siano m, n i loro lati.

Si avrà : $A' : B' = A : X$

e poichè se quattro poligoni simili a due a due sono proporzionali, sono pure ordinatamente proporzionali i lati omologhi, si dovrà avere, dicendo l un lato di A, x l'omologo di X:

$$m : n = l : x.$$

Si costruisca pertanto il segmento quarto proporzionale dopo m n l e su di esso, preso come lato omologo del lato l del poligono A si costruisca il poligono simile ad A (pr. I, 76). Esso sarà il richiesto.

§ 6.

Poligoni regolari

81. Oss. I. — Il triangolo equilatero e il quadrato, che sappiamo costruire, quando sia dato il lato, sono i poligoni regolari di tre e di quattro lati (d. II, 34).

Probl. I. — *Costruire l'esagono regolare che abbia un lato eguale ad un dato segmento.*

Sia a il segmento dato. Si descriva il circolo di centro O e raggio $OA \equiv a$, si tiri la corda AB eguale ad a e si unisca B con O (fig. 204). Il triangolo OAB è equilatero, l'angolo AOB la terza parte di due retti e quindi la sesta parte di quattro retti. Se dunque si tirano le corde BC, CD, DE, EF eguali al raggio a, ad esse corrisponderanno angoli al centro eguali alla sesta parte di quattro retti, cioè ad AOB; l'angolo AOF, che è la differenza tra quattro retti e cinque volte la sesta parte di quattro retti, sarà esso pure eguale ad AOB, e la corda AF per conseguenza sarà eguale alle altre. Il poligono $ABCDEFG$ ha dunque i lati eguali al segmento a; esso ha anche gli angoli eguali perchè angoli alla circonferenza che sono inscritti in archi eguali. Esso poligono è pertanto l'esagono regolare richiesto.

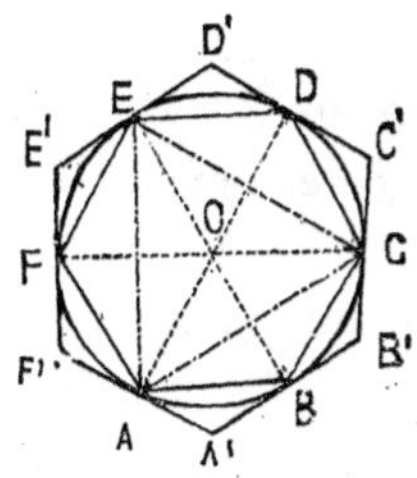

Fig. 204

Probl. II. — *Inscrivere e circoscrivere ad un cerchio un poligono regolare di 3, 6, 12.... vertici.*

a) Dato il cerchio di centro O (fig. 204) si supponga per un momento che il triangolo ACE sia equilatero. Le rette OA, OC, OE sono le bissettrici degli angoli del triangolo, e quindi detto B l'ulteriore punto d'intersezione della retta OE col cerchio, i triangoli AOB, BOC sono pure equilateri perchè sono isosceli e l'angolo al vertice è la sesta parte di quattro retti. Pertanto $AB \equiv BC \equiv OA$. Per costruire dunque il triangolo equilatero basterà costruire le corde AB, BC eguali al raggio, e il punto opposto E di B rispetto al centro O. Congiungendo i punti A, C, E, si avrà il triangolo richiesto.

b) Si osservi che $AB \equiv BC \equiv OA$, e quindi congiungendo A, B, C con O si hanno i punti D, E, F tali che per la dimostrazione precedente è $AB \equiv BC \equiv CD \equiv ED \equiv EF \equiv FA$. Inoltre, essendo i triangoli AOB, BCO ecc. equilateri, gli angoli ABC, BCD ecc. dell'esagono sono eguali, vale a dire l'esagono $ABCDEF$ è regolare. Per costruire dunque un esagono regolare inscritto nel cerchio basterà prendere le corde AB, BC, CD, DE, EF eguali al raggio, da cui risulterà pure $AB \equiv FA$.

c) Per inscrivere nel cerchio un dodecagono regolare basterà dividere per metà gli archi sottesi dai lati dell'esagono, si otterranno così altri sei punti che coi vertici dell'esagono determineranno un dodecagono regolare.

d) Per circoscrivere un poligono regolare al cerchio, ad es. di sei lati, basta condurre le tangenti al cerchio nei vertici di un esagono regolare inscritto (fig. 204) le quali formeranno l' esagono $A'B'C'D'E'F'$ richiesto. Infatti i triangoli $AA'B$, $BB'C$ ecc. essendo $AB \equiv BC$, $\widehat{BAA'} \equiv \widehat{ABA'} \equiv \widehat{CBB'} \equiv \widehat{BCB'}$ sono eguali, dunque $A'B \equiv BB' \equiv B'C \equiv CC'$ ecc. ossia $A'B' \equiv B'C'$.... Inoltre $\widehat{AA'B} \equiv \widehat{BB'C}$.... dunque l'esagono $A'B'C'D'E'F'$ è regolare.

La stessa operazione e lo stesso ragionamento valgono se si tratta di circoscrivere al cerchio un poligono regolare qualsiasi di n lati, quando si sappia inscrivere al cerchio un poligono regolare dello stesso numero di vertici.

Probl. III. — *Inscrivere o circoscrivere ad un cerchio un poligono di 4, 8.... vertici.*

a) Si conducano pel centro O del cerchio due diametri perpendicolari AC, BD (fig. 205); il poligono $ABCD$ è un quadrato, come è facile riconoscere.

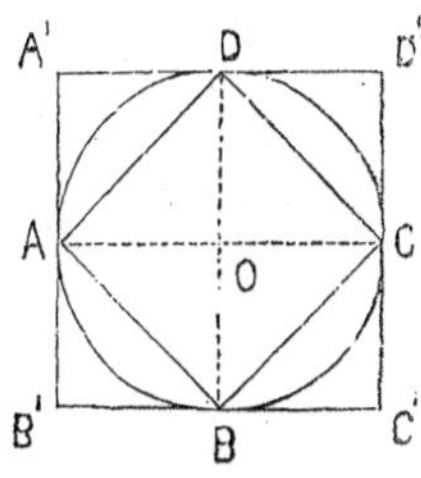

Fig. 205

b) Per l'ottagono regolare basta dividere per metà gli archi sottesi dai lati del quadrato e congiungere successivamente i vertici del quadrato coi punti così ottenuti.

c) Per circoscrivere al cerchio un quadrato od un ottagono regolare basta condurre le tangenti nei vertici del quadrato o dell' ottagono inscritto (pr. II, *d*).

Probl. IV. — *Dato il lato costruire il pentagono regolare.*

Sul lato AB (fig. 206) si innalzi in B un segmento BF perpendicolare ed eguale ad AB, e con centro nel punto medio M di AB e con raggio MF si tagli il prolungamento di AB da A verso B nel punto G. Colla base BG si descriva il triangolo isoscele BCG di lato eguale ad AB: il punto C sarà vertice del pentagono. Osservando che il terzo vertice D è nella perpendicolare innalzata da M su AB, è facile costruire gli altri vertici D ed E del pentagono, senza bisogno di descrivere la circonferenza ad esso circoscritta.

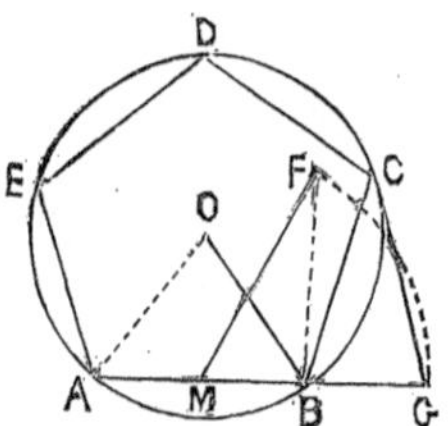

Fig. 206

Infatti per essere BG la sezione aurea di AB (o. 74) abbiamo:

$$AB - BG : BG = BG : AB$$

da cui (t. V, 70).

$$AB : BG = AG : AB$$

od anche, essendo per costruzione $AB \equiv CB \equiv CG$,

$$BC : BG = AG : CG$$

Ma i due triangoli CBG, ACG avendo eguali gli angoli in B e in G, e proporzionali i lati che li comprendono, sono simili epperò:

$$CG : BG = AC : CB.$$

Dalle due ultime proporzioni e dall'essere $AB \equiv CG$, si ricava poi che:

$$AG \equiv AC$$

Segue da ciò che è isoscele il triangolo ACG; ma sono anche isosceli i triangoli ABC e BCG; epperò:

$$\widehat{AGC} \equiv \widehat{CBG} \equiv (\widehat{ACB})\,2 \equiv \widehat{ACG} \equiv (\widehat{BCG})\,2$$

Il triangolo CBG ha dunque gli angoli alla base doppî del rimanente, cioè $\widehat{CBG}$ è due quinti dell' angolo piatto e quindi l'angolo $\widehat{ABC}$ tre quinti dell'angolo piatto, o, ciò che è lo stesso, un quinto della somma degli angoli interni di un pentagono convesso.

Oss. II. — La costruzione precedente insegna anche a costruire un angolo che sia la quinta parte di due retti; o, ciò che è lo stesso a costruire un triangolo isoscele di cui gli angoli alla base sono doppi del rimanente.

Probl. V. — *Inscrivere o circoscrivere ad un cerchio un poligono regolare di 5, 10... vertici.*

Per la costruzione del pentagono regolare inscritto in un cerchio di centro O e di raggio OA (fig. 206) basta costruire l'angolo AOB eguale alla quinta parte di quattro angoli retti; la corda AB sarà il lato del pentagono richiesto.

Dividendo per metà gli archi sottesi dai lati del pentagono, i punti di divisione e i vertici del pentagono sono i vertici del decagono regolare.

Ovvero basta costruire il segmento aureo AB del raggio OA. E unendo alternativamente i vertici del decagono si avrà il pentagono.

Per circoscrivere al cerchio un pentagono o un decagono regolare si procede come per gli altri poligoni regolari circoscritti.

Teor. — *Due poligoni regolari dello stesso numero di vertici sono simili.*

Se n è il numero dei loro vertici, la somma dei loro angoli è $2n - 4$ retti, dunque gli n angoli dei due poligoni sono eguali. I poligoni hanno per ciò i lati proporzionali e gli angoli eguali; dunque sono simili.

ESERCIZI

Libro quinto

§ 1.

1. Se due grandezze sono equimultiple di altre due, e queste sono pure equimultiple di altre due, le prime sono equimultiple delle ultime.
2. Due figure poligonali (o poliedriche) sono equivalenti se sono comprese fra classi contigue di figure poligonali (o poliedriche) equivalenti (Coi segmenti associati).

§ 2.

3. La somma e la differenza del primo antecedente e del suo conseguente di una proporzione e la somma e la differenza del secondo antecedente e del suo conseguente sono proporzionali.
4. In una proporzione di quattro grandezze omogenee a un antecedente e al proprio conseguente si può sostituire la somma (o la differenza) degli antecedenti e dei conseguenti.
5. Se tre rapporti sono eguali, e un antecedente è eguale alla somma (o alla differenza) degli altri due, sarà pure il suo conseguente eguale alla somma (o alla differenza) degli altri due. E inversamente.

§ 3.

6. In ogni triangolo la bissettrice di un angolo interno divide il lato opposto in due parti che sono direttamente proporzionali ai lati rimanenti; e se la bissettrice di un angolo esterno di un triangolo taglia il lato opposto, le distanze del suo

punto d'incontro dai vertici di esso sono pure proporzionali ai lati rimanenti.

7. 1) Se dai centri di due cerchi si conducono due raggi paralleli qualunque e dello stesso verso, la retta che unisce i loro estremi taglia l' asse centrale nel medesimo punto esterno al segmento dei centri (*centro di similitudine esterno* dei due cerchi), pel quale passano, se esistono, due tangenti comuni ai due cerchi che li lasciano dalla stessa parte.

2) Se i raggi sono paralleli e di verso opposto la retta che unisce i loro estremi taglia l'asse centrale nel medesimo punto interno al segmento dei centri (*centro di similitudine interno* dei due cerchi) pel quale passano, se esistono le due tangenti comuni dei due cerchi che li lasciano da parte opposta.

8. Costruire le tangenti comuni di due circonferenze (6).

9. Costruire una circonferenza che passi per due punti e tocchi una retta data.

10. Costruire una circonferenza che passi per un punto e tocchi due rette date (9).

11. Condurre per un punto un segmento che abbia gli estremi sopra due rette e sia diviso dal punto in un rapporto dato.

12. Se ABC è un triangolo inscritto in un cerchio e se da B si conduce la parallela alla tangente in A fino ad incontrare la retta AC in D, AB è media proporzionale fra i segmenti AC e AD.

13. Il luogo geometrico dei punti, le cui distanze da due punti dati stanno fra loro in un dato rapporto è un circolo.

14. Costruire un triangolo dati a, A, e $b : c$ (13).

§ 4.

15. In figure simili a rette parallele dell'una corrispondono rette parallele dell' altra.

16. In figure simili a rette e piani perpendicolari dell'una corrispondono rette e piani perpendicolari dell' altra.

17. Ogni figura simile ad un circolo, è un altro circolo.

18. Ogni figura simile ad una sfera, o ad un cono, o ad un cilindro è un' altra sfera, o un altro cono, o un altro cilindro.

19. Se due figure piane simili hanno due coppie di segmenti omo-

loghi paralleli, gli altri segmenti omologhi sono pure paralleli.

20. Se in due figure stereometriche simili a tre segmenti paralleli dell'una sono omologhi tre segmenti paralleli dell'altra, due segmenti omologhi qualunque sono paralleli.
21. Se tre coppie (quattro coppie) di punti corrispondenti di due figure piane (stereometriche) simili sono allineate con un punto, con questo punto sono pure allineate tutte le altre coppie di punti corrispondenti, e i segmenti corrispondenti sono paralleli.

Def. — In tal caso le due figure simili diconsi *omotetiche.*

22. Condurre per un punto fuori del foglio di disegno (determinato da due rette) la parallela ad una retta data (colle figure omotetiche).
23. Condurre per un punto fuori del foglio di disegno la perpendicolare ad una retta data (id.).
24. Dato un poligono P regolare inscritto in un cerchio, circoscrivere al cerchio un poligono P' simile a P.
25. Se si taglia un tetraedro con un piano parallelo ad una faccia si ottiene un tetraedro simile al dato.
26. Costruire un triangolo, date le altezze.

§ 5.

27. Dividere un triangolo in parti equivalenti mediante rette parallele ad un lato.
28. Dividere un trapezio in parti equivalenti mediante rette parallele alle basi (27).
29. Dati due poligoni simili P e P' costruire un terzo poligono P'' simile ai due primi ed equivalente alla loro somma o alla loro differenza.
30. Il luogo dei punti le cui tangenti a due cerchi sono eguali è una retta perpendicolare all' asse centrale (*asse radicale* dei due cerchi).
31. Esiste un punto le cui tangenti a tre cerchi sono eguali (30).
32. Costruire l' asse radicale di due circoli (31).

§ 6.

33. Il lato del triangolo regolare circoscritto ad un circolo è doppio del lato del triangolo regolare inscritto.

34. L'esagono regolare è doppio del triangolo regolare inscritto nello stesso cerchio.
35. Con quali poligoni regolari dello stesso numero di lati si può comporre un pavimento?
36. Un poligono equilatero inscritto al cerchio è regolare.
37. Un poligono equiangolo circoscritto al cerchio è regolare. E un poligono equiangolo inscritto nel cerchio è sempre regolare?
38. Due diagonali di un pentagono regolare che non passano pel medesimo vertice si tagliano in sezione aurea.
39. Inscrivere un ennagono regolare in un altro ennagono regolare.

LIBRO SESTO

§ 1.

Lunghezza della circonferenza e area del cerchio

82. Teor. I. — *I perimetri di due poligoni simili inscritti o circoscritti a due circoli stanno fra loro come i raggi dei due circoli.*

Dimostriamo il teorema pei poligoni inscritti.

Siano ABC, $A'B'C'$ due triangoli formati con tre vertici consecutivi dei due poligoni; O, O' i centri dei due circoli (fig. 207).

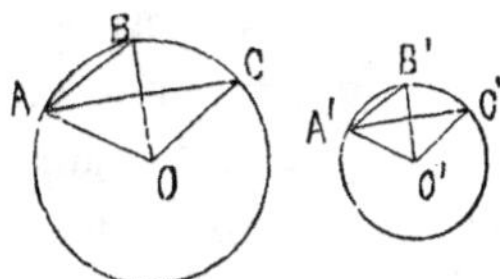

Fig. 207

I triangoli ABC, $A'B'C'$ essendo simili, saranno eguali gli angoli BCA, $B'C'A'$; e quindi saranno eguali gli angoli al centro AOB, $A'O'B'$ corrispondenti (t. 33). Ma i triangoli isosceli AOB, $A'O'B'$ sono equiangoli perchè hanno l'angolo al vertice eguale e quindi eguali anche gli altri due (t. VII, 27), dunque sono simili (c. III, t. V, 75) e perciò:

$$AB : A'B' = AO : A'O'.$$

E siccome i perimetri P e P' di due poligoni simili stanno fra loro come i lati omologhi, così

$$P : P' = AB : A'B'$$

da cui:

$$P : P' = AO : A'O'.$$

Dich. I. — Se si ha una serie di grandezze omogenee $A_1 A_2 \ldots A_n \ldots$, *usando il linguaggio del movimento*, diremo che si ha *una grandezza variabile* A; e le grandezze della serie chiameremo *stati* della grandezza variabile medesima.

Dich. II. — Se una grandezza variabile, da un suo stato diventa e rimane *minore (maggiore)* di ogni grandezza data ad essa omogenea, diremo che la grandezza variabile *diventa indefinitamente piccola (indefinitamente grande).*

Oss. — Si è visto che fra due serie contigue di grandezze, ad es. di segmenti sulla retta, esiste un' unica grandezza, determinata dalle due serie, o, ciò che è lo stesso, da una delle due serie medesime.

Dich. III. — Quando una grandezza L è determinata da due serie contigue di grandezze, o, come anche si dice col *linguaggio del movimento* da due *variabili convergenti*, L dicesi *limite* delle due serie, o delle due variabili.

Teor. II. — *I perimetri, e così le superficie, dei poligoni regolari inscritti e circoscritti ad uno stesso circolo costituiscono due classi contigue.*

a) Indichiamo con P_n e p_n rispettivamente i perimetri di due poligoni regolari di n vertici, il primo circoscritto, il secondo inscritto allo stesso circolo di raggio r. Il poligono inscritto è esso pure circoscritto ad un cerchio che ha per raggio l'apotema. Indicando con a_n l'apotema di questo poligono, e ricordando che due poligoni regolari dello stesso numero di vertici sono simili (t. 81), avremo:

(1) $$P_n : p_n = r : a_n \qquad \text{(t. I, 82)}.$$

Quando n aumenta, l'arco sotteso dal lato del poligono diminuisce, e quindi diminuisce anche il lato stesso (c. t. I, 29); mentre l'apotema aumenta (t. III, 29). Quindi se AB e AB' sono lati di due poligoni regolari inscritti, ed è $AB' < AB$, e se OC, OC' sono i loro apotemi (fig. 208) si ha: $OC' > OC$. La differenza $r - a_n$ per n abbastanza grande è minore di ogni segmento dato ε. Infatti se, qualunque sia n, fosse $r - a_n \gtrless \varepsilon$, sarebbe pure $a_n \lessgtr r - \varepsilon$, mentre descritta la circonferenza di raggio $r - \varepsilon$ e di centro O, i poligoni regolari i cui lati sono compresi fra questa circonferenza e la data hanno un'apotema maggiore di $r - \varepsilon$: dunque $r - a_n$, quando n diventa indefinitamente grande, diventa indefinitamente piccola (dich. II).

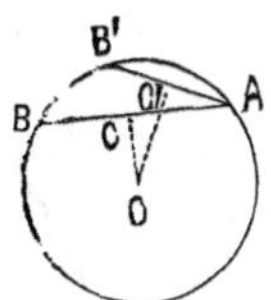

Fig. 208

Ma per la (1) decresce indefinitamente (t. III, 70) anche $P_n - p_n$; dunque la prima parte del teorema è dimostrata.

b) Per la seconda parte osserviamo che si ha (c. II, t. IV, 80):

$$r\,(P_n\,r) : r\,(p_n\,a_n) = q\,(r) : q\,(a_n);$$

dico che quando $r - a_n$ decresce indefinitamente anche la differenza dei quadrati di r e di a_n decresce indefinitamente, e quindi decresce indefinitamente anche:

$$r\ (P_n\ r) - r\ (p_n\ a_n).$$

Sia $ABCD$ un quadrato di lato r; e $AB'C'D'$ un quadrato di lato a_n (fig. 209). Si trasformi il quadrato $AB'C'D'$ nel rettangolo $ADB''C''$ di altezza AD; le rette $B'D$, $B''D'$ sono parallele. La differenza dei due quadrati è equivalente alla differenza dei due rettangoli $AB''C''D$, $ABCD$, vale a dire al rettangolo $B''BCC''$. Dalla figura inoltre si ha:

$$AD : AB' = AD' : AB''$$

ossia:

$$r : a_n = a_n : AB''.$$

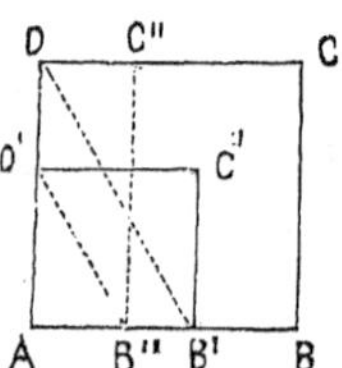

Fig. 209

Quando $r - a_n$ decresce indefinitamente lo stesso accade di: $a_n - AB''$ quindi anche di $(r - a_n) + (a_n - AB'') \equiv r - AB''$; dunque il rettangolo $B''BCC''$ diventa indefinitamente piccolo (perchè due rettangoli della stessa altezza stanno come le loro basi, e quindi quando la differenza delle basi diventa indefinitamente piccola, tale diventa anche la differenza dei due rettangoli); e quando il numero dei vertici dei poligoni regolari inscritti o circoscritti aumenta indefinitamente la differenza $r - a_n$ e quindi anche per la (1):

$r\,(P_n\,r) - r\,(p_n\,a_n)$ diventa indefinitamente piccola (d. IV, 69 e dich. II) c. v. d.

Teor. III. — *La circonferenza è limite dei perimetri, ed il cerchio è limite delle superficie, dei poligoni regolari inscritti e circoscritti ad essa.*

a) Infatti i punti della circonferenza o sono vertici dei poligoni, oppure sono compresi fra tutti i poligoni inscritti e circoscritti ad essa, i cui perimetri hanno una differenza che diventa indefinitamente piccola col crescere del numero dei vertici. È facile ora dimostrare che non vi è alcun punto X non appartenente alla circonferenza, il quale goda di tale proprietà.

Se ad es. X è interno alla circonferenza, si conduca il raggio OX che la incontrerà in Y (fig. 210 *a*). Siccome col crescere indefinitamente del numero n dei vertici decresce indefinitamente il lato del poligono regolare inscritto, così si potrà sempre scegliere n abbastanza

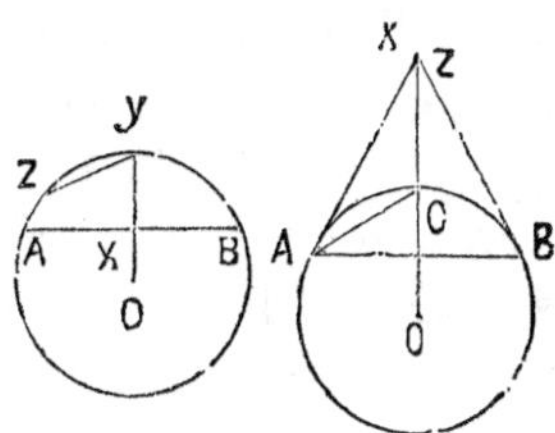

Fig. 210 *ab*

grande che il lato YZ del poligono sia minore della corda AB perpendicolare ad OX. Ora l'apotema del poligono di lato YZ, essendo $YZ < AB$, sarà maggiore di OX e quindi X sarà un punto interno del poligono suddetto, e non sarà compreso fra i poligoni inscritti e i poligoni circoscritti.

Se X invece è esterno alla circonferenza e Z è il vertice di un poligono circoscritto tale che $OZ < OX$, questo poligono non contiene il punto X, perchè la distanza dei vertici dal centro O, che è eguale ad OZ, è la distanza massima fra O ed i punti del perimetro del poligono stesso (fig. 210 *b*). Ora quando il lato di un poligono regolare circoscritto diventa indefinitamente piccolo, tale diventa anche la metà AZ di esso e quindi anche il lato AC del poligono inscritto di un numero doppio di lati (t. III, 25).

Ma $CZ < AZ + AC$, dunque anche CZ diventa indefinitamente piccolo (perchè se δ è un segmento qualsivoglia, il segmento AZ diventa minore di $\delta_1 < \delta$ il segmento AC diventa minore di $\delta - \delta_1$, quindi $AZ + AC$, epperò anche CZ, diventa minore di $\delta_1 + (\delta - \delta_1)$ ossia di δ). E siccome OZ ha per limite il raggio, così, dato X si può sempre scegliere un n abbastanza grande che il vertice Z cada fra O e X. Ma i perimetri dei poligoni inscritti e circoscritti sono grandezze omogenee per le quali ha luogo il teor. II; la prima parte del teor. è dunque dimostrata.

b) La seconda parte del teorema deriva da *a)* e dalla seconda parte del teorema II *).

---

*) Limitando i postulati alle figure corrispondenti agli oggetti che si osservano e le operazioni a quelle che si possono eseguire praticamente su di essi (n. pag. 7), allora si può considerare il cerchio come un poligono i cui lati sono segmenti praticamente indivisibili e che si confondono con gli archi da essi sottesi: ed anche in tal caso si può intendere che il teorema III sussista egualmente, quando per limite si intenda appunto il poligono suddetto che si ottenne empiricamente con un numero *finito* abbastanza grande di vertici. La dimostrazione va egualmente, solo basta dire che CZ, quando AZ e AC diventano (pratica-

83. Def. I. — *Grandezze principali* diconsi: 1) i segmenti rettilinei, i poligoni e le figure poligonali del piano;

2) i poliedri, le figure poliedriche e le superficie di esse.

Def. II. — Il perimetro di una figura poligonale (o la superficie di una figura poliedrica) chiamasi *contorno* della figura poligonale (o della figura poliedrica).

Def. III. — Quando una grandezza principale V variabile ha una grandezza limite F, e il contorno di V ha una grandezza limite (d. VI, 82), questa si chiama *contorno* di F.

Le figure poliedriche e le figure che sono limiti di grandezze di questa specie diconsi figure *solide*.

Def. IV. — Quando i contorni di due figure A, B piane (o solide) hanno soltanto alcuni punti o qualche parte in comune la figura formata da A e B si chiama *somma* di A e B, oppure di due figure ad esse eguali. In modo analogo si definisce la somma di più figure A, B, C.....

Oss. I. — Si usano anche in tal caso i segni + e — per indicare la somma e la differenza.

Def. V. — Per *parti* di una figura, oltre alle parti poligonali (o poliedriche) (d. II, 60), intendonsi anche delle figure piane (o stereometriche) che siano limiti di grandezze principali o di figure definite in questo modo,

---

mente) indivisibili (e si può anche allora usare la parola indefinitamente piccoli) diventa pure indivisibile (o. emp. 68).

Analoghe considerazioni si possono fare pei teoremi successivi nei quali entra il concetto di limite.

e tali che sommate ad altre figure danno la figura data.

Def. VI. — Generalizzando le def. IV, 60, e II, 61, diremo che due figure sono *equivalenti* quando sono somme di parti (d. V) ciascuna a ciascuna rispettivamente eguali, od anche quando sono limiti di figure eguali od equivalenti.

Def. VII. — 1) Per *segmento associato* ad una figura piana, *rispetto ad un segmento dato* h intendesi la base di un rettangolo di altezza h, equivalente alla figura data.

2) Per *segmento associato* ad una figura solida *rispetto ad un quadrato di lato* h, intendesi l'altezza di un parallelopipedo retto, che ha per base il quadrato di lato h, equivalente alla figura data.

Teor. I. — *Il segmento limite dei segmenti rettilinei equivalenti ai perimetri dei poligoni inscritti e circoscritti al circolo è equivalente alla circonferenza.*

Ciò è conseguenza dei teoremi II, III, 82 e della def. VI.

Oss. II. — Valgono per le figure equivalenti i teor. II e III del num. 61 con le stesse dimostrazioni. Solo che in quella del teorema III per dimostrare che $C' C'_1$ hanno una o più parti in comune quando $C' C'_1$ hanno ciascuna dei punti interni ed esterni all'altra, basta osservare che la parte interna della grandezza principale variabile che ha per limite C' da un suo stato in poi avrà necessariamente dei punti interni ed esterni a quella che ha per limite C'_1, e quindi la parte comune di queste due grandezze variabili ha per limite la parte comune fra C' e C'_1 e quindi C', C'_1 avranno almeno una parte comune vale a dire C' resterà divisa da C'_1 almeno in due parti.

Teor. II. — *Il cerchio è equivalente al rettangolo che ha per base la circonferenza e per altezza la metà del raggio.*

Trasformiamo i poligoni circoscritti alla circonferenza in rettangoli equivalenti che abbiano la stessa altezza, e cioè la metà del raggio e per basi i perimetri $P_1 P_2 \ldots$ dei poligoni stessi (fig. 211).

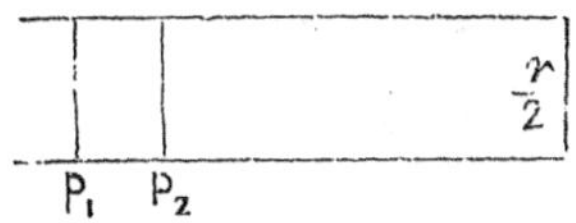

Fig. 211

Questi perimetri hanno per segmento limite il segmento equivalente alla circonferenza, quindi i rettangoli suddetti hanno per limite un rettangolo avente per altezza la metà del raggio, e per base il detto segmento.

Ma il cerchio è pure limite dei poligoni regolari circoscritti, dunque ecc.

Teor. III. — *Due circonferenze stanno fra loro come i rispettivi raggi: e due cerchi stanno fra loro come i quadrati dei raggi.*

a) Siano $O\,O'$, $r\,r'$ i centri ed i raggi di due circonferenze C e C', AB un arco qualunque della prima e AOB l'opposto angolo al centro. Facciamo corrispondere nella seconda circonferenza al punto A un punto A' qualunque ed all'arco AB un arco $A'B'$, tale che: $\widehat{A'O'B'} \equiv \widehat{AOB}$ (fig. 207). I due triangoli AOB, $A'O'B'$ sono simili, per avere un angolo eguale compreso fra lati proporzionali, epperò:

$$AB : A'B' = r : r'.$$

Ciò posto, se AB e $A'B'$ sono i lati di due poligoni regolari dello stesso numero di vertici inscritti nei due circoli, e se P e P' sono i rispettivi perimetri, abbiamo:

$$P : P' = AB : A'B' \text{ (t. 81 e t. I, 80)}$$

e quindi $$P : P' = r : r'.$$

Sia ora x il segmento quarto proporzionale dopo P, c e P'; sia cioè: $P : c = P' : x$ da cui:

$$c : P = x : P' \qquad c - P : P = x - P' : P'$$

ove per c e c' intendiamo i segmenti rettilinei equivalenti alle due circonferenze C e C' (t. I).

Col crescere indefinitamente del numero dei vertici del poligono di perimetro P sappiamo che $c - P$ decresce indefinitamente; dalla proporzione precedente risulta allora che col crescere indefinitamente del numero dei vertici del poligono P e quindi del poligono P', $x - P'$ decresce indefinitamente e x è il limite di P'. Ma è c' il limite di P'; dunque $c' \equiv x$. Pertanto abbiamo: $c : P = c' : P'$ quindi $c : c' = P : P'$ donde: $c : c' = r : r'$. Scriveremo anche:

$$C : C' = r : r'.$$

b) Per la seconda parte del teorema, invece dei segmenti c e c' bisogna considerare i rettangoli equivalenti ai due cerchi, i quali hanno per basi i due segmenti c e c' e per altezze le metà dei raggi; e invece dei due poligoni P e P' i rettangoli ad essi equivalenti della stessa altezza (fig. 211). Allora se X è un rettangolo la cui base è quarta proporzionale alle basi dei rettangoli rispettivamente equivalenti a P, al cerchio di raggio r, ed al poligono P', X è equivalente all' altro cerchio.

Quindi si ha:

$$P : P' = \text{cerch. } C : \text{cerch. } C'.$$

Ma P e P' sono due poligoni simili,

dunque: $P : P' = q(r) : q(r')$ epperò:

$$\text{cerch. } C : \text{cerch. } C' = q(r) : q(r').$$

Cor. — *Il rapporto fra la circonferenza ed il diametro è costante per tutti i circoli.*

Infatti insieme alla proporzione:

$$c : c = r : r'$$

sussiste anche la seguente:

$$c : c' = 2r : 2r'$$

e quindi anche: $c : 2r = c' : 2r'$.

Teor. IV. — *Il cerchio (o una parte di esso) non è equivalente ad una sua parte.*

Sia $F_1 F_2 \dots F_m$ una serie di poligoni regolari inscritti nel cerchio, che abbia per limite il cerchio C. Al cerchio C è equivalente un rettangolo che ha per altezza la metà del raggio e per base il segmento equivalente alla circonferenza (t. IV, 83). La base c di un rettangolo di data altezza (eguale ad es. alla metà a del raggio, equivalente al cerchio) è il segmento associato al cerchio rispetto al segmento a (d. VII, 83). Questo rettangolo è limite della serie dei rettangoli aventi la stessa altezza ed equivalenti alla serie di poligoni $F_1 F_2 \dots F_m$ di un numero sempre crescente di lati, le basi dei quali sono i segmenti associati dei poligoni stessi (c. t. III, 83).

Se F' è una parte di C, essa o appartiene ad uno dei poligoni suddetti, oppure ha una parte del suo contorno in comune colla circonferenza (fig 212). In ogni caso se non è una figura poligonale appartenente ad un poligono F_i, essa è limite di una serie di queste grandezze $F'_1 F'_2 \dots F'_m$ (d. V, 83) che appartengono ad F' e a $F_1 F_2 \dots F_m$ o ad alcune di esse. Oltre a $F_1' F_2' \dots F'_m$ vi devono essere altre grandezze in $F_1 F_2 \dots F_m$ chè altrimenti la F' si confonderebbe col cerchio C, e non sarebbe parte di C; perciò il segmento associato a F' è parte del segmento associato a C, perchè deve esser parte dei segmenti associati a $F_1 F_2 \dots F_m$ come $F_1' F_2' \dots F'_m$ sono parti di $F_1 F_2 \dots F_m$ o di alcune di esse. Dunque il rettangolo equivalente a F' di altezza eguale alla metà del raggio è parte del rettangolo della stessa altezza equivalente a C; e poichè questi due rettangoli non possono essere equivalenti (o. I, 63) così non lo possono essere neppure F' e C (t. I, 63).

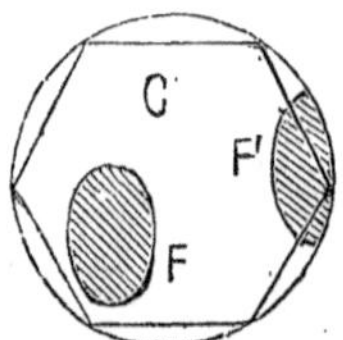

Fig. 212

Sia invece F'' una parte di F'. Se F' e F'' fossero equivalenti, indicando con F''' la parte tale che $C \equiv F' + F'''$ il cerchio sarebbe equivalente a $F'' + F'''$ ciò che fu dimostrato assurdo.

§ 2.

Superficie e volumi del cilindro e del cono

84. Def. I. — Un prisma retto la cui base è inscritta (o circoscritta) alla base di un cilindro retto, si chiama *inscritto* (o *circoscritto*) al cilindro medesimo.

Teor. I. — *Le superficie laterali dei prismi regolari inscritti e di quelli circoscritti ad un cilindro, e così i prismi stessi, costituiscono due classi contigue.*

a) Osserviamo intanto che le superficie laterali dei prismi inscritti sono minori di quelle dei prismi circoscritti. Inoltre le superficie laterali dei prismi inscritti e circoscritti sono equivalenti ai rettangoli aventi per base i perimetri delle basi dei prismi, e per altezza, l'altezza dei prismi stessi. Ma le basi di detti rettangoli, e quindi anche i rettangoli stessi, costituiscono due classi contigue (t. II, 83), dunque anche le superficie laterali dei prismi inscritti (e circoscritti) formano due classi contigue.

b) I prismi inscritti sono minori dei prismi circoscritti al cilindro. Inoltre un prisma retto inscritto o circoscritto al cilindro è equivalente ad un parallelopipedo retto di altezza *a* eguale a quella del cilindro avente per base un rettangolo di altezza *a*. Questo parallelopipedo ha una faccia quadrata di lato *a* con l'altezza relativa che indicheremo con *p*. Il segmento *p* è il segmento associato al prisma rispetto al quadrato di lato *a* (d. VII, 83). E siccome i rettangoli di lati *a* e *p* corrispondenti alle basi dei prismi inscritti e circoscritti al cilindro costituiscono due classi contigue (t. II, 83), così è dei segmenti associati dei prismi stessi, e quindi anche dei prismi, dappoichè questi sono proporzionali alle loro basi.

Cor. I. — *La superficie laterale del cilindro è equivalente ad un rettangolo che ha per altezza quella del cilindro, e per base la circonferenza base del cilindro medesimo.*

Perchè essa è limite delle superficie laterali dei prismi inscritti e circoscritti al cilindro stesso, come i perimetri delle basi di essi hanno per limite la circonferenza base del cilindro medesimo.

Cor. II. — *Il cilindro è equivalente al parallelopipedo che ha una base quadrata equivalente a quella del cilindro e altezza eguale a quella del cilindro stesso.*

Difatti il cilindro è il limite dei prismi inscritti, come la base C del cilindro è il limite delle basi dei prismi stessi; ma il parallelopipedo che ha una base quadrata B di lato b equivalente a quella del cilindro ed eguale altezza, è esso pure il limite dei prismi inscritti equivalenti ai precedenti, le cui basi sono rettangoli equivalenti ai poligoni inscritti in C con un lato comune ed hanno per limite la base B del parallelopipedo; dunque il cilindro è equivalente a questo parallelopipedo, c. v. d.

85. Def. — Una piramide dicesi *inscritta* (o *circoscritta*) ad un cono, quando il vertice della piramide coincide con quello del cono, e la base della piramide è inscritta (o circoscritta) a quella del cono.

Teor. I. — *Le superficie laterali delle piramidi regolari inscritte e di quelle circoscritte al cono, e così le piramidi stesse, costituiscono due classi contigue.*

La dimostrazione è analoga a quella del t. I, 84.

Cor. I. — *La superficie laterale del cono è equivalente ad un triangolo avente per base un segmento equivalente alla base del cono e per altezza l'apotema del cono.*

Come pel cor. I del teor. I, 84.

Cor. II. — *Il cono é equivalente ad una piramide che ha per base un poligono equivalente alla base del cono e la stessa altezza.*

Dimostrazione analoga a quella del cor. II, t. I, 84.

Teor. II. — *La superficie laterale del tronco di cono a basi parallele é equivalente al rettangolo che ha per base la sezione media del tronco, e per altezza l'apotema del tronco stesso.*

Siano C, C'; r, r' rispettivamente le circonferenze ed i raggi delle due basi del tronco di cono; h, h' i lati dei coni che determinano il tronco. La superficie del cono di lato h e di circonferenza C è equivalente ad un triangolo rettangolo VAB di cui un cateto AB è equivalente a C, e l'altro ad h (c. I, t. I).

Ma si ha: $C : C' = r : r'$ (t. III, 83)

ed essendo le basi del tronco parallele fra loro, si ha (fig. 213 a) $r : r' = h : h'$

donde: $C : C = h : h'$

Se $A'B'$ è parallela ad AB (fig. 213 b) alla distanza h' da V si ha pure: $AB : A'B' = h : h'$.

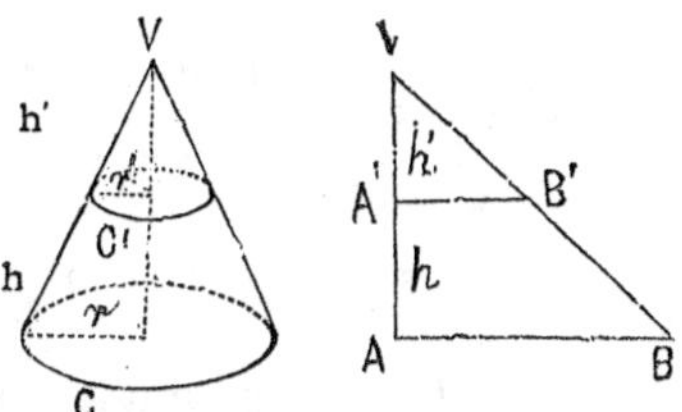

Fig. 213 a b

Ma AB è equivalente a C; dunque $A'B'$ è equivalente a C', vale a dire il cono di vertice V e di base C' è equivalente al triangolo $VA'B'$. Ciò posto, siccome la superficie laterale del tronco di cono è la differenza delle superficie laterali dei due coni che determinano il tronco, e queste sono equivalenti rispettivamente ai triangoli VAB, $VA'B'$, la superficie laterale del tronco stesso sarà equivalente a quella del trapezio $ABB'A'$, la quale è equivalente a quella di un rettangolo che ha per altezza AA' e per base la semisomma delle basi del trapezio, che è la sezione media del tronco stesso.

Teor. III. — *Il tronco di cono è equivalente ad una piramide avente per altezza l'altezza del tronco, e* *per base un quadrato equivalente alla somma delle basi e della media proporzionale delle basi stesse.*

Siano S, S' ; r, r' rispettivamente le superficie ed i raggi delle due basi del tronco di cono ; h, h' le altezze dei coni che determinano il tronco (fig. 214 *a*).

Dal teor. III, 83 e dalla figura si ha :

$$S : S' = q\,(r) : q\,(r') = q\,(h) : q\,(h').$$

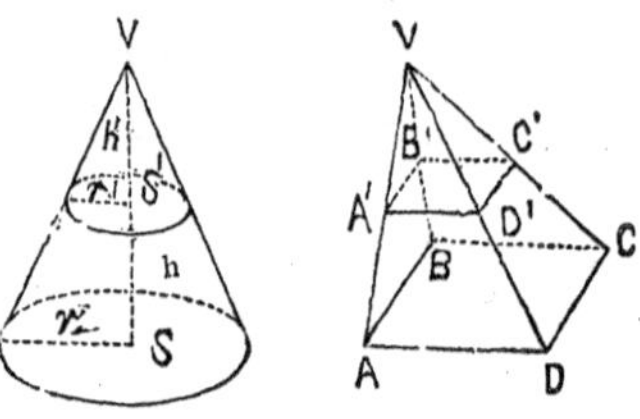

Fig. 214 *a b*

Sia ora $V(ABCD)$ una piramide con lo spigolo VB perpendicolare alla base ed eguale ad h, e con la base $ABCD$ equivalente ad S. Si prenda $VB' = h'$ sull'altezza VB e da B' si conduca un piano $A'B'C'D'$ parallelo ad $ABCD$. Si avrà :

$$ABCD : A'B'C'D' = q\,(VB) : q\,(VB')$$

ossia : $$S : A'B'C'D' = q\,(h) : q\,(h')$$

Ma $$S : S' = q\,(h) : q\,(h')$$

dunque : $$S : ABCD = S : S'$$

da cui : $$S' = A'B'C'D'.$$

Ciò posto, siccome il volume del tronco di cono è la differenza dei volumi dei due coni che determinano il tronco, e questi sono equivalenti rispettivamente alle piramidi $V(ABCD)$, $V(A'B'C'D')$, il volume del tronco stesso sarà equivalente a quello del tronco di piramide $ABCDA'B'C'D'$. Ma un tronco di piramide a basi parallele è equivalente ad una piramide avente per altezza quella del tronco, e per base un quadrato equivalente alla somma delle basi e della media proporzionale delle basi stesse (t. II, 79), dunque ecc..

Teor. IV. — *Il cilindro ed il cono (o parti di essi) non sono equivalenti ad una loro parte.*

Per il cilindro e pel cono la dimostrazione è in sostanza la stessa del teor. IV, 83; basta sostituire al cilindro o al cono un parallelopipedo retto ad esso equivalente avente per base un quadrato di lato dato (t. II, 83 e t. II, 84) ed in luogo dei poligoni regolari inscritti al cerchio, i prismi regolari inscritti nel cilindro e le piramidi regolari inscritte nel cono.

Teor. V. — *Le superficie laterali del cilindro e del cono (o parti di esse) non sono equivalenti ad una loro parte.*

a) La superficie laterale di un cilindro è limite delle superficie laterali $S_1 S_2 \ldots S_m$ dei prismi regolari inscritti $P_1 P_2 \ldots P_m$. Ad esse sono associati dei segmenti $s_1 s_2 \ldots s_m$ rispetto ad un dato segmento a, i quali hanno per limite il segmento s associato alla superficie laterale S, che è la base del rettangolo di altezza a equivalente ad S (c. I, t. I, 84). Una parte S' di S (fig. 215) è limite di una serie $S_1' S_2' \ldots S'_m$ di superficie, che fa parte della serie $S_1 S_2 S_3 \ldots S_m$ e quindi a S' è associato un segmento parte del segmento associato ad S, e quindi S e S' non possono essere equivalenti.

Fig. 215

b) Nello stesso modo si dimostra il teorema per il cono, considerando le piramidi regolari inscritte nel cono.

c) Che una parte della superficie laterale del cilindro o del cono non possa esser equivalente ad una sua parte, si dimostra come per il cerchio.

§ 3.

Superficie e volume della sfera

86. Teor. I. — *La superficie generata da un segmento che compie una rotazione intera intorno ad una retta situata con esso nel medesimo piano, e che lo lascia tutta da una stessa banda, è equivalente al rettangolo della proiezione del segmento sulla retta e della circonferenza che tocca il segmento dato nel suo punto medio ed ha il centro sull'asse di rotazione.*

Siano XY l'asse di rotazione, AB il segmento situato dalla stessa banda di XY. Supponiamo da prima che il segmento AB non abbia punti comuni con la retta XY e non sia parallelo ad XY (fig. 216 *a*). La superficie generata da AB, essendo quella di un tronco di cono a basi parallele, sarà equivalente al rettangolo di altezza AB e di base equivalente alla circonferenza della sezione media cioè alla circonferenza di raggio MO.

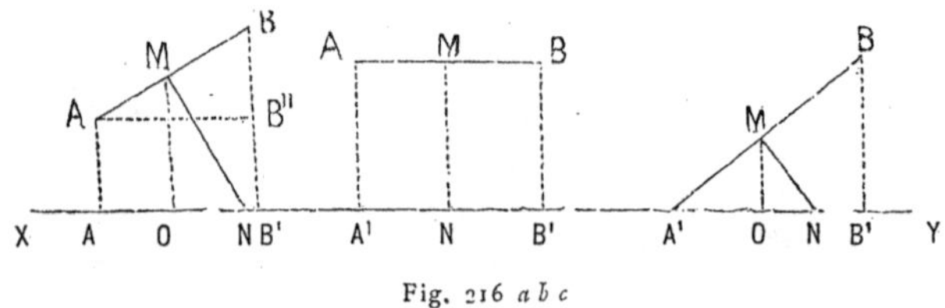

Fig. 216 *a b c*

Ma se AB'' è il segmento parallelo alla proiezione $A'B'$, i triangoli ABB'', MON per avere i lati ordinatamente perpendicolari sono equiangoli e quindi sono simili, e per ciò:

$$MO : MN = AB'' : AB.$$

Indicando con $C_1 C_2$ le circonferenze di raggi MO e MN, si ha:

$$C_1 : C_2 = MO : MN \text{ (t. III, 83)}$$

donde: $C_1 : C_2 = AB'' : AB.$

Ma $A'B' \equiv AB''$ per conseguenza:

$$c_1 : c_2 = A'B' : AB$$

essendo c_1 e c_2 i segmenti equivalenti a $C_1 C_2$ donde:

$$r\,(c_1, AB) = r\,(c_2, A'B') \text{ c. v. d.}$$

Se il segmento AB è parallelo ad XY (fig. 216 *b*) o se un suo estremo è sopra XY (fig. 216 *c*), la superficie generata da esso è quella laterale di un cilindro o di un cono. Nel primo caso coincidono O ed N, B e B''; e nel secondo caso coincidono A e A', B' e B''.

Tanto nell' uno quanto nell'altro caso la superficie generata è equivalente al rettangolo di lati $A'B'$ e c_2.

Cor. — *La superficie generata da una spezzata regolare che ruota attorno ad un asse passante pel centro della spezzata, giacente nel piano di essa e non tagliata da essa, è equivalente al rettangolo della proiezione della spezzata stessa sopra l' asse e della circonferenza avente per raggio l'apotema della spezzata.*

Sia $ABCD....$ una spezzata regolare di centro O e di apotema OM, e siano $A'B'$, $B'C'$, $C'D'$... le proiezioni dei lati AB, BC, CD... sull'asse di rotazione passante pel centro O (fig. 217). Le superficie generate dai lati AB, BC, CD, saranno date rispettivamente dai rettangoli:

$$r\,(A'B', c) \qquad r\,(B'C', c) \qquad r\,(C'D', c)$$

ove c è il segmento equivalente alla circonferenza C di raggio MO. Ma la superficie generata dalla spezzata é la somma delle superficie generate dai lati AB, BC, CD...;

essa quindi sarà equivalente alla somma dei rettangoli precedentemente indicati, e quindi al rettangolo di altezza $A'B' + B'C' + C'D' + \ldots$ ossia $A'D' \ldots$ e di base c; quindi essa è equivalente al rettangolo della proiezione $A'D'$ della spezzata, e della circonferenza che ha per raggio l'apotema OM.

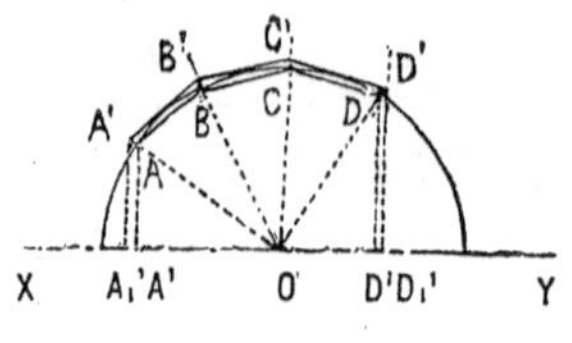

Fig. 217

Teor. II. — *Le superficie generate dalla rotazione delle spezzate regolari dello stesso numero di lati inscritte e circoscritte ad un arco di cerchio, intorno ad un diametro del cerchio, che le lascia da una stessa banda, costituiscono due classi contigue.*

Siano $P \equiv ABCD$, $P \equiv A'B'CD'$ due spezzate regolari l'una inscritta l'altra circoscritta all'arco AD dello stesso numero di lati (fig. 217). Si può inscrivere una spezzata regolare P nell'arco AD dividendo ad es. AD per metà, e poi per metà gli archi così ottenuti, e via dicendo; la spezzata regolare circoscritta si ottiene tirando le tangenti all'arco AD parallele ai lati della spezzata inscritta. Le proiezioni delle spezzate P e P' sul diametro XY sono $A'D'$ e $A_1'D_1'$ ed è $A_1'D_1' > A'D'$. Siano OM, OM' gli apotemi di P e P'; si ha $OM' > OM$. Le superficie generate da P e P' sono equivalenti a due rettangoli di altezze AD e $A_1'D_1'$ e di basi equivalenti alle circonferenze c, c' di raggi OM ed OM'; dunque le superficie generate dalle spezzate P sono minori di quelle generate dalle spezzate P'. D'altronde si ha:

$$r(c, A'D') : r(c', AD') = c : c' = OM : OM'$$
$$r(c', A'D') : r(c', A_1'D_1') = A'D' : A_1'D_1'.$$

E siccome $OM' - OM$ decresce indefinitamente al crescere indefinitamente del numero dei lati della spezzata inscritta o circoscritta, come fu dimostrato pel t. II, 82, così anche $r(c', A'D') - r(c, A'D')$ decresce indefinitamente. Ma quando $OM' - OM$ diventa indefinitamente piccola tale diventa $A_1'D_1' - A'D'$ e perciò anche $r(c. A_1'D_1') - r(c', A'D')$, dunque $r(c', A_1'D_1') - r(c, A'D')$ decresce indefinitamente vale a dire le superficie generate dalle spezzate, P e P' formano due classi contigue.

Teor. III. — *La superficie di una zona sferica è il limite delle superficie generate dalle spezzate regolari inscritte nell'arco di cerchio massimo generatore della zona, quando esso compie una rotazione completa intorno al diametro della sfera perpendicolare alle basi della zona.*

Sia AD l'arco di cerchio massimo generatore della zona (fig. 217) intorno al diametro XY della sfera, perpendicolare alle basi della zona (d. VIII, 56) ossia anche ai cerchi descritti dai punti dell'arco AD. La zona è sempre compresa fra le superficie generate dalle spezzate regolari inscritte e circoscritte all'arco AD, mentre nessun punto fuori della zona gode di tale proprietà. Per la dimostrazione basta osservare che un punto P fuori della zona è situato nel piano diametrale XYP, il quale taglia la zona in un arco di cerchio massimo e le superficie suddette in spezzate regolari inscritte e circoscritte all' arco stesso. Si può dunque supporre che P sia nel piano $XYAD$. Ma P non è compreso fra le spezzate regolari inscritte e circoscritte all' arco AD, come deriva dalla prima parte della dimostrazione del teor. III, 83; dunque la zona, e soltanto essa, è compresa fra le superficie generate dalle spezzate regolari inscritte e circoscritte all'arco AD generatore di essa. Ma tali superficie costituiscono due classi contigue; dunque il teorema è dimostrato (d. VII, 56).

Cor. I. — *Lv superficie di una zona (o di una calotta) sferica, é equivalente al rettangolo della circonferenza massima della sfera e dell'altezza della zona (o della calotta).*

Infatti i rettangoli equivalenti alle superficie laterali delle spezzate inscritte e circoscritte all'arco generatore della zona (o della calotta) di altezza $A'D'$ (fig. 217) hanno un rettangolo limite (t. II), la cui base è il limite dei segmenti associati alle dette superficie rispetto al segmento $A'D'$, ossia è la circonferenza massima della sfera (c. I, t. I). Dunque il rettangolo che ha per base la circonferenza e l'altezza $A'D'$ è equivalente alla zona (o alla calotta) (d. VI, 83) c. v. d.

Cor. II. — *La superficie sferica é equivalente al rettangolo della circonferenza massima e del diametro della sfera.*

Basta considerare come arco AD la semicirconferenza; la quale ha per proiezione il diametro.

87. Dich. — La circonferenza di raggio XY sarà indicata con: *circ* (XY); ed il cerchio con *cer* (XY).

Lemma. — *Il solido generato da un triangolo che compie una rotazione intorno ad una retta del suo piano passante pel vertice, e che lo lascia tutto da una stessa banda, è equivalente alla piramide che ha per base la superficie generata dalla base del triangolo, e per altezza la distanza di essa base dal vertice.*

Sia XY l'asse di rotazione, e sia ABO il triangolo posto conforme l'enunciato. La sua base AB può avere un estremo in comune con l'asse; o non aver alcun punto in comune con l'asse. se non prolungata, oppure essere parallela all' asse.

a) Nel primo caso, se dal vertice *B* si conduce la perpendicolare *B C* sino ad incontrare l'asse, essa, o avrà il suo piede fra *A* ed *O*, od in *O*, o fuori di *A O*, secondo che l' angolo *A O B* sarà acuto, retto, ottuso (fig. 218 *a b*). Nel primo sottocaso il solido generato dal triangolo *A O B* è somma di due coni, l'uno di altezza *A C*, l'altro di altezza *C O*, ed entrambi di base il cerchio di raggio *B C*. Ma questi coni sono equivalenti alla terza parte dei parallelopipedi retti di base cer. (*B C*) e di altezze *A C* e *C O* rispettivamente; pertanto il solido generato dal triangolo *A B O* è equivalente alla terza parte del parallelopipedo retto avente per base il cer. (*B C*) e per altezza *A C* + *C O* ossia *A O*.

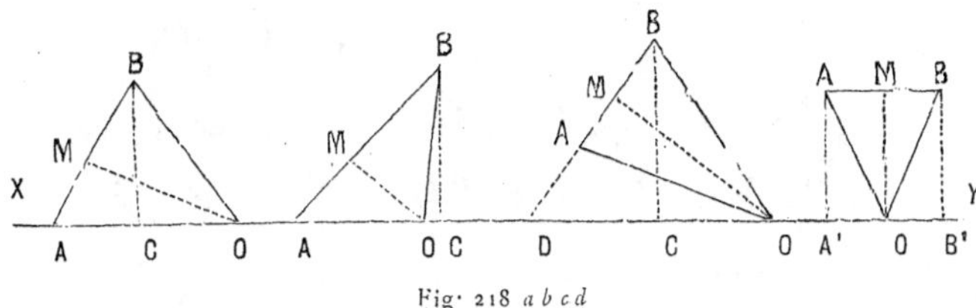

Fig. 218 *a b c d*

Nel secondo sottocaso si ha lo stesso risultato, facendo coincidere *C* con *O*.

Nel terzo sottocaso il solido generato dal triangolo *A B O* è la differenza dei due coni l'uno di altezza *A C* l' altro di altezza *O C* ed entrambi di base circolare di raggio *B C*; ed anche in questo caso si conchiude similmente che il solido generato dal triangolo *A B O* è equivalente alla terza parte del parallelopipedo retto di base cer. (*B C*) e di altezza *A O*.

Ciò premesso osserviamo che:

$$\text{cer.}\,(BC) = r\left(\frac{1}{2}\ \text{circ.}\ B\acute{C},\ BC\right)\ (\text{t. II, 83})$$

e quindi:

$$p\,(\text{cer.}\ BC,\ AO) = p\left(\frac{1}{2}\ \text{circ.}\ BC.\ BC,\ AO\right)$$

$$= p\left(\frac{1}{2}\ \text{circ.}\ BC,\ r\,(BC,\ AO)\right)$$

Ma essendo BC e MO le altezze del triangolo relative ai lati AO e AB si ha:

$$r\,(BC,\ AO) = r\,(AB,\ MO)$$

dunque

$$p\,(\text{cer.}\ BC,\ AO) = \frac{1}{2}\ p\,(\text{circ.}\ BC,\ r\,(AB,\ MO))$$

$$= \frac{1}{2}\ p\ \text{circ.}\ (BC,\ AB,\ MO)$$

$$= \frac{1}{2}\ p\,(r\,(\text{circ.}\ BC,\ BA)\ MO)$$

D'altra parte la superficie del cono generato dal lato AB è data da $\frac{1}{2}\ r$ (circ. BC, AB); dunque, indicandola con sup. (AB) avremo:

$$p\,(\text{cer.}\ BC,\ AO) = p\,(\text{sup.}\ (AB)\ MO)$$

da cui discende appunto il teorema enunciato: perocchè la piramide di base sup. (AB) e altezza MO è equivalente al terzo del parallelopipedo p (sup. AB) MO).

b) Nel secondo caso ossia quando il segmento AB prolungato incontra l'asse XY in un punto D (fig. 218 *c*) si ha che il solido generato dalla rotazione del triangolo ABO è la differenza dei solidi generati dai triangoli DBO, DAO rispettivamente cioè:

$\frac{1}{3}$ p (sup. (DB), MO) — $\frac{1}{3}$ p (sup. (DA), MO) $=$

$\frac{1}{3}$ (p (sup. (BD), MO) — p (sup. (DA), MO)) $=$

$= \frac{1}{3}$ p (sup. (AB), MO)

come precedentemente.

c) Nel terzo caso, ossia quando AB è parallelo all'asse XY, il solido generato dal triangolo AOB è equivalente alla differenza fra il solido generato dal rettangolo $ABB'A'$, ove A' e B' sono le proiezioni di A e B sull'asse, diminuito dei solidi generati dai triangoli $AA'O$ e $BB'O$. Ma il cilindro è equivalente al p (cer. (AA'), $A'B'$)) ; ed i coni generati dal triangolo $AA'O$ e $BB'O$ equivalenti a

$\frac{1}{3}$ p (cer. (AA') $A'O$) $+$ $\frac{1}{3}$ p (cer. (AA') $B'O$)

$= \frac{1}{3}$ p (cer. (AA') $A'B'$).

Pertanto la differenza di questi due solidi e quindi il solidò generato dal triangolo ABO sarà equivalente a

$\frac{2}{3}$ p (cer. (AA'), $A'B'$).

Ora essendo $AA' = MO$ si ha :

p (cer. (AA'), $A'B'$) $= p$ ($\frac{1}{2}$ circ. AA', AA', $A'B'$)

$= \frac{1}{2}$ p (circ. MO, MO, $A'B'$).

Ma, come è noto

sup. (AB) $= r$ (circ. MO, $A'B'$).

Dunque il solido generato dal triangolo ABO è equivalente a $\frac{1}{3}$ p (sup. AB, MO) conforme l'enunciato.

Def. I. — La parte di cerchio determinata da un angolo al centro si chiama *settore circolare*, mentre per *settore poligonale* di un poligono regolare intendesi un angolo al centro limitato dal perimetro del poligono stesso compreso nello stesso angolo.

Ad es. nella fig. 217 la figura $ABCD$ è un settore poligonale contenuto nel settore circolare AOD.

Def. II. — Il solido generato da un settore circolare che compie un intero giro intorno ad un diametro del suo circolo, il quale lascia da una stessa banda l'arco stesso del settore circolare, dicesi *settore sferico*.

Teor. I. — *Il settore sferico è limite dei solidi generati dai settori poligonali regolari inscritti e circoscritti al settore circolare che lo genera.*

Per la prima parte, la dimostrazione è analoga a quella data per la zona. Per dimostrare poi che i solidi generati dai settori poligonali inscritti e circoscritti al settore circolare costituiscono due grandezze variabili convergenti, basta dimostrare che la loro differenza diventa indefinitamente piccola. Il solido descritto dal settore poligonale $OABCD$ (fig. 217) è equivalente a un terzo del parallelopipedo somma dei parallelopipedi equivalenti ai solidi dei settori OAB, OBC, OCD, cioè è equivalente a

$$\frac{1}{3}\, p\,(\text{sup. } ABCD,\ MO) = \frac{1}{3}\, p\,(\text{circ. } MO,\ A'D',\ MO)$$

Ma $\quad$ circ. (MO) : circ. $(A'D') = MO : A'D'$

dunque:

$$\frac{1}{3}\, p\,(\text{sup. } AB,\ MO) = \frac{1}{3}\, p\,(\text{circ. } A'D',\ MO,\ MO).$$

Per il settore poligonale circoscritto, dello stesso numero di lati, l'apotema è eguale al raggio OA della sfera, ed il solido da esso generato è

$$\frac{1}{3} p \text{ (circ. } A'D', AO, AO)$$

Ma si ha:

$$p \text{ (circ. } A_1'D_1', AO, AO) : p \text{ (circ. } A_1'D_1', MO, MO)$$
$$= q\ (AO) : q\ (MO)$$

e quando $AO - MO$ decresce indefinitamente, lo stesso avviene di $q\ (AO) - q\ (MO)$ (dim. *b*, teor. II, 82) e quindi anche di:

$$p \text{ (cir. } A_1'D_1', AO, AO) - p \text{ (circ. } A_1'D_1', MO, MO).$$

D'altra parte si ha:

$$p \text{ (circ. } A_1'D_1', MO, MO) : p \text{ (cir. } A'D', MO, MO)$$
$$= \text{circ. } (A_1'D_1') : \text{circ. } (A'D') = A_1'D_1' : A'D'.$$

Ma quando $AO - MO$ decresce indefinitamente, lo stesso avviene di $A_1'D_1' - A'D'$ e perciò anche di: p (circ. $A_1'D_1', MO, MO) - p$ (circ. $A'D', MO, MO$)

dunque anche di:

$$p \text{ (circ. } A_1'D_1', AO, AO) - p \text{ (circ. } A_1'D_1', MO, MO)$$

c. v. d.

Cor. I. — *Un settore sferico è equivalente alla piramide che ha per base la superficie del settore, e per altezza il raggio della sfera.*

La dimostrazione è analoga a quella del cor. II del teor. I, 84.

Cor. II. — *La sfera è equivalente alla piramide che ha per base la superficie sferica e per altezza il raggio.*

Infatti la sfera è somma di settori sferici.

Teor. II. — *La superficie sferica e la sfera (o parti di esse) non sono equivalenti ad una loro parte.*

La dimostrazione per la superficie sferica è la stessa del teor. V, 85, tenendo conto del teor. III, 86; e quella per la sfera è la stessa del teor. IV, 86, ossia del teor. IV, 83 tenendo conto del teor. I di questo numero esteso alla sfera.

ESERCIZI

Libro sesto

§ 1.

1. Un arco circolare sta al suo diametro come il settore circolare corrispondente sta al quadrato del raggio.
2. Dividere il cerchio in tre parti equivalenti mediante due circoli concentrici col dato.
3. Determinare con approssimazione un quadrato equivalente al cerchio.

§ 2-3.

4. Costruire lo sviluppo delle superficie di un cono e di un cilindro nel piano, e i modelli in cartone.
5. Di due sezioni piane della sfera la maggiore è quella che è più vicina al centro.
6. Costruire approssimativamente lo sviluppo piano della superficie sferica mediante la scomposizione di essa in fusi.
7. Il volume generato da un segmento circolare che ruota intorno ad un diametro che lo lascia da una parte è equivalente al parallelopipedo che ha per base il cerchio di raggio eguale alla corda del segmento, e per altezza la proiezione di essa corda sul diametro.
8. Cono, cilindro e sfera della stessa base e della stessa altezza stanno fra loro come 1, 2, 3 (teor. d'Archimede).
9. I volumi e le superficie della sfera, del cilindro e del cono circoscritti alla sfera stanno fra loro come 4, 5, 9.

LIBRO SETTIMO

§ 1.

Grandezze commensurabili e grandezze incommensurabili.

88. Def. I. — Due grandezze omogenee diconsi *commensurabili,* quando hanno una grandezza summultipla comune.

Ad es. i multipli di una medesima grandezza sono a due a due grandezze commensurabili fra loro.

Def. II. — 1) Se più grandezze sono commensurabili, la maggiore delle grandezze summultiple ad esse comuni si dice *massima comune summultipla* delle date.

2) Se più grandezze date hanno multipli comuni, la minore di esse dicesi *minima comune multipla* delle date.

Ad es. se $A = Bm$, A è la minima multipla comune di A e B, e B è la massima summultipla comune di A e B.

Def. III. — Quando di due segmenti l' uno non è multiplo dell' altro, il maggiore di essi è, come abbiamo visto (c. post. IX), compreso fra due multipli consecutivi del minore. Per la corrispondenza stabilita fra i segmenti della retta e le grandezze di un sistema lineare continuo di grandezze omogenee, possiamo dire che quando di due grandezze omogenee l' una non è multipla dell' altra, la maggiore di esse è compresa fra due multiple consecutive della minore.

Dividere una grandezza per un' altra, non maggiore della prima, significa determinare il massimo multiplo della seconda contenuto nella prima.

Le due grandezze si dicono *dividendo, divisore* rispettivamente. E la differenza fra il dividendo e il massimo multiplo del divisore in esso contenuto, ove esista, chiamasi *resto* della divisione.

Ad es. se A e B sono grandezze omogenee e non è: $A = Bm$, è però: $Bm < A < B(m + 1)$ e quindi: $A = Bm + R$. Il dividendo è A, il divisore B ed il resto R. Evidentemente il resto R è minore del divisore.

Teor. I. — *Ogni summultipla delle grandezze dividendo e divisore, è summultipla del resto.*

Infatti se A è la grandezza dividendo, B la grandezza divisore, R il resto, si avrà:

$$A = Bm + R \tag{1}$$

donde:

$$R = A - Bm.$$

Ora se C è una summultipla di A e B sarà:

$$A = Cp, \qquad B = Cq$$

donde: $$R = Cp - Cqm = C(p - mq)$$

vale a dire C è summultipla di R.

Teor. II. — *Ogni summultipla della grandezza divisore e del resto è summultipla del dividendo.*

Se C è summultipla comune di B e di R, si ha:

$$B = Cq \qquad R = Cs$$

e dalla (1): $A = C(mq + s)$
cioè C è pure summultipla di A.

Teor. III. — *La massima summultipla comune di due grandezze è anche la massima summultipla comune della minore di esse e del resto della loro divisione.*

Se A è la grandezza maggiore (dividendo), B la minore, la massima summultipla comune di A e B è summultipla di B ed R (t. I). Ma essa deve essere anche la massima summultipla comune di B ed R, chè altrimenti ve ne sarebbe una maggiore che sarebbe pure summultipla di A e B (t. II) contro l'ipotesi.

Probl. - *Date due grandezze commensurabili, trovare la massima summultipla comune.*

Siano A e B le due grandezze commensurabili. Se $A = B$, una delle due è la massima summultipla richiesta. Se $A > B$, si divida la maggiore per la minore: o si avrà $A = Bm$, ove m è numero intero, oppure:

$$A = B \cdot m + R.$$

Nel primo sottocaso B è la grandezza richiesta; e nel secondo essa è la massima summultipla comune a B ed R, ove è da notare che $R < B$ (t. III).

Poichè $B > R$, si divida la maggiore per la minore; o si avrà: $B = R \cdot n$, ove n è numero intero, quindi:

$$A = R(m \cdot n) + R = R(mn + 1), \; B = Rn$$

oppure:

$$B = Rn + R_1.$$

Nel primo sottocaso è R la grandezza richiesta; e nel secondo essa è quella che è massima summultipla a R ed R_1; e si avrà: $R_1 < R$.

Se $R = R_1 p$, R_1 sarà la massima summultipla di A e B; oppure sarà: $R = R_1 p + R_2$. E così via.

Ma poichè le due grandezze A e B sono commensurabili, questo procedimento deve aver fine dopo un certo numero di volte. Infatti si ha: $A > R\,2$, ossia $R < A\frac{1}{2}$; $R > R_1 2$ ossia $R_1 < R\frac{1}{2}$ e quindi: $R_1 < A\frac{1}{4}$. In modo analogo si dimostrerebbe che: $R_2 < A\frac{1}{8}$, e così via. I resti della divisione successiva sono dunque minori rispettivamente delle grandezze:

$$A\frac{1}{2} \quad A\frac{1}{4} \quad A\frac{1}{8} \quad \ldots \quad A\frac{1}{2^n}.$$

Ma le grandezze di questa serie diventano minori di ogni grandezza data (t. II, 69), e quindi se A e B sono commensurabili, vale a dire se C è summultipla di A e B e la serie dei resti fosse illimitata, allora vi sarebbero dei resti minori di C. Ma C deve essere summultipla dei resti (t. I) dunque è assurdo che la serie dei resti sia illimitata. Essendosi così provato che i resti, sono in numero finito, degli ultimi due uno sarà multiplo dell'altro, e quest'ultimo sarà la massima summultipla comune ad A e B.

Oss. — Date due grandezze omogenee A e B, la prima maggiore della seconda, si applichi ad esse il procedimento della successiva divisione indicato precedentemente; cioè si divida B per R, e se si ottiene un resto R_1, si divida R per R_1, e così di seguito. Se le due grandezze A e B sono commensurabili questo procedimento avrà fine come si è visto. E reciprocamente, se il procedimento stesso avrà fine, l'ultimo resto essendo una summultipla comune ad A e B, queste saranno commensurabili. Ma se in qualche modo si riesce a provare che il procedimento della successiva divisione anzidetta non può aver fine, ciò basterà per conchiudere che le due grandezze A e B sono incommensurabili: perocchè altrimenti esso procedimento non sarebbe senza fine.

Teor. IV. — *La diagonale e il lato del quadrato sono incommensurabili.*

Sia $ABCD$ il quadrato; dico che la diagonale AC e il lato AB sono incommensurabili (fig. 219). Si sa intanto che la diagonale è maggiore del lato (t. I, 25) e minore del doppio del lato stesso (t. II, 25). Sia quindi $AE \equiv AB$ e si congiunga E con B e da E si conduca la perpendicolare EF ad AC. Si ha: $\widehat{EBC} \equiv \widehat{BEF}$ perchè angoli complementari degli angoli eguali ABE, AEB del triangolo isoscele ABE; dunque il triangolo EBF è isoscele epperò $BF \equiv EF$. Ma nel triangolo rettangolo CEF l'angolo in C è eguale alla metà di un angolo retto; dunque l'angolo in F è eguale all'angolo in C (t. III, 26), vale a dire il triangolo CEF è pure iroscele, ossia: $EF \equiv EC$, donde: $BF \equiv EC$.

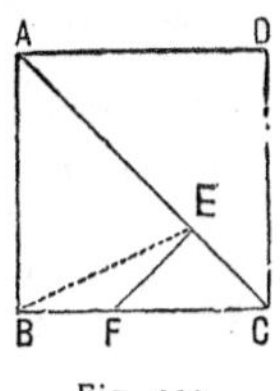

Fig. 219

Per trovare un summultiplo comune ad AC e $AB \equiv BC$ basta trovare un summultiplo comune ad EC e BC e quindi anche di EC e FC, essendo $BF \equiv EC$. Ma FC è diagonale del quadrato di lato EC; dunque si ricade nel caso precedente. Ripetendo questa operazione, essa si riduce sempre a trovare un summultiplo comune alla diagonale e al lato di un quadrato. La operazione non avendo fine, si conchiude che non esiste alcun summultiplo comune alla diagonale e al lato del quadrato.

§ 2.

Generalità sulla misura delle grandezze

89. Oss. I. — Ricordiamo che dato un sistema lineare di grandezze omogenee $ABC\ldots$, e scelta una grandezza A del sistema, qualunque altra grandezza X del sistema stesso si può considerare come deducibile dalla A mediante un' operazione od un sistema di operazioni da eseguirsi sulla A stessa (o. III, 69). Queste operazioni si riducono ad addizioni, a divisioni e suddivisioni di A in parti eguali ed addizioni di questi varii summultipli di A. Se dunque si indica con h il simbolo esprimente l'operazione complessiva da eseguirsi su A per avere X, si scriverà: $X \equiv Ah$ allo stesso modo con cui si scrive: $X \equiv Am$, $X \equiv A\frac{m}{n}$ per esprimere rispettivamente che X è multiplo di A secondo il numero m o multipla secondo il numero m della summultipla di A secondo il numero n.

Def. I. — 1) Il simbolo qualsiasi della forma $\frac{r}{s}$ che, posto accanto ad una grandezza A, significa che A viene divisa in s parti eguali, e di queste se ne sommano r, chiamasi *numero frazionario*. Se la grandezza X espressa dal simbolo Ah si ottiene anche dividendo A in s parti eguali e sommandone r, allora il simbolo

$$h = \frac{r}{s}$$

dicesi pure numero frazionario. Ciò avviene sempre quando A e B sono commensurabili.

I numeri interi e frazionari si chiamano anche numeri *razionali.*

2) Se invece il simbolo h non è un numero frazionario, il che avviene ad es. quando si voglia esprimere la diagonale del quadrato mediante il lato (t. IV, 89) si dice che h è un *numero irrazionale.*

3) I numeri razionali e irrazionali si chiamano anche *numeri reali.* *)

Def. II. — 1) *Misura* di una grandezza X *rispetto ad una grandezza omogenea* A, ossia del rapporto di X ad A, dicesi il numero h che esprime l'operazione con con la quale da A si ottiene X.

2) La grandezza A dicesi *unità di misura.*

3) Se $X = Ah$, si suol dire che X *contiene* h *unità* A, anche se h non è numero intero.

Oss. II. — Per i segmenti si sa già come si eseguisce la operazione indicata dal simbolo h; vedremo presto come si esegue per le grandezze già considerate.

Teor. I. — *La misura del rapporto di due grandezze é indipendente dall' unità di misura.*

Infatti siano A e B due unità di misura e si abbia:

$$X = Ah \qquad Y = Ah'$$

---

*) Qui si suppongono note le operazioni dell' Aritmetica con questi numeri. Le leggi delle operazioni fondamentali dei numeri reali possono anche dedursi dalla loro rappresentazione mediante segmenti rettilinei riferiti ad un segmento dato come unità.

donde:

$$A = Y \frac{1}{h'} \qquad X = Y \frac{h}{h'}$$

Analogamente sarà:

$$X = B h_1 \qquad Y = B h_1'$$

e quindi:

$$X = Y \frac{h_1}{h_1'}.$$

Adunque:

$$Y \frac{h}{h'} = Y \frac{h_1}{h_1'}$$

vale a dire

$$\frac{h}{h'} = \frac{h_1}{h_1'}$$

Cor. I. — *La misura del rapporto di una grandezza X ad un' altra omogenea Y, qualunque sia l'unità di misura, é data dalla misura di X rispetto ad Y come unità.*

Basta considerare nella dimostrazione precedente: $B = Y$.

Cor. II. — *La misura di una grandezza somma di più altre è il numero somma delle misure di ciascuna di queste altre.*

Infatti se è $X = Ah \quad Y = Ah'$

si ha $$X + Y = A(h + h').$$

Cor. III. — *La misura di una grandezza differenza di due altre é il numero differenza delle misure di ciascuna di queste altre.*

Teor. II. — *Se quattro grandezze sono proporzionali, le misure della prima e della seconda rispetto ad una unità e le misure della terza e della quarta rispetto ad altra unità sono proporzionali nello stesso ordine delle grandezze date.*

Siano $ABCD$ quattro grandezze proporzionali, e cioè:
$$A : B = C : D$$
e siano a, b le misure di A e B rispetto ad una certa unità U; c, d le misure di C e D rispetto ad una certa unità V; dico che
$$a : b = c : d.$$

Infatti, poichè $A : B = C : D$, ciò significa che se h è il simbolo esprimente l'operazione mediante la quale da B si trae A, cioè se $A = Bh$, è pure: $C = Dh$. Intanto la misura di A rispetto a B è eguale alla misura di C rispetto a D, cioè ad h. Ma pel cor. I del t. I $h = \frac{a}{b} = \frac{c}{d}$ dunque ecc.

Oss. III. — Il teorema precedente permette di sostituire alle proporzioni fra grandezze le proporzioni fra numeri, e di trattare questioni relative a quelle per mezzo di queste ultime.

§ 3.

Misura delle lunghezze, delle aree e dei volumi

90. Oss. I. — Per unità di misura dei perimetri dei poligoni o di sistemi lineari che sono limiti di tali perimetri (linee), come ad es. della circonferenza, si prende un *segmento rettilineo*. Quest'unità si chiama anche *unità lineare*.

Per unità delle misure di superficie si assume un *quadrato*; e per unità di misure dei volumi un *cubo*. La prima dicesi anche *unità superficiale*, la seconda *unità volumetrica*.

Def. I. — 1) La *misura dell'area* di una superficie dicesi la misura di essa rispetto ad un quadrato.

2) La *misura del volume* di un solido dicesi la misura di esso rispetto ad un cubo.

Oss. II. — Quando non vi sia luogo ad equivoco diremo anche per brevità area, volume, anzichè misura dell'area o del volume.

Invece di dire la misura di una grandezza A rispetto ad una data unità, diremo anche la misura della grandezza A, sottintendendo l'unità, quando non è necessario indicarla.

Teor. I. — *L'area del rettangolo è eguale al prodotto della base per l'altezza.*

Se è dato un rettangolo $A'B'C'D'$ di altezza eguale all'unità e di base b', ed un quadrato Q di lato 1 (fig. 220) si ha:

$$A'B'C'D' : Q = b' : 1$$

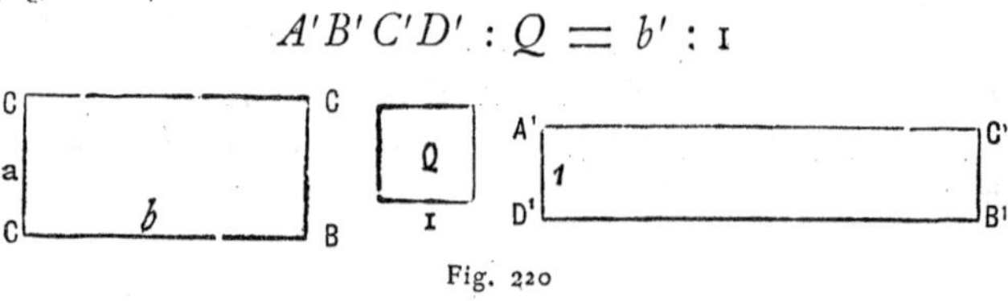

Fig. 220

e indicando con r' la misura di $A'B'C'D'$ rispetto a Q si ha: $r' : 1 = b' : 1$, ossia $r' \equiv b'$. Vale a dire la misura di un rettangolo di altezza 1 è data dalla misura della base rispetto all' unità lineare, espressa però in unità quadratiche.

Se invece è dato un rettangolo qualunque $ABCD$ e le misure dei suoi lati sono a, b, per determinare la sua misura basta trasformarlo in un rettangolo di altezza eguale all' unità. Indicando con b' la misura della base di questo rettangolo, essa sarà la misura del rettangolo espressa in unità quadratiche. Ma i due rettangoli di lati a e b, 1 e b' essendo equivalenti si ha (t. I, 79)

$$a : 1 = b' : b$$

donde $r = b' = ab.$

Cor. I. — *L'area del quadrato è eguale alla seconda potenza del suo lato.*

Cor. II. — *L'area di un parallelogramma è eguale al prodotto della base per l'altezza* (c. t. I, 62).

Cor. III. — *L'area del triangolo è eguale al semiprodotto di una base per l'altezza corrispondente* (t. II, 63).

Cor. IV. — *L'area del trapezio è eguale al prodotto della semisomma delle basi per l'altezza* (t. III, 62).

Cor. V. — *L'area del poligono regolare è eguale al semiprodotto del perimetro per l'apotema.*

Oss. III. — Per trovar l'area di un poligono qualunque basta scomporlo in triangoli e sommarne le aree; oppure trasformare il poligono in un triangolo equivalente e calcolare l'area di questo triangolo.

Cor. VI. — *La superficie laterale di una piramide regolare ha per area il semiprodotto del perimetro della base per l'apotema* (t. V, 62).

Cor. VII. — *La superficie laterale di un tronco di piramide regolare a basi parallele è eguale al prodotto della semisomma dei perimetri delle basi per l'apotema del tronco* (t. VI, 62).

Cor. VIII. — *La superficie laterale di un prisma ha per area il prodotto di uno spigolo per il perimetro di una sezione normale* (t. VIII, 62).

Cor. IX. — *La superficie laterale di un prisma retto ha per area il prodotto di uno spigolo per il perimetro della base.*

Teor. II. — *Il volume del parallelopipedo retto è eguale al prodotto dei tre spigoli non paralleli, od anche al prodotto dell'area della sua base per la corrispondente altezza.*

Se è dato un parallelopipedo retto P'' avente per base un quadrato di lato 1, e di altezza c'' si ha:

$$P'' : C = c'' : 1$$

ove C è il cubo di lato 1. Indicando con p'' la misura di P'' rispetto a C si ha:

$$p'' : 1 = c'' : 1 \text{ da cui } p'' = c'' \text{ (fig. 221).}$$

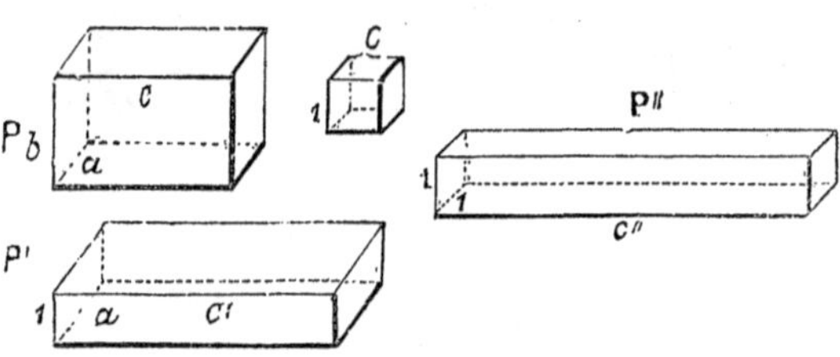

Fig. 221

Sia dato un parallelopipedo retto P avente per base un rettangolo di lati a e b, e di altezza c. Per determinare la misura del parallelopipedo rispetto al cubo C di lato 1 si trasformi il parallelopipedo in un parallelopipedo retto P'' avente per base un quadrato di lato 1. L'altezza c'' di quest'ultimo ci darà la misura del parallelopipedo espressa in unità cubiche. Per determinare c' si trasformi dapprima il parallelopipedo dato P in un altro P' che abbia per base un rettangolo di lati a e 1 e l'altezza c'; si avrà:

$$b : 1 = c' : c \qquad \text{(c. II, t. I, 79)}$$

donde

$$c' = bc$$

Si trasformi poi P' in un altro parallelopipedo P'' che abbia per base un quadrato di lato 1 e per altezza c''; si avrà, confrontandolo con P'

$$a : 1 = c'' : c'$$

da cui

$$c'' = ac' = abc \qquad \text{c. v. d.}$$

Cor. I. — *Il volume di un prisma è eguale al prodotto dell'area della sezione normale per la misura di uno spigolo* (t. II, 65).

Cor. II. — *Il volume di un prisma retto è eguale al prodotto dell'area della base per l'altezza* (c. t. IV, 65).

Cor. III. — *Il volume della piramide è eguale al terzo del prodotto dell'area della base per l'altezza* (t. III, 66).

Cor. IV. — *Il volume del tronco di piramide a basi parallele e eguale al prodotto di un terzo dell'altezza per la somma delle aree delle due basi e della media proporzionale fra le basi le stesse* (t. II, 81).

92. Teor. I. — *La lunghezza c della circonferenza di raggio r è data dalla relazione: $c = 2\pi r$; e l'area A del cerchio di raggio r è data dalla relazione: $A = \pi r^2$, essendo π il rapporto fra la circonferenza ed il diametro.*

a) Infatti essendo costante il rapporto fra la circonferenza ed il diametro, rapporto che indicasi con π, e sapendosi che il rapporto fra due grandezze è eguale al quoziente dei rapporti di ciascuna di esse ad una terza qualsiasi presa come unità (c. I, t. I, 90), avremo:

$$\frac{c}{2r} = \pi, \text{ donde } c = 2\pi r$$

b) Siccome poi il cerchio è equivalente al rettangolo della circonferenza e della metà del raggio (t. II, 84) così avremo:

$$A = 2\pi r \cdot \frac{r}{2} \text{ donde } A = \pi r^2$$

Oss. — Se $r = 1$, $c = 2\pi$ si ha $\frac{c}{2} = \pi$. Il numero π è dunque la misura della semicirconferenza di raggio 1. Ciò spiega perchè abbiamo usato qui lo stesso simbolo π che abbiamo usato per indicare un angolo piatto, perchè l'angolo al centro viene misurato dall'arco sotteso, e quindi l'angolo piatto, considerato come angolo al centro di un circolo, viene misurato dalla semicirconferenza.

Cor. I. — *La superficie laterale del cilindro retto la cui base è un cerchio di raggio r e l'altezza h, ha per misura il prodotto:* $2\pi r h$ (c. I, t. I, 84).

Cor. II. — *La superficie laterale del cono la cui base è un cerchio di raggio r e l'apotema è a, ha per misura il prodotto:* $\pi r a$ (c. I, t. I, 86).

Cor. III. — *La superficie laterale del tronco di cono a basi parallele di raggi r e r' rispettivamente e di apotema a, ha per misura il prodotto:* $\pi (r + r') a$ (t. II, 86).

Cor. IV. — *Il volume del cilindro la cui base e di raggio r e la cui altezza è h, ha per misura:* $\pi r^2 h$ (c. II, t. I, 85).

Cor. V. — *Il volume del cono ha per misura:*

$$\frac{1}{3} \pi r^2 h \qquad \text{(c. II, t. I, 86).}$$

Cor. VI. — *Il volume del tronco di cono:*

$$\frac{\pi h}{3} (r^2 + r'^2 + rr') \qquad \text{(t. III, 86).}$$

Cor. VII. — *L'area della sfera di raggio r è* $4\pi r^2$ (c. II, t. III, 95).

Cor. VIII. — *Il volume della sfera:* $\frac{4}{3} \pi r^3$ (c. II, t. I, 88).

§ 4.

Unità di misure comunemente adottate

91. Oss. I. — Per i segmenti rettilinei l' unità è il *metro*.

Per gli archi circolari si sceglie la 360^a parte della circonferenza, detta *grado*; questa dividesi in 60 parti eguali, dette *minuti primi*; ognuno di questi in 60 parti eguali, dette *minuti secondi*; ognuno di questi poi in *decimi*, *centesimi*.

Per le superficie l'unità è il *metroquadrato*.

Per gli angoli si sceglie anche l' angolo al centro corrispondente al grado, che dicesi pure *grado*, e dividesi in minuti primi, secondi, ecc. *)

Per i volumi l'unità è il *metrocubo*.

Probl. — *Dati un arco in gradi e la lunghezza del raggio della circonferenza a cui l' arco appartiene, esprimere in misura rettilinea la lunghezza di esso arco.*

Sappiamo che il rapporto fra due grandezze è indipendente dall'unità di misura colla quale esse si confrontino (t. I, 90). Ma se prendiamo come unità di misura degli archi il grado, e diciamo g la misura in gradi dell' arco dato, il rapporto fra l' arco stesso e la circonferenza è dato da: $\frac{g}{360}$; mentre se prendiamo come unità un segmento rettilineo qualsiasi e diciamo l

---

*) Per tracciare praticamente degli angoli, dati mediante la loro misura in gradi si fa uso del *rapportatore*, che è un semicerchio di talco o di rame nel cui lembo sono segnati i gradi. Vi sono altri istrumenti più perfetti per tracciare gli angoli, dati mediante la loro misura in gradi.

ed r rispettivamente le misure dell' arco e del raggio, il detto rapporto fra l'arco e la circonferenza è dato da: $\frac{l}{2\pi r}$. Adunque:

$$\frac{g}{360} = \frac{l}{2\pi r} \quad \text{da cui}: l = \frac{g}{360} \cdot 2\pi r$$

Oss. II. — Dalla relazione precedente si trae anche la seguente:

$$g = \frac{l}{\pi r} \cdot 360$$

la quale permette di esprimere in gradi la lunghezza di un arco, dato in unità rettilinee.

Ad es. volendosi in gradi la misura dell' arco di lunghezza eguale al raggio, si troverebbe, prendendo come valore approssimato di π 3,14159 e quindi per $\frac{1}{\pi}$ 0,3183098:

$$g = 57^{\circ}.\ 17'.\ 44'',75$$

Oss. III. — Abbiamo visto che le misure delle aree e dei volumi si possono ridurre a misure di segmenti rettilinei. Per il problema e per le osservazioni precedenti possiamo ridurre anche a misure di segmenti rettilinei gli archi di circolo e gli angoli. È per ciò che la retta, sia nella costruzione, come nella misura delle figure geometriche si chiama *figura fondamentale* della geometria.

§ 5.

Applicazioni dell'Algebra alla Geometria

92. Oss. — L'applicazione dell'Algebra alla Geometria consiste nel rappresentare le grandezze geometriche mediante grandezze numeriche (date da numeri in cifre o in lettere), applicando a queste grandezze le operazioni dell' Algebra. Tale applicazione può farsi in tre modi diversi.

I) Dati i valori numerici di alcune grandezze geometriche calcolare i valori numerici di altre grandezze.

II) Rappresentando i dati geometrici di una proposizione con numeri, dimostrare la proposizione stessa con l'aiuto dell'Algebra.

III) Effettuare la costruzione geometrica di risultati algebrici.

Daremo qui alcuni esempi.

I.

1) *Calcolare il lato del poligono regolare di 2 n vertici, dati quello di n vertici, ed il raggio del circolo circoscritto. E inversamente.*

Sia (fig. 222) $AB = l_n$ $AC = l_{2n}$ $OD = \varrho$ $OC = r$.

Dal triangolo rettangolo ADC si trae:

$$l_{2n}^2 = \frac{l_n^2}{4} + (r - \varrho)^2 = \frac{l_n^2}{4} + r^2 + \varrho^2 - 2r\varrho$$

Ma dal triangolo rettangolo AOD si ha:

$$\varrho^2 = r^2 - \frac{l_n^2}{4} \qquad \varrho = \sqrt{r^2 - \frac{l_n^2}{4}}$$

sostituendo si ha:

$$l_{2n} = \sqrt{\frac{l_n^2}{4} + r^2 + r^2 - \frac{l_{n2}}{4} - r\sqrt{4r^2 - l_n^2}}$$

da cui, colle debite riduzioni:

$$l_{2n} = r\sqrt{2 - \sqrt{4 - \frac{l_n^2}{r^2}}}$$

In modo analogo si ricava:

$$l_n = \frac{l_{2n}}{r}\sqrt{4r^2 - l_{2n}^2}$$

2) *Dato il lato del poligono regolare di n vertici inscritto in un cerchio di raggio r, calcolare il lato del poligono regolare circoscritto dello stesso numero di vertici. E inversamente.*

Sia (fig. 223) $AB = l_i$ il lato del poligono regolare inscritto, $EF = l_c$ il lato del poligono circoscritto dello stesso numero di vertici. Si ha: $\widehat{AOB} \equiv \widehat{FOE}$

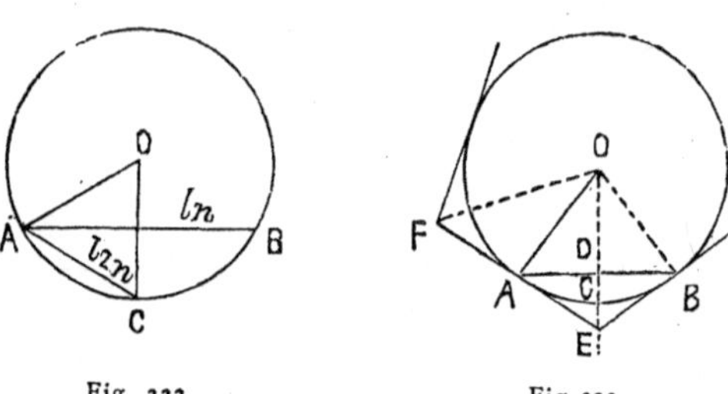

Fig. 222 Fig 223

perchè angoli doppi dell'angolo AOD; e siccome i due triangoli AOB, FOE sono isosceli, essi sono simili, quindi: $AB : FE = OD : OA$

ossia: $l_i : l_c = \varrho : r$

Ma dal problema precedente si ha:

$$\varrho \mid \frac{1}{2}\sqrt{4r^2 = l_i^2}$$

dunque:

$$l_c = \frac{2 r l_i}{\sqrt{4 r^2 - l_i^2}}$$

In modo analogo si trova:

$$l_i = \frac{2 r l_c}{\sqrt{4 r^2 - l_c^2}}$$

3) *Calcolare i lati del quadrangolo, dell'esagono, del triangolo, del decagono e del pentagono regolari, essendo dato il raggio r del cerchio ad essi circoscritto.*

a) Si ha: $l_4 = r \sqrt{2}$

perchè il quadrato del raggio ha per diagonale il lato del quadrato inscritto nel circolo.

b) Si ha: $l_6 = r,$

essendo il lato dell' esagono regolare eguale al raggio.

c) Si ha: $l_3 = r \sqrt{3}$

sostituendo nelle ultime formole del problema 1) invece di l_{2n}, r.

d) Si ha: $l_{10} = \frac{r}{2} \left(\sqrt{5} - 1 \right)$

perchè l_{10} è la parte aurea del raggio, e quindi indicandola con x si ha:

$$r : x = x : r - x \qquad x^2 = r^2 - r x$$

da cui:

$$\left(x + \frac{r}{2} \right)^2 = \frac{5 r^2}{4}$$

epperò:

$$x + \frac{r}{2} = \sqrt{\frac{5 r^2}{4}} = \frac{r}{2} \sqrt{5}, \; x = \frac{r}{2} \left(\sqrt{5} - 1 \right)$$

e) Si ha:

$$l_5 = \frac{r}{2} \sqrt{10 - 2 \sqrt{5}}$$

che si deduce dall'ultima formola del problema 1) sostituendo per l_{10} il valore trovato.

Osservazioni sul calcolo approssimato di π.

Si indichino con p e P i valori dei perimetri di due poligoni l' uno inscritto, l' altro circoscritto ad un cerchio; si ha: $p < C < P$

e quindi: $\frac{p}{2r} < \pi < \frac{P}{2r}$

Calcolando p e P per un numero di lati abbastanza grande si hanno così due numeri, l'uno in difetto l'altro in eccesso, fra cui è compreso il numero π.

Conosciuto il raggio della circonferenza, e dato quindi il lato di un poligono regolare inscritto, si possono calcolare p e P, e i lati dei poligoni inscritti e circoscritti di un numero doppio di vertici; e così via.

Partendo dall'esagono inscritto il cui lato è eguale al raggio, e trovando i perimetri dei poligoni inscritti e circoscritti di 12, 24,..... 96 lati, Archimede trovò che π è compreso fra i numeri $3 + \frac{10}{71}$ e $3 + \frac{10}{70}$, il secondo dei quali è $\frac{22}{7}$.

Ludolf ha calcolato 35 cifre. Altri matematici calcolarono dei valori di π ancora più approssimativi; ma rimaneva sempre il dubbio che si potesse costruire il segmento equivalente alla circonferenza con la riga e col compasso, problema a cui è collegato quello che fu un tempo già famoso, cioè il problema della quadratura del cerchio, vale a dire il problema di costruire con la riga e col compasso un quadrato equivalente al cerchio.

Il matematico tedesco Lindemann dimostrò nel 1882 che il problema è impossibile; la impossibilità di esso era però da molto tempo intuita dai geometri.

Per gli usi comuni è sufficiente prendere:

$$\pi = 3{,}1416.$$

4) *Calcolare l'area Δ di un triangolo, essendo dati i lati a, b, c di esso.*

Sia (fig. 224) h l'altezza del triangolo passante

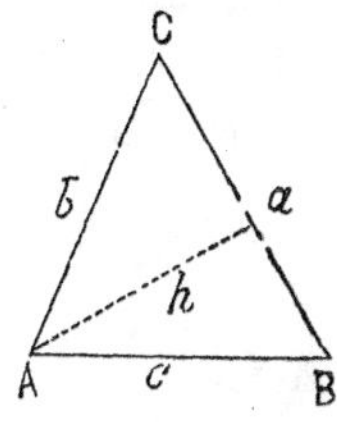

Fig. 224

pel vertice A e che divide a nei due segmenti x ad $a - x$; si ha:

$$h^2 = b^2 - x^2 \qquad h^2 = c^2 - (a - x)^2$$

da cui:

$$b^2 - x^2 = c^2 - a^2 + 2\,a\,x^2 - x^2$$

$$x = \frac{b^2 + a^2 - c^2}{2a}$$

Ma:

$$h = \sqrt{b^2 - x^2} = \sqrt{(b + x)(b - x)}$$

epperò:

$$\Delta = \frac{a}{2} \cdot h = \frac{a}{2} \sqrt{(b + x)(b - x)} =$$

$$\frac{a}{4a} \sqrt{[(a + b)^2 - c^2] \cdot [c^2 - (a - b)^2]}$$

donde:

$$\Delta = \frac{1}{4} \sqrt{(a + b + c)(a + b - c)(a - b + c)(c - a + b)}$$

Ponendo:

$$a + b + c = 2p$$

si ha:

$$\Delta = \sqrt{p\,(p-a)\,(p-b)\,(p-c)}$$

5) *Calcolare il raggio del cerchio inscritto ad un triangolo, essendo dati i lati del triangolo.*

Il centro del cerchio inscritto è il punto d'intersezione D delle tre bissettrici del triangolo (fig. 225). Le altezze dei tre triangoli ABD, BCD, ACD passanti per D sono appunto eguali al raggio r del cerchio;

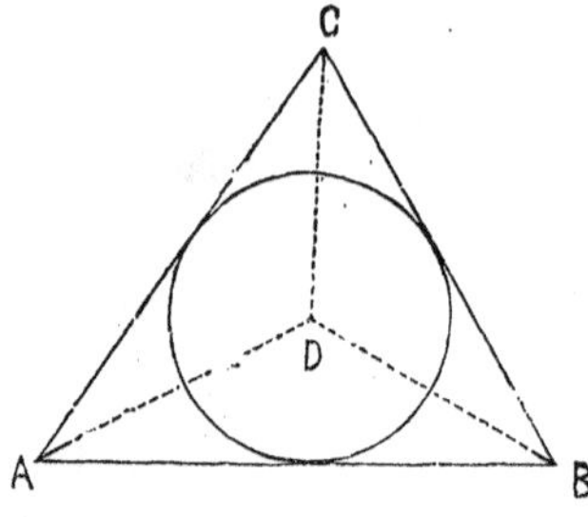

Fig. 225

dunque si ha:

$$\Delta = a\,\frac{r}{2} + b\,\frac{a}{2} + c\,\frac{r}{2} = pr$$

da cui:

$$r = \frac{\sqrt{p\,(p-a)\,(p-b)\,(p-c)}}{p}$$

ossia:

$$r = \sqrt{\frac{(p-a)\,(p-b)\,(p-c)}{p}}$$

6) *Calcolare il raggio del circolo circoscritto ad un triangolo, essendo dati i tre lati.*

Il centro D del circolo circoscritto è il punto d'intersezione delle tre perpendicolari condotte pei punti di mezzo dei lati ai lati stessi (fig. 226). Sia E il secondo estremo del diametro di detto circolo passante per C, e sia AF perpendicolare a BC. I due triangoli ACE, FAB sono simili, e per ciò:

$$2R : b = c : h$$

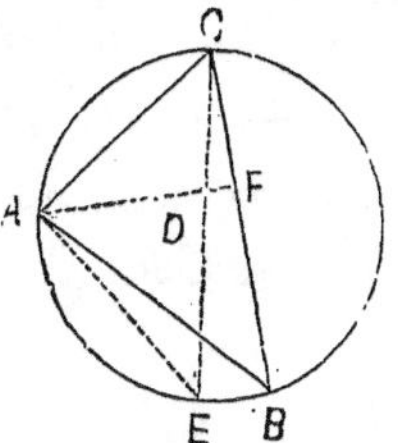

Fig. 226.

essendo R il raggio del circolo circoscritto ed $AF = h$, b e c i lati del triangolo opposti ai vertici B e C. Adunque:

$$2R : b = c : \frac{2\Delta}{a}$$

e quindi:

$$R = \frac{abc}{4\sqrt{p(p-a)(p-b)(p-c)}}$$

II.

1) *Dividere un segmento in due parti tali che il loro rettangolo sia un massimo.*

Siano le due parti del segmento: $\frac{a}{2} + x$, $\frac{a}{2} - x$ il rettangolo sarà:

$$\left(\frac{a}{2} + x\right)\left(\frac{a}{2} - x\right) = \frac{a^2}{4} - x^2$$

Questo sarà un massimo quando $x = o$; dunque il rettangolo massimo è il quadrato di lato $\frac{a}{2}$.

2) *Il quadrato della somma di due segmenti é equivalente alla somma dei quadrati e del doppio rettangolo dei due segmenti.*

Difatti se a e b sono le misure dei due segmenti si ha:

$$(a + b)^2 = a^2 + b^2 + 2ab$$

Oss. — Un' applicazione elementare e molto importante del Calcolo alla Geometria è la *Trigonometria* piana e sferica.

III.

Nel terzo modo di applicazione dell'Algebra alla Geometria le formole algebriche, alle quali si riconducono le altre più complicate sono le seguenti:

$x = a + b$, che si costruisce con la somma di due segmenti le cui lunghezze rispetto ad una data unità di misura sono a e b.

$x = a - b$; differenza dei segmenti a e b.

$x = \frac{ab}{c}$; quarta proporzionale di c, a e b.

$x = \frac{a^2}{b}$; terza proporzionale di b e a.

$x = \sqrt{ab}$; media proporzionale di a e b.

$x = \sqrt{a^2 + b}$; ipotenusa del triangolo rettangolo di cateti a e b.

$x = \sqrt{a^2 - b^2}$; cateto del triangolo rettangolo di ipotenusa a e di cateto b.

$x = a\sqrt{m}$; media proporzionale fra a ed $m\,a$, se m è coefficiente numerico.

1) *Costruire i lati di un triangolo rettangolo, essendo dati la somma s dei cateti e l' altezza h dell' ipotenusa.*

Indicando con x un cateto, l' altro sarà: $s - x$; e perchè i prodotti della base per le rispettive altezze di un triangolo, sono eguali, chiamando y l' ipotenusa si ha:

$$x\,(s - x) = h\,y$$

da cui:

$$x^2 - s\,.\,x + h\,y = o$$

e perciò:

$$x = \frac{s^2}{2} + \sqrt{\frac{s^2}{4} - h\,y}$$

La somma dei due valori dati da questa formola è s, e $h\,y$ è il loro prodotto; essi sono quindi le misure dei due cateti cercati.

Per costruirli, si costruisca dapprima la media proporzionale fra h ed y, cioè: $z = \sqrt{h\,y}$, poi il cateto $\sqrt{\frac{s^1}{4} - z^2}$ del triangolo rettangolo di ipotenusa $\frac{s}{2}$ e di cateto z, e infine la somma e la differenza di $\frac{s}{2}$ e $\sqrt{\frac{s^2}{2} - z^2}$.

Oss. — Nei risultati algebrici bisognerà tener conto che una grandezza moltiplicata per un coefficiente numerico dà una grandezza omogenea alla prima; che il prodotto di due segmenti rettilinei rappresenta un rettangolo, e il prodotto di tre un parallelopipedo; che la radice quadrata di una grandezza superficiale e la radice cubica di una grandezza cubica rappresentano un segmento, ecc.

ESERCIZI

Libro settimo

§ 1.

1. Un segmento e la sua sezione aurea sono incommensurabili.

§ 2.

2. Il volume di un tronco di prisma retto triangolare e tagliato obliquamente con un piano è eguale al prodotto della sua base per la terza parte della somma dei suoi spigoli.
3. Il volume di un tronco di cilindro di raggio r, tagliato con un piano obliquo all'asse e che ha per asse a, è $\pi r^2 a$. La superficie di tale tronco è $2\pi r a$.
4. La superficie del fuso sferico, di angolo A, è $\frac{2Ar^2\pi}{90}$. Il volume dello spicchio determinato dal fuso è $\frac{2Ar^3\pi}{270}$.
5. La superficie di un triangolo sferico di angoli A, B e C è
$$\frac{(A + B + C - 180)}{180} r^2 \pi$$
6. Il volume di un triedro sferico (limitato al centro e alla sfera) è
$$\frac{A + B + C - 180}{540} r.^3 \pi$$
7. Essendo data l'altezza e la superficie totale del cilindro calcolare il raggio della base.
8. Calcolare approssimativamente il volume d'un tronco di albero, servendosi di un nastro metrico.

9. Determinare approssimativamente la capacità in ettolitri di una botte.
10. In una circonferenza di raggio a qual'è la lunghezza di un arco di $38^\circ, 45', 3''$?
11. Verificare colla geometria la formola che dà il cubo di una somma o di una differenza.
12. Se OA, OB sono due raggi perpendicolari di un cerchio, M il punto medio di OA e si descrive un arco di circolo di centro M e di raggio MB fino ad incontrare in D il prolungamento di OA da parte opposta di M, OD è il lato del decagono regolare e BD il lato del pentagono regolare inscritto al cerchio.
13. Dimostrare mediante i perimetri dell'esagono regolare inscritto e del quadrato circoscritto al cerchio che π è compreso fra 3 e 4.
14. Calcolare l'area del poligono regolare di 3, 4, 5, 6 lati, mediante il raggio del circolo ad essi circoscritto.
15. Calcolare i cateti di un triangolo rettangolo, data l'area e la ipotenusa.
16. Qual'è il massimo dei triangoli equivalenti che hanno la stessa base e lo stesso perimetro?
17. Costruire il segmento x che soddisfa all'equazione:

$$x^2 + ax = a^2,$$ essendo a un segmento dato.

18. Costruire il segmento x che soddisfa all'equazione

$$x^2 + a^2 = ax.$$

ERRATA - CORRIGE

Pag.	linea		
50	4 e 17	solide	stereometriche
84	25	solide	poliedriche
118	18-24		3) La grandezza intensiva di un poligono, di un cerchio o di parti di essi dicesi *area* della figura stessa. La grandezza intensiva della superficie laterale di un prisma, di una piramide, di un cono, di un cilindro, della superficie di una sfera, o di parti di essi, dicesi pure *superficie* della figura stessa. 4) La grandezza intensiva di un poliedro, di un cono, di un cilindro e d'una sfera, o di parte di essi, dicesi *volume* della figura stessa.
125	10	le grandezze $A\frac{m}{n}$	le grandezze $A\frac{m}{n}$ o eguale alla maggiore di esse.
129	1	$(AX)k'$	$(AX)h'$
133	11	solide poliedriche	poliedriche
150	11-14	C'	G

www.ingramcontent.com/pod-product-compliance
Lightning Source LLC
LaVergne TN
LVHW020605110826
845149LV00002B/373

9781418183271